律师精细化管理

分类、分级与评价

李 鑫 等◎著

上海三联书店

2023年度成都社科优秀青年人才

"雏鹰计划"优秀成果出版项目（项目编号：2023CY002）成果。

目　录

附表清单

第一章　律师精细化管理概述

一、律师精细化管理的内涵

　　律师分级、分类与评价管理制度，是指司法行政机关等主体通过对律师进行分级别、分类别的评价以及对律师进行管理的制度，这一制度主要由律师分级、律师分类和律师评价三方面组成。

　　律师分级，指司法行政机关等主体根据律师执业能力、执业年限等因素，以职称为标志，纵向地对律师队伍进行的综合性评价，包括对律师进行评级和对律师进行专业领域评定；律师分类，指司法行政机关等主体根据律师提供服务的对象与从事业务的内容等因素，以执业方式为标志，横向地对律师队伍进行的综合性分类，包括社会律师、公职律师、公司律师三类；律师评价，是指司法行政机关等主体根据律师、律师事务所业务开展情况、服务质量等因素，通过考核、评优等方式，对律师、律师事务所进行评估，包括律师的社会评价和律师事务所的官方评价。在律师评价的过程中，势必要参考律师、律师事务所的能力、主攻业务并制定一定的标准来评定等次，因此律师评价，可以看作是官方和非官方对律师分级、分类的补充，是一种非正式的律师分级和分类。

　　实施律师分级、分类与评价管理制度，目的是对律师精细化管理。精细，在现代汉语中的含义为精致细密。对律师进行精细化管理，一方面，类别的划分本身就是"精细化"的体现：律师分级、律师分类是将律师从纵横两个方向对律师这一整体依据特定的标准将其进行细致地划分。另一方面，"精细化"还需要应用到管理之中。律师在建设社会主义法治国家中的作用愈加重要，律师行业党建已成为"推动全面从严治党向基层延伸的重要领域"。① 律师行业党建不仅是党深化律师管理的重要手段，也是律师精细化管理的又一重要途径。加强律师行业党建，将党建工作覆盖到律师行业的方方面面，宏观上能确保律师行业坚持正确的政治方向，微观上则使得党建工作贯穿在律师事务所个体中。可以说，律师分级、律师分类、律师评价是律师精细化管理的总体方案，开展律师行业党建工作则是律师精细化管理的具体手段。因此在讨论律师精细化管理时，除了要讨论律师分级、律师分类、律师评价之外，律师行业的党建工作也需要加以分析。

二、律师精细化管理相关制度的沿革

（一）律师精细化管理相关制度的提出

1. 律师分级

律师分级分类与评价最早可以追溯到司法部在 1987 年 10 月颁布的《律师职务试行条例》。根据《律师职务试行条例》，律师职务设一级律师、二级律师、三级律师、四级律师、律师助理。一级律师、二级律师为高级职务，三级律师为中级职务，四级律师和律师助理为初级职务。该条例的颁布是律师分级考试的标志。可以看到，当时的律师评级和职称评选是息息相关的，律师分级是按照公务员体系的标准进行，这和当时律师的性质有直接的关系：根据《中华人民共和国律师暂行条例》，律师属于"国家的法律工作者"，律师的性质是国家公职人员，律师的头衔称谓也使用"职务"一词。此后，一些省份根据这一文件始终进行律师职务评定工作。②

2. 律师分类

1980 年通过的《中华人民共和国律师暂行条例》对兼职律师和实

---

① 金成波、张航、董国林：《律师行业党建的时代方位与优化进路》，载《中国司法》2019 年第 12 期，第 103 页。
② 参见裴彩霞：《论律师分级与分类执业》，华东政法大学 2017 年硕士学位论文，第 10 页。

习律师进行了界定,以兼职律师为例,该条例第十条规定了"取得律师资格的人员不能脱离本职的,可以担任兼职律师",也即取得律师资格的人员可以分为专职律师和兼职律师,而在取得律师资格前,一些符合资格的人员则可以担任实习律师。这一条例是按照工作年限和工作形式对律师进行分类。此后《中华全国律师协会章程》将律师分为执业律师和不执业律师,现行《中华人民共和国律师法》规定了专职律师、兼职律师等,都是律师分类的不同方式。

除律师本身外,律师事务所分类也是律师分类的重要组成部分。国家出资设立的律师事务所、合作制律师事务所、合伙制律师事务所、个人律师事务所等形式也在 1996 年《律师法》修改的过程中被确立或淘汰。

3. 律师评价

1997 年,司法部发布《关于创建司法部部级文明律师事务所实施办法》,该办法要求部级文明律师事务所的总的标准是"职业道德好、服务质量优、人员素质高、社会形象好、组织规模大、管理规范化、业务实力强、设备较先进",在总标准外又对其设立了详细的具体标准,其中不乏"专职执业律师达到 20 名以上""通过国家英语六级水平考试(或具有同等水平)的专职律师达到 20% 以上"这类详尽到具体数字的要求。就评选方法而言,"先由律师事务所进行自检,向所在地主管司法行政机关提出申请,然后逐级审核、推荐上报,由司法部部级文明律师事务所评审委员会考核、批准"。日后这一活动逐渐被全国优秀律师事务所评选和律师事务所年度考核所取代。两年一度的全国优秀律师事务所和全国优秀律师的评选是目前最有影响力的律师行业评价制度。2003 年,中华全国律师协会常务理事会审议通过《全国优秀律师事务所评定办法》,四年后通过《全国优秀律师事务所评定标准》,优秀律师事务所的评选标准围绕基础条件、综合管理和服务质量三项大类,优秀律师评选标准围绕思想品质、执业操守、执业能力、业务水平、工作业绩这几项大类。[①]

[①] 参见陈宜:《我国律师行业评价体系的现状与反思》,载《中国司法》2017 年第 2 期,第 46—47 页。

另一维度的律师评价，则是从考核的角度出发对律师、律师事务所进行监管。1989 年通过的《律师工作执照和律师（特邀）工作证管理办法》规定律师工作执照和律师（特邀）工作证每年由司法部和各地司法厅（局）注册，在这一过程中司法部和各地司法厅（局）对律师上一年度遵守职业道德和业务工作情况进行了考查，也就是对其进行了评价。在 1996 年《律师法》颁布后，司法部又通过《律师事务所登记管理办法》《律师执业证管理办法》规定了律师和律师事务所的年检制度。这一制度后被律师和律师事务所年度考核制度取代，2010 年《律师事务所年度检查考核办法》和《律师执业年度考核规则》出台，考核主要集中考察律师事务所的业务活动开展情况和律师的执业表现情况。

（二）律师精细化管理相关制度的发展

1. 律师分级

"随着律师体制的改革，多数律师成为体制外的人，律师的业务、收入与律师职称之间不再有必然的联系。在律师业较为发达的地区，律师们对职称的兴趣逐渐减退。"[1]因此律师分级制度势必要迎来新的改革。时任中央政法委员会书记孟建柱在 2015 年 8 月召开的全国律师工作会议上发表重要讲话，提出"要在明确相关律师权利义务的基础上，对新执业律师，尤其是刑事案件辩护律师，可以进行分级出庭执业的初步尝试"。[2] 2017 年 1 月的中央政法工作会议上孟建柱书记再次强调了要"开展分级出庭试点，提高辩护代理工作质量"。[3] 律师分级执业的话题引起了律师行业巨大关注。

2. 律师分类

为满足我国加入世界贸易组织后社会经济生活发展的客观需要，2002 年司法部颁布《关于开展公职律师试点工作的意见》《关于开展公司律师试点工作的意见》，公职律师和公司律师的试点工作在全国各地

---

① 陈宜：《我国律师行业评价体系的现状与反思》，载《中国司法》2017 年第 2 期，第 44 页。
② 参见裴彩霞：《论律师分级与分类执业》，华东政法大学 2017 年硕士学位论文，第 12 页。
③ 参见裴彩霞：《论律师分级与分类执业》，华东政法大学 2017 年硕士学位论文，第 12 页。

展开,十余年公职律师、公司律师的试点工作既带来了丰富的经验,但也面临着困境。随着国家对于公职律师、公司律师制度建构与完善的顶层设计思路愈加明确和清晰,具有中国特色的公职律师、公司律师制度也逐渐成形。2014 年党的十八届四中全会通过的《中共中央关于全面推进依法治国若干重大问题的决定》提出"构建社会律师、公职律师、公司律师等优势互补、结构合理的律师队伍",2016 年,中共中央办公厅、国务院办公厅印发了《关于推行法律顾问制度和公职律师、公司律师制度的意见》,提出"2017 年底前,中央和国家机关各部委,县级以上地方各级党政机关普遍设立法律顾问、公职律师,乡镇党委和政府根据需要设立法律顾问、公职律师,国有企业深入推进法律顾问、公司律师制度,事业单位探索建立法律顾问制度,到 2020 年全面形成与经济社会发展和法律服务需求相适应的中国特色法律顾问、公职律师、公司律师制度体系"。至此,官方层面以律师提供服务的对象和从事业务的内容对律师进行分类的方案已经确定,除社会律师外,公职律师、公司律师也是律师队伍的重要一员。

3. 律师评价

2017 年 3 月 31 日,司法部印发《关于建立律师专业水平评价体系和评定机制的试点方案》,确立了我国现行的律师专业水平评价体系和评价机制,律师专业水平评价采取与律师执业年度考核工作相结合的方式,划分专业评定专业律师,不与律师职称制度挂钩。有学者评价其为"以国家介入的方式对律师的优劣进行了非市场性的划分,本质上是一种变相的律师分级制度"。[①] 就专业领域而言该方案选择刑事、婚姻家庭法、公司法、金融证券保险、建筑房地产、知识产权、劳动法、涉外法律服务、行政法 9 个专业开展评定工作,每名律师参评的专业不超过 2 个;就参评条件上考虑律师的政治表现、诚信状况、执业年限、执业能力;设区的市或直辖市的区律师协会组织评审委员会作为评审主体,由相关专业领域的律师和人民法院、人民检察院、公安机关、国家安全机

---

① 蒋超:《从公权评价到社会选择——我国现行律师职业评价制度的分析与重构》,载《甘肃政法学院学报》2018 年第 5 期,第 101 页。

关、司法行政机关、法学教学科研单位等有关部门的专业人士组成，于内蒙古、上海、安徽和陕西4省开展试点工作。2019年司法部发布《关于扩大律师专业水平评价体系和评定机制试点的通知》，将律师专业领域评定工作扩大到全国范围。

除此之外，在2020年司法部决定表彰一批全国优秀律师事务所，值得注意的是这次全国优秀律师事务所评选和表彰由司法部主管，各地司法局进行推荐工作，打破以往由全国律协负责的惯例。这也反映出官方对于律师评价制度的关注度的上升。

以上涉及律师分级、律师分类和律师评价的主体都是官方，随着中国法律服务市场的发展，中国律师队伍的扩大，非官方主体逐步参与到律师评价中来，不同的评奖机构和样式繁多的排名、评奖让社会大众眼花缭乱，一些大型的律师事务所也相当关注一些具有影响力的非官方评奖，如钱伯斯、LEGALBAND等。

三、律师精细化管理的现实意义

（一）加强律师行业管理

对律师进行分级、分类与评价是国家加强律师管理的手段。国家是律师管理制度的管理者，国家制定这一制度必然有其出发点。作为为社会提供法律服务的执业人员的律师，律师队伍在维护当事人合法权益、维护法律正确实施、维护社会公平正义等方面具有重要的作用，因此国家势必要加强对律师队伍的管理以服务于我国法治社会建设。通过分级、分类和评价实施精细化管理，能指导律师平衡好公共利益、行业利益和个人利益。

律师分级、分类和评价制度的确立可以建立一套更为客观的律师评价体系，使得国家更为清晰地掌握我国律师行业的情况，更加明晰律师的职业定位，针对不同的律师的特点，国家可以制定相应的管理模式，从而对不同特征、性质、层级的律师和律师事务所进行积极有效管理，当前国家针对公司律师和公职律师的特点分别制定了区别于社会律师的制度体系，其目的就是为了律师更好地为党政机关、人民团体和国有企业提供专门的法律服务。同时,公职律师、公司律师等制度的确立也能构建一套更为完备的政府法律服务体系以服务于经济社会发展。

律师评级、评价制度也能一定程度约束当前一些律师的有违律师职业道德的行为,通过这一制度确立的标准也能为律师人才队伍建设提供方向,使得律师人才队伍建设工作更好地得以开展。目前律师和律师事务所年度考核制度,本身也是国家对律师、律师事务所进行管理和监督的重要方式,在国家统一法律职业资格考试这一门槛外又设立了一道门槛动态地对律师队伍进行管理,清除一些律师队伍中的"害群之马"。

(二) 规范律师行业发展

对律师进行分级、分类与评价是律师行业规范发展的途径。律师是律师管理制度的被管理者,制定这一制度必须考虑到被管理者的利益,同时作为被管理者的律师也在律师分级、律师分类、律师评价标准制定的过程中建言献策。"律师执业环境的优化与律师管理有着密不可分的关系。律师执业权利的保障落实,律师社会功能、作用的发挥,乃至整个律师行业的健康发展,都有赖于一个良好的发展环境。"[1]

律师分级、分类和评价对于律师行业而言,既是机遇又是挑战:在这一制度下律师行业的竞争压力势必增加,有言道"逆水行舟,不进则退",在律师行业为取得更好评级、更好评价的情况下,律师、律师事务所只有提升自己的业务能力和提供的法律服务质量才能在行业竞争压力下脱颖而出,更多的当事人选择相对的律师,也借助市场规律淘汰掉一些能力不足的律师,提升了律师队伍整体的质量。绝大多数中国律师的业务领域是"万金油"式的,高度专业化的精英商务律师仍是少数,[2]律师专业领域的评定能推动律师更加关注特定领域的业务,提升

---

[1] 齐延安主编:《当代中国律师管理概论》,山东大学出版社 2014 年版,第 50 页。

[2] 参见刘思达:《客户影响与职业主义的相对性:中国精英商务律师的工作》,载《北大法律评论》第 9 卷,北京大学出版社 2008 年版,第 36—38 页。

律师的专业化水平。

律师评选更是能有效宣传律师的正面形象，从而带动整个律师队伍形象的优化，同时律师评级对于律师思想政治和职业道德方面的高要求也为律师们设立了高标准，因此这一制度能提升社会公众对律师的认可程度，为律师们带来更多的业务推动律师行业发展，进而吸引更多优质的新鲜血液进入律师行业，形成一个良性循环。政治生活参与程度是律师分级、评价的一个重要标准，这也推动更多律师不仅关注自身专业的业务，也投入精力到政治生活中，担任党代会代表、人大代表、政协委员，在提升了律师的形象之外也提升了律师的地位，为律师行业发展建言献策。

此外，对律师进行评级能提高一些律师的行业待遇，对律师分类则使得不同律师职能得以明晰，权利得以保障，将公职律师、公司律师的权益以法定的形式确立下来。

（三）回应公众律师需求

对律师进行分级、分类与评价回应了社会公众对律师的需求。社会公众作为律师提供法律服务的受众，这一制度还直接影响了社会公众。律师队伍素质的参差不齐损害的是社会公众的经济利益甚至是人身权益，社会公众需要更高水平的律师队伍满足其更为多样化的诉求。

法律服务市场的发展，律师规模的扩大，当事人有丰富的选择是"幸福的烦恼"：当事人可以选到自己心仪的律师可能性增加，但是选择合适的律师的成本也增加了。光靠非官方的评选来甄别律师显然是不足的，只有综合官方和非官方的分级、分类和评价才能有效降低当事人选择律师的成本，一套全面、客观的分级、分类和评价机制能最大程度地展现一个律师的专业能力，对于社会公众而言，有政府公信力作背书的评选往往更为他们所信任。律师、律师事务所业务水平的提升，最大的受益者就是社会公众。律师、律师事务所们也会在分级、评价的指引下更加积极开展公益法律服务、参加社会活动，最为直接的受益者也是社会公众。

第二章　社会律师管理

　　党的十八届四中全会通过的《中共中央关于全面推进依法治国若干重大问题的决定》提出"构建社会律师、公职律师、公司律师等优势互补、结构合理的律师队伍",其实质是按照律师提供服务的对象与从事业务的内容横向地对律师队伍进行综合性分类。这种分类方式也标志着我国的律师管理体制在体系层面的新一轮变革。

　　新的律师体制中,社会律师管理是核心和主线。但社会律师管理体制,自建立以来一直存在着重管理而轻规范的现象。实践中,各级司法行政机关和律师协会一直强调律师行业的规范化管理,但律师规范化管理的长效机制却始终未能建立起来。[①] 探究社会律师管理体制的学理和实践,可以为社会律师管理体制的建设工作提供思路,进而推动律师行业特别是社会律师界健康发展。

一、社会律师概述

（一）社会律师的概念

　　社会律师,是指依法取得律师执业证书,接受委托或者指定,为社会提供法律服务的执业人员。《中共中央关于全面推进依法治国若干重大问题的决定》将律师队伍分为社会律师、公职律师、公司律师,因此实践和学界中"律师"这一概念,通常指的是社会律师。

[①] 参见王进喜:《论〈律师法〉修改的背景、原则和进路》,载《中国司法》2017 年第 11 期,第 49 页。

1996 年通过的《中华人民共和国律师法》第二条规定,律师是"依法取得律师执业证书,为社会提供法律服务的执业人员",将律师的性质界定为"社会法律工作者"。现行《中华人民共和国律师法》第二条第一款则将律师界定为"依法取得律师执业证书,接受委托或者指定,为当事人提供法律服务的执业人员"。从微观角度上说,社会律师服务的当事人是社会上的自然人、法人和其他组织;从宏观角度来说,社会律师提供法律服务面向的是社会这一个整体。此外,社会律师是资格授予与执业活动相分离的职业,在执业前必须取得执业资格,与无需资格授予可以自行决定执业与否的自由职业者亦有区别。

(二) 社会律师的特征

第一,社会律师具有专业性。国家为社会律师设立了行政许可的门槛,成为社会律师需要公民通过国家统一法律职业资格考试和实习考核,才拥有从业资格,设置执业准入门槛,保证了社会律师具有一定的专业知识。在实践中社会律师提供的服务内容和形式也具有一定的专业性。①

第二,社会律师具有独立性。社会律师的独立性主要体现在执业上的独立。在法律职业共同体中,社会律师不仅和法律职业共同体内的法官、检察官有差异,同时也和律师队伍内部的公职律师、公司律师有区别。有别于法官和检察官,社会律师界主要实行行业自治和行业自律,社会律师的执业行为和工作形式相对独立,对于是否接受业务委托以及接受业务的类型,社会律师都有着相对自由的选择空间。

第三,社会律师具有公共性,或者说社会性。现行《中华人民共和国律师法》第二条第二款规定:"律师应当维护当事人合法权益,维护法律正确实施,维护社会公平和正义。"社会律师面向于整个社会进行服务,协助社会主体了解法律权利的内容、协助社会主体正确行使法律权利、协助社会主体救治被侵害的权利和利益,维护法律的正确实施和社

---

① 参见李军、薛少锋、韩红俊主编:《中国司法制度》,中国政法大学出版社 2009 年版,第104—105 页。

会公平正义,积极参与政治,在法律修改过程中建言献策,在法律秩序建构和稳固中发挥了重要作用,①是我国建设社会主义法治国家的重要力量。

第四,社会律师具有市场性,即其服务具有有偿性。服务的有偿性可以拆分为两方面:服务性和有偿性。法官、检察官行使公权力,并非依据当事人的委托来进行职务活动,和当事人并非处在一个平等的地位,他们的职务活动是无偿的。而社会律师和当事人缔结的是契约关系,社会律师依据当事人的委托提供法律服务,和当事人处于平等的法律地位。社会律师提供的法律服务,属于契约规定的需要其履行职责的劳务,当事人应当支付报酬,社会律师服务的专业性也使其有偿具有可能。服务的有偿性能在一定程度推动社会律师为当事人提供更高质量的服务。②

社会律师的诸多特征显现了建立社会律师管理体系的必要性:社会律师和法官、检察官的区别使得社会律师管理体制有别于其他二者;专业性使得必须建立一套区分于其他职业的专门的管理体系;公共性使得公众对于社会律师的职业道德有更高期待,加强管理才能使律师更好地维护社会公平正义;市场性使得社会律师和当事人之间可能存在利益冲突,只有管理好社会律师才能保障当事人的权益,为当事人提供更好的法律服务。

二、社会律师管理体制概述

(一)社会律师管理体制的发展历程

实践中和学界中"律师"这一概念,一般指的并非公司律师、公职律师,而是社会律师,我国律师管理体制通常意义上指的是社会律师管理体制,所以研究社会律师管理体制的发展历程需要追溯到我国律师制

---

① 参见谢佑平、陈奋:《论法律秩序与律师功用》,载《河北法学》2010 年第 11 期,第 78—81 页。

② 参见冀祥德主编:《律师法学的新发展》,中国社会科学出版社 2016 年版,第 17 页。

度建立伊始。本部分所涉及的"律师""律师制度""律师管理体制""律师工作"等表述，指的均是社会律师而非公司律师、公职律师。

1. 律师制度的初创与重建

新中国在建国初期废除了民国时期的律师制度，建立了新的律师制度。和域外一些国家不同，我国律师制度有着浓厚的国家主义色彩，属于典型的行政科层制管制模式。可以说，"律师自治，对于我国律师管理体制发展而言，并非一种自生自发的结果"。[①] 1950 年政务院颁布的《人民法庭组织通则》规定了"县（市）人民法庭及其分庭审判案件时，应当保障被告有辩护和请人辩护的权利"，是新中国成立以来第一个和律师相关的条例。1954 年 7 月司法部在《关于试验法律组织制度中几个问题的通知》中谈到要在北京、上海、天津等大城市试办法律顾问处，开展律师工作。1954 年 9 月通过的《中华人民共和国宪法》和《中华人民共和国人民法院组织法》在法律意义上进一步肯定了律师制度。1956 年 7 月，国务院批准转发司法部《关于建立律师工作的请示报告》，对律师的性质、任务等作了原则性规定，实际上是新中国律师制度的正式确立。这一时期的律师是国家工作人员，代表国家提供法律服务，律师执业的机构——法律顾问处由司法行政机关进行管理。[②]

1957 年下半年，受极"左"思潮的影响，律师制度遭到彻底否定。1959 年，国家认为司法已无单独设立的必要，司法部被撤销，原司法部主管的工作由最高人民法院管理。[③] 至此，我国出现了长达二十年没有律师和律师制度的空窗期。

1979 年，律师制度重新恢复，国家重建律师制度的思路还是按照计划经济的思路进行，明确我国律师制度要同资本主义国家的律师制度区分开。1980 年颁布的《中华人民共和国律师暂行条例》第一条规

① 蒋华林、刘志强：《论律师业从自治走向善治——兼谈律师如何评价》，载《法治研究》2016 年第 6 期，第 65 页。

② 参见陈宜：《"两结合"律师管理体制的经验总结与深化》，载《中国司法》2019 年第 2 期，第 81 页。

③ 《第二届全国人民代表大会第一次会议关于撤销司法部监察部的决议》，1959 年 4 月 28 日第二届全国人民代表大会第一次会议通过。

定了"律师是国家的法律工作者",表明了律师的性质是国家公职人员；也表明了律师工作地点的法律顾问处的性质为事业单位，这一规定表明了国家在律师制度重建时否定了律师的商业性。这一时期的社会律师管理体制是单一的司法行政管理体制。除此之外该条例还规定了律师协会的职责：维护律师的合法权益，交流工作经验，促进律师工作的开展，增进国内外法律工作者的联系。同年中共中央组织部要求各地建立起法律顾问处。[①] 这些事件标志着我国律师工作在国家的指导下走向正轨。

2. 律师管理体制的改革

自改革开放以来，我国的对外经贸开始跨越式发展，但外商投资者因为法律顾问处是国家机关的原因，存有司法公正的顾虑。为了推进改革开放的步伐，国家创立了深圳经济特区。1983 年 7 月，新中国首家以"律师事务所"为名的律师机构——深圳市蛇口律师事务所正式挂牌成立。律所的收入"要上交蛇口工业区财务处，再由该处给律所工作人员发放工资"。[②]

1984 年 8 月召开的全国司法行政工作会议正式确定将"法律顾问处"改称"律师事务所"，[③]名称转变的背后体现了社会律师执业机构性质上一定程度的转变。"为了吸引外国投资者，改革初期的立法明显偏重于涉外、经济事务相关的法律法规"，[④]可以说，改革开放后诸多政治经济体制改革（如深圳特区的建立、律师管理体制改革），很大程度上是在经济利益的驱动下进行的。

推动中国律师走向商业化的动力，是律师行政化管理带来的巨大经济压力，社会对律师的需要超过了律师服务市场的供给能力，伴随着律师业务市场的发展，国家逐渐难以承受律师业迅速发展带来的巨大

---

① 参见《司法部有关律师工作的通知》,〔79〕司发公字第 1 号。

② 陈球、刘洪群、傅璟：《当年蛇口首宗律师费 15 元》，载《南方日报》2008 年 12 月 19 日，第 A18 版。

③ 参见王进喜、陈宜主编：《律师职业行为规则概论》，国家行政学院出版社 2002 年版，第 12 页。

④ 刘思达，《中国法律的形状》，载《中外法学》2014 年第 4 期，第 1028 页。

财政负担。① 20 世纪 80 年代中叶,一些地方在律师作为国家法律工作人员性质不变的情况下实行"单独核算,自负盈亏,自收自支,结余留用"的方法,同时允许熟悉法律的人员经过司法行政机关的考核和审查,报工商行政局批准后,以个人或合伙的形式开展律师业务,这些人员作为律师队伍的补充,受司法行政机关的管理和监督,可以执行律师条例规定的各项任务,但不作为国家的法律工作者。②

这些地方的尝试得到了司法部的肯定。1984 年 10 月,司法部印发《关于加强和改革律师工作的意见》,提及改革法律顾问处的经费管理办法,同时提出"可建立以特邀律师为主,有兼职律师参加并从社会上招聘一部分合同工做辅助性工作的法律顾问处或律师事务所",这些机构"不要国家编制,不要国家经费。但它的律师同样是国家法律工作者",这对当时的律师管理体制进行了一定程度的突破,但律师仍不能个人开业。此外该意见还提出要建立健全各地的律师协会,"在司法厅(局)的直接领导下……与司法厅(局)的律师管理处合署办公"。此时司法部认为律师的性质仍是国家法律工作者,因此他们不能脱离体制开设个人所和合伙所。虽然在事业编制的框架内,但律师机构的管理仍通过收费制度的改革得到了推进,这一阶段的改革其实是合作制律师事务所改革的前身。

1986 年,司法部《关于加强和改革律师工作的报告》仅提及了要通过律师收费来解决经费问题,并未提及熟悉法律的人员是否能以个人或合伙形式开业,这体现了司法部对律所组织形式的改革持慎重的态度。随着中共十三大的召开和改革开放的深入,司法部逐步开始合作制改革,试图将"国家法律工作者"的单一体制,变为国家事业编制的律师、合作制律师和个体开业律师三种并存的体制。1988 年 5 月,全国首家个体律师事务所正式开业,该事务所完全与国家司法行政机关脱钩,所得收入除纳税外其余部分自行分配。③ 1988 年 6 月司法部下发

---

① 参见王进喜:《中国律师职业道德:历史回顾与展望》,载《中国司法》2005 年第 2 期,第 40 页。

② 参见李必达:《律师的足迹—新时期律师制度沿革》,工商出版社 1997 年版,第 465 页。

③ 参见李必达:《律师的足迹—新时期律师制度沿革》,工商出版社 1997 年版,第 488—489 页。

《合作制律师事务所试点方案》，正式开始探索建立合作制律师事务所。各地仅需将试点方案提报司法部，而无须经司法部批准，体现司法部对于合作制改革方向虽未完全明确，但改革的决心坚定。全国一大批律师事务所如北京的君合、康达、金杜、大成等所皆是在此期间成立的。[①]

1986 年 7 月中华全国律师协会正式成立，会长由司法部部长邹瑜担任，在运行机制上律协和司法行政机关实际上是一套班子。同年 9 月，第一次全国律师资格考试举行。1988 年国家机构编制委员会《关于印发司法部"三定"方案的通知》明确规定了司法部负责管理全国律师工作，对中华全国律师协会进行归口管理。1989 年司法部发布的《关于加强司法行政机关对律师工作的领导和管理的通知》要求"进一步明确对律师的管理职能"，强调了律师"必须置于党和政府的领导之下"。在此基础上，对于律师事务所，司法部要求"各级司法行政机关在加强对律师工作的领导和管理时，要充分考虑律师工作的特点，尊重律师事务所的自主权"。司法行政机关既不能"管得过严、过细"，又不能"使律师工作摆脱司法行政机关的领导"。1992 年司法部发布的《关于律师工作进一步改革的意见》指出：司法行政机关要宏观指导，微观上放开搞活。律师事务所的人事、财务和业务活动由律师事务所按法律和政策的规定自主办理，司法行政机关不干预律师事务所具体事务。[②] 总体上，司法行政机关对律师的管理有一个从紧到松的转变。

3. "两结合"管理体制的提出与确认

1993 年，国务院批准了司法部《关于深化律师工作改革的方案》，该方案的出台标志着律师管理体制进入了一个新阶段。针对律师事务所，该方案要求"不再使用生产资料所有制模式和行政管理模式界定律师机构的性质""鼓励占用国家编制和经费的律师事务所逐步向不占国家编制和经费的方向转变"，同时"鼓励律师事务所根据市场经济的需要，自行选择组织形式和内部管理及分配办法"。在律师体制方面，提

---

① 参见沈白路：《勇于探索　砥砺前行——我国律师制度改革与发展的历史回顾》，载《中国律师》2019 年第 11 期，第 63 页。

② 参见陈宜：《"两结合"律师管理体制的经验总结与深化》，载《中国司法》2019 年第 2 期，第 81 页。

出"建立起适应社会主义市场经济体制和国际交往需要的,具有中国特色,实行自愿组合、自收自支、自我发展、自我约束的律师体制"。在律师管理体制方面,提出"建立司法行政机关的行政管理与律师协会行业管理相结合的管理体制",并"逐步向司法行政机关宏观管理下的律师协会行业管理体制过渡"。

这一方案的出台,标志着我国开始向司法行政机关行政管理与律师协会行业管理"两结合"的律师管理体制过渡,同时在律师和律师事务所的性质界定方面有所突破。律师不再被视作行政人员,而是面向社会提供服务的法律工作者。也正是在这段时间,为了进一步显示出律师事务所独立体制,绝大多数的合作所都逐渐被重组为合伙制律师事务所。①

1995 年 7 月,新的《中华全国律师协会章程》通过,章程规定中华律师协会实行秘书长负责制,理事会全部由执业律师组成,司法行政机关的领导不再兼任全国律协的领导职务,这在一定程度上充分发挥了律师协会的在律师工作中的自律作用。当然,由于"两结合"的管理体制正式提出的时间不长,这一时期的律师管理体制的模式仍是以司法行政机关为主,律师协会为辅。

1996 年,《中华人民共和国律师法》出台,律师的定位从"国家的法律工作者"转变成"为社会提供法律服务的执业人员",该法明确了"司法行政部门依照本法对律师、律师事务所和律师协会进行监督、指导""律师协会是社会团体法人,是律师的自律性组织"。同时用法律的形式确定将合作制律师事务所和合伙制律师事务所作为律师事务所的主要形式。但律协有关自律职能的规定较为原则性,缺乏实质管理职能的规定。

4."两结合"管理体制的完善

"两结合"管理体制自建立以来在实践的过程中出现了一些问题。由于律协在实践中常常与司法行政机关是一套管理班子,因此律协总是依附于司法行政机关。这种弱势的附庸地位,使得律协难以发挥行

---

① 参见刘思达:《中国涉外法律服务市场的全球化》,载《交大法学》2011 年第 1 期,第 151 页。

业规范的管理职能,无法真正发挥行业自律的作用。

司法部试图通过脱钩改制来解决这一问题。2000 年 8 月,司法部下发《律师事务所社会法律咨询服务机构脱钩改制实施方案》,2002 年 3 月,司法部在《司法部关于召开第五次全国律师代表大会的通知》中提出:"各级律师协会要加大改革的力度。省、自治区、直辖市律师协会凡没有与司法行政机关分开的,要在四年内完全分离,彻底改变'一家人马、两块牌子'的做法",明确提出律协会长必须由执业律师担任。针对当时普遍存在的司法行政机关挪用律协会费的情形,司法部要求将律协的会费用于律师管理和律协建设,司法行政机关不能挪用律协会费。同年 5 月召开的第五届全国律师代表大会再次明确了这一要求。

一方面,司法部希望通过律协脱钩解决司法部人员匮乏的问题,繁重的事务性管理工作对司法部而言不堪重负;另一方面,脱钩能让律协更直接地对律师和律师事务所进行管理,发挥其行业管理的实际作用。在要求律协脱钩的同时,司法部再次强调了各级司法机关要"把应由律师协会履行的职能移交律师协会"。

1996 年《中华人民共和国律师法》颁布后,全国律协出台了一系列规范来加强自身的行业管理职能。如 1996 年 10 月颁布了《律师职业道德和执业纪律规范》,1999 年颁布了《律师协会会员违规行为处分规则(试行)》,2004 年颁布了《律师执业行为规范(试行)》和《律师事务所内部管理规则(试行)》。这些规范在颁布后也进行了进一步的修订工作。

2001 年 12 月,《中华人民共和国律师法》进行修改,以法律形式明确了取得律师资格应当通过国家统一的司法考试的制度。2007 年《中华人民共和国律师法》修订,增加了律师协会"制定行业规范和惩戒规则""对律师事务所实行奖励和惩戒""对实习人员进行考核"等管理职能,律师协会行业管理的地位和作用得到极大地提高,"两结合"的管理体制得到较大程度地完善。2017 年《中华人民共和国律师法》修改,确立了国家统一法律职业资格考试制度。

此外,党的十八届三中全会、十八届四中全会对律师制度建设作出重要顶层设计。2013 年党的十八届三中全会通过了《中共中央关于全面深化改革若干重大问题的决定》，该决定提出要"完善律师执业权利保障机制和违法违规执业惩戒制度，加强职业道德建设，发挥律师在依法维护公民和法人合法权益方面的重要作用"。2014年，党的十八届四中全会通过的《中共中央关于全面推进依法治国若干重大问题的决定》则明确了法治队伍建设工作的要求，律师队伍作为法治队伍中的一员，在该文件中多次被提及。①

2016年中央办公厅与国务院办公厅联合发布了《关于深化律师制度改革的意见》，该意见再次重申强调要坚持和完善"两结合"管理体制。"两结合"管理体制目前正在不断完善的过程中。

（二）"两结合"：司法行政机关和律师协会对社会律师的管理

"两结合"的管理体制，是指司法行政机关行政管理和律师协会行业管理相结合的律师管理体制。"两结合"管理体制下的管理对象不仅是社会律师本身，同时包括社会律师所隶属的律师事务所。"两结合"的管理模式涉及两个主体：司法行政机关与律师协会，司法行政机关的管理职能主要由法律法规赋予并调整。《中华人民共和国律师法》第四条规定，"司法行政部门依照本法对律师、律师事务所和律师协会进行监督、指导。"同时，《律师和律师事务所违法行为处罚办法》《律师执业管理办法》《律师事务所管理办法》等行政法规对司法行政机关的管理进行了细化。律协也按照《中华人民共和国律师法》和律师协会章程以及相关的行业规范如《律师执业行为规范》《律师协会会员违规行为处分规则（试行）》对社会律师和律师事务所进行管理。这套体制涉及的相关规范还包括了三大诉讼法及相关司法解释，司法行政机关制定的一些规范是对三大诉讼法在律师领域应用的细化。

司法行政机关与社会律师的管理关系是单向的，司法行政机关对社会律师实行行政监督和行政指导。行政监督主要涉及执业许可、考核检查、争议处理和惩戒几个方面，惩戒则根据执行主体的不同分为行

---

① 参见陈宜：《"两结合"律师管理体制的经验总结与深化》，载《中国司法》2019年第2期，第83页。

政惩戒和行业惩戒。行政指导是单向地对社会律师和律师事务所作出非强制性的行为。而律师协会作为行业自治组织,与社会律师的关系则是双向的:一方面管理社会律师,另一方面也要为社会律师提供服务。

"两结合"的管理体制总体来说符合我国国情,但也存在一些问题:首先是司法行政机关和律协职能不清,未形成有效管理的合力,在现行律师制度体系下,司法行政机关是监督者和指导者,律师协会是被监督者与被指导者,双方的职能理论上是应当明确的,但实践中它们的职能重叠较为严重。其次,全国、省、市三级律协的关系和职责还需要进一步明确,服务管理工作也需要加强。最后,律协行业管理的手段有所缺失、管理的力度有所不足。① 司法行政机关和律协也一直在强调要各司其职,做好合作,明确并发挥好双方的职能,完善"两结合"管理体制。

(三)"两结合"之外:律师事务所对社会律师的管理

由于律师事务所是社会律师的执业机构,社会律师承办业务名义上需要通过律师事务所,律师事务所应当负起在"两结合"体制外的管理责任。从国家层面,规定律师事务所对社会律师的管理责任有其现实考量:一方面,是为了减少司法行政机关和律师协会的工作量,司法行政机关和律协作为"两结合"的两个主体,没有足够的人手对每一位社会律师进行监管,只能将管理责任分摊一部分到律所;另一方面,是为了加强司法行政机关与律协对律师事务所的管理,责任分摊到律师事务所由于律所由社会律师组成,律所对社会律师的管理也对律所产生了约束力。

伴随着法律服务市场日趋成熟的趋势,各律师事务所的竞争也不断加剧。即使抛开强制的规范,律师事务所出于自身生存的需要,也会自发地对社会律师进行有效的管理。因为社会律师的执业情况和律师事务所的效益息息相关,律所想要生存,想要做大做强提升效益,就要

---

① 参见熊选国:《在学习贯彻司法部〈关于进一步加强律师协会建设的意见〉座谈会上的讲话》,载《中国律师》2017年第2期,第21页。

管理好旗下的社会律师，思考如何让社会律师为律所创造更多的价值。这里的"管理"，不只针对社会律师个体层面的管理，更是从律师事务所的组织层面出发设计整套制度，使律所整体更好地运转，对"管理"这一概念进行拓展。对于作为律所组成部分的社会律师来说，一套相对完善的律师事务所管理体制，也能让自身受益。不同于司法行政机关和律协有一套统一的管理体制，不同规模、不同定位、不同体制的律师事务所的管理体制是不同的，会根据具体的定位、业务特色、运营情况进行设计。

三、行政管理：社会律师与司法行政机关

（一）司法行政机关行政管理的现状与不足

《中华人民共和国律师法》第四条规定了司法行政机关对社会律师的管理方式是监督和指导。实践中，司法行政机关为社会律师的管理已经做了大量卓越有效的工作：如认真贯彻党和政府关于律师工作的方针政策，协助立法机构制定相关法律法规，确定律师行业准入资格和条件，监督管理律师业务工作，维护良好的法律服务环境。但是司法行政机关在行政管理的过程中也存在一些问题：第一，司法行政机关会干预律协工作或插手律所具体事务，没有较好地完成从直接管理者向宏观管理者角色转变的工作；第二，对"两结合"管理体制的理解有偏差，从而松懈甚至放弃对社会律师的管理；第三，不愿将管理职能转交一部分给律师协会，甚至"架空"律师协会；第四，没有整治好法律服务市场和律师执业环境。①

（二）司法行政机关对社会律师的行政监督

司法行政机关对社会律师的行政监督，主要是通过律师执业行政许可、律师执业行政处罚、律师事务所年度检查考核和日常监管管理这

---

① 参见周云涛：《论"两结合"律师管理体制的完善以美、德两国为中心的考察（上）》，载《中国律师》2010年第6期，第60页。

几种方式实现。需要说明的是,这几种方式是相互交叉的,如:日常监管管理涉及行政处罚、年度考核和行政指导等行为,年度考核是日常监管管理的形式之一,行政处罚是日常监管管理的处分手段之一。对社会律师的行政监督,是司法行政机关对社会律师最直接也是最强有力的管理形式。

1. 行政许可制度

根据《中华人民共和国行政许可法》第二条的规定,行政许可"是指行政机关根据公民、法人或者其他组织的申请,经依法审查,准予其从事特定活动的行为"。我国和社会律师相关的行政许可制度,可以分为律师的执业许可和律师事务所的设立许可。律师执业许可和律师事务所的设立许可,都需要经过司法行政机关的审查,符合条件的律师和律师事务所分别获颁律师执业证书和律所执业许可证书才能执业和设立。此外,《中华人民共和国律师法》除在第五条规定的申请律师执业许可的情形外,还规定了高等院校、科研机构中从事法学教育、研究工作的人员可以申请律师兼职执业。

行政许可不仅涉及律师资格,同样涉及律师执业:社会律师取得律师资格需要通过考试和考核取得执业证书,取得律师资格后从事特定法律业务也需要通过许可。虽然取得律师资格是执业的前提,并且社会律师如果被吊销执业证将无法再申请律师资格,但是律师资格和律师执业并非完全统一的,获得律师资格的人员即使不执业也能保留资格。

此外,律师的执业许可和律师事务所的设立许可通过后,后续资质的管理同样是行政许可的重要部分,资质管理涉及的事项主要包括变更社会律师的执业机构、社会律师职业档案调转、变更律师事务所的名称、负责人、组织形式和注销律师事务所等事项,通过资质管理,司法行政机关能持续跟进了解律师的执业情况和律所的运行情况。

在律师执业许可中,作出行政许可决定和作出撤销行政许可的决定在法律制度构建上是同等重要的。基于依法行政和信赖保护的原则,《中华人民共和国行政许可法》第六十九条规定了行政许可撤销制度。但有关撤销律师执业许可的规定却远不如有关律师执业许可的规定那般详细，只有《中华人民共和国律师法》第九条原则性地规定了两类撤销律师执业许可证的情形："申请人以欺诈、贿赂等不正当手段取得律师执业证书的"和"对不符合本法规定条件的申请人准予执业的"，这和执业许可有详细的实体与程序规定形成了鲜明对比。实施中的问题可以总结为三点：一是撤销条件规定不完整、概念不清晰，导致法条鲜有适用；二是撤销程序缺失启动主体，导致撤销程序启动难；三是撤销程序缺乏明确规定，导致许可机关恣意行政。[①]

司法行政机关除负责上述提及的行政许可外，还负责国家统一法律职业资格考试的组织实施工作。除特殊情形外，公民申请执业许可成为社会律师都需要通过这一考试。因此组织实施国家统一法律职业资格考试也是司法行政机关对社会律师进行管理的重要手段。司法部对法律职业的态度与规划可以通过该考试每年的命题情况、通过人数等体现出来，如司法部在《全面深化司法行政改革纲要（2018—2022年）》中设定了"到 2022 年，全国律师总数达到 62 万人"的目标，法律职业资格考试通过人数自然要与该文件相适应以期达到该设定目标。

2. 行政处罚制度

行政处罚制度，即行政惩戒。《中华人民共和国律师法》规定了司法行政机关对律师和律师事务所的惩戒措施，包括警告、罚款、没收违法所得、停止执业、吊销律师执业证书、停业整顿、吊销律师事务所执业证书。司法行政机关进行行政处罚是为了"对律师较为严重的违规执业行为进行规制，重在对律师服务活动的合规性合法性进行保护"。[②] 该制度涉及的相关规范主要包括了《中华人民共和国律师法》《中华人民共和国行政处罚法》《律师和律师事务所违法行为处罚办法》等。和行政惩戒一样，司法惩戒也是运用国家权力对律师违法的行为进行惩戒，可分为民事司法惩戒和刑事司法惩戒，律师的违法行为如果构成犯罪就要负刑事责任，这也是最严重的惩戒。

---

① 参见袁钢：《撤销律师执业许可问题研究》，载《行政法学研究》2018 年第 6 期，第 79—81 页。

② 曹扬文、宫照军、张玮：《中国特色律师行业惩戒模式研究——"两结合"管理体制下完善律师行业惩戒制度的思考》，载《中国司法》2019 年第 11 期，第 79 页。

　　律师惩戒权分为集中配置和分权配置两种模式。如美国实行律师惩戒权分权配置,律师行业与国家机关共享惩戒决定权,以体现律师惩戒权性质的双重性,各州的律师协会普遍享有律师惩戒的调查权,大部分州把律师惩戒决定权配置给法院。德、日等地的律师惩戒制度行政程序往往作为例外而存在。由于我国律师职业依国家立法创设,在一开始只有法律规定的管理规范而无行业自律规范,因此我国出现了一定时期内的法律规范和职业伦理规范混同的情形,[①]律师惩戒常常使用行政惩戒程序,使得我国的行政惩戒在律师惩戒制度的实践中是最为重要的类型。

　　随着"两结合"管理体制的深化,律协行业管理的加强,司法部、全国律协在《关于进一步加强律师惩戒工作的通知》中作了对律师违法违规行为原则上先由律师协会作出行业惩戒,再由司法行政机关依法依规给予相应行政处罚的规定,体现了司法部和全国律协的态度:律协要更好地履行行业惩戒职责,司法行政机关要加强对律协行业惩戒工作的监督和指导。

　　3. 律师事务所年度考核制度

　　现行《中华人民共和国律师法》第二十三条和第二十四条规定,律师事务所应当建立年度考核制度。依《律师事务所年度检查考核办法》的规定,律师事务所年度检查考核,是指"司法行政机关定期对律师事务所上一年度的执业和管理情况进行检查考核,对其执业和管理状况作出评价"的制度。现行《律师执业管理办法》第四十七条规定了律师执业应当参加律师执业年度考核。司法行政机关希望能通过这一制度掌握律师事务所执业和管理活动的情况,有针对性地加强对律师事务所及其律师的监督和管理,一定程度上还能加强律所和社会律师自律管理。[②]需要说明的是,司法行政机关除负责对律师事务所的年度检查考核外,还负责就律师的年度考核进行备案。

---

① 参见朱德堂:《新时代律师惩戒体系与行业惩戒的完善》,载《中国司法》2018 年第 7 期,第62 页。

② 参见周斌:《司法部出台两办法　加强对律师律所执业活动监督》,载《法制日报》2010 年 4 月 9 日,第 2 版。

年度考核制度的前身，是年检注册制度，律师和律所的年检注册均由司法行政部门负责。在律师制度重建初期，由于当时律师属于国家法律工作者，律师事务所属于事业单位，管理的模式自然是采取行政科室和机关干部的管理模式，当时对律师的业务考核的内容主要是其工作量。1992 年出台的《律师惩戒规则》明确规定了"无正当理由不完成规定职务工作量"或"无正当理由不到律师事务所工作，累计旷工满十日或连续旷工满六日"这两类应受处分情形，这表明司法部对律师仍以对待"国家法律工作者"的思维去管理：旷工和无正当理由不完成工作不由律师事务所依规章制度处理，也不由律师协会处理，而由司法行政机关处理，这和公务员年终考核评定的规定有一定的相似之处。1993年出台的司法部《关于深化律师工作改革的方案》则强调了要"把思想政治表现和职业道德情况与律师的年检注册挂钩"。1996 年颁布的《律师事务所登记管理办法》和《律师执业证管理办法》则明确了律师和律师事务所的年检制度。"实践中，年检注册是司法行政机关对律师事务所进行管理的重要手段"。①

《中华人民共和国行政许可法》第三十三条规定"行政机关应当建立健全监督制度，通过核查反映被许可人从事行政许可事项活动情况的有关材料，履行监督责任"。律师事务所年度考核制度内容符合该条规定的要件，因此这一制度实际上可以看作是行政许可监督检查制度。社会律师在取得执业资格许可证后，成为被许可人，日后的执业即为从事行政许可事项活动。司法行政机关通过年度考核继续监督社会律师的执业情况，其本质是行政许可后续的资质管理。

4. 日常监管管理制度

《中华人民共和国律师法》第五十二条规定："县级人民政府司法行政部门对律师和律师事务所的执业活动实施日常监督管理，对检查发现的问题，责令改正。"日常监督管理是司法行政机关对社会律师及律师事务所的行政监督中最基础、最经常的工作。《律师执业管理办法》规定了县级司法行政机关进行日常监督管理，设区的市级司法行政机

---

① 陈宜：《我国律师行业评价体系的现状与反思》，载《中国司法》2017 年第 2 期，第 45 页。

关则负责"指导、监督下一级司法行政机关对律师执业的日常监督管理工作"。县级司法行政机关负责日常监督管理工作,一方面在地缘上有优势,另一方面基层工作人员对当地的社会律师和律所更为了解。

日常监管,在监管时间上可以分为事前、事中、事后监管,事前运用行政指导手段,事中综合运用多种日常监管手段,事后监管针对监管律师、律师事务所的具体行为。在监管内容上又可分为一般监管和专项监管,专项监管主要针对律师和律所某方面情况或特定律师、律所的某个具体行为。在监管方式上,除传统监管方式外,运用信息技术进行网上监管是目前日常监管工作发展的大势所趋。[①]

(三)司法行政机关对社会律师的行政指导

司法行政机关对社会律师的行政处罚、行政许可,属于法律行为,直接产生法律后果,在这些硬性手段之外,司法行政机关也会辅以采用软性手段的行政指导进行行政管理,行政指导是非强制性的事实行为,不产生法律后果。行政指导,指的是"行政主体为实现一定的行政目的依法在其职权范围内以建议、劝告、引导、指示、鼓励等非强制手段获得相对人的同意或协助指导相对人作出或不作出某种行为的行政活动"。[②]

司法行政机关对社会律师的行政指导,常见的方式主要有:制定律师业发展规划;制定律师业发展战略、制定政策、指导与引导律师业服务经济社会发展;指导、协调律师和律师事务所办理重大法律事务;指导律师队伍建设;监督、指导律师协会工作;指导律师收费等。实施指导的形式主要通过出台文件、召开会议、编印信息简报和刊物等来进行。[③] 此外司法行政机关的行政指导还包括对律师协会的监督和指导。

采用行政指导的方式进行管理,是考虑到有些强制手段没有必要

[①] 参见齐延安主编:《当代中国律师管理概论》,山东大学出版社2014年版,第158—165页。
[②] 吴华:《论行政指导的性质及其法律控制》,载《行政法学研究》2001年第2期,第45页。
[③] 参见齐延安主编:《当代中国律师管理概论》,山东大学出版社2014年版,第145—157页。

或者收效不理想，如最高人民法院、司法部《关于规范法官和律师相互关系维护司法公正的若干规定》就通过行政指导的方式引导法官和律师建立良好的关系以维护司法公正，该文件规定"人民法院、司法行政部门、律师协会对于法官、律师违反本规定的，应当视其情节，按照有关法律、法规或者规定给予处理；构成犯罪的，依法追究刑事责任"，该条规定针对的主体并非律师，而是法院、司法行政部门和律师协会，相关规范使用"应当"一词表述，因此不涉及行政强制手段。

四、行业自治：社会律师与律师协会

（一）律师协会自治理论

《中华人民共和国律师法》第四十三条规定了律师协会的性质：社会团体法人和律师的自律性组织。基于这一规定，国内学界的观点也大多认为律师协会是这一性质的组织。这实际上是将英美法系国家律协的性质直接照搬到中国，一些英美法系国家的公民社会传统在中国并无历史。

一般来说，"社会团体法人在我国通常被纳入私法人的范畴"，[①]而我国的律师协会，则应当认定为公法人。公法人大多基于公法或公权力行为设立，其功能旨在执行国家的任务，并以公法所特有的强制手段来对付其成员或非成员，其成员根据法律规定的事由获得成员资格，在大多数情况下不取决于当事人的意思。[②]

我国律协从新中国成立初的设立，就体现出了强烈的行政色彩：设立由政府主导，性质是作为法律顾问处的上级单位。新中国成立初设立律协的目的，也是为了对律师进行行政管理。中华律师协会设立的合法性来自《关于加强和改革律师工作的意见》这一部门规范性文件。律协享有的自治权，也是由《中华人民共和国律师法》规定的。整个律

---

① 程滔：《从自律走向自治——兼谈律师法对律师协会职责的修改》，载《政法论坛》2010 年第 4 期，第 181 页。

② 参见崔拴林：《论我国私法人分类理念的缺陷与修正——以公法人理论为主要视角》，载《法律科学》2011 年第 4 期，第 84 页。

协从设立到变革的过程都表明了律协是按国家意志基于法律的规定而设立,并非公民个人意志的产物。我国律师协会不是公民个人自由意志的产物,自然也无解散之自由。

除此之外,律协作为群众性组织,要接受司法厅(局)的直接领导,其工作也要根据党的路线、方针、政策和国家法律来开展,外事活动要由司法行政机关统一领导和管理,要与司法厅(局)的律师管理处合署办公。① 目前律协的日常管理工作实际上是由司法行政机关的负责人实施,律协自身的实质参与度不高,其中存在着历史原因:一开始,律协就是和司法行政机关"一套人马、两块牌子",而后律协和司法行政机关脱钩,但脱钩后律协仍不能脱离司法行政机关的管理。同时《中华人民共和国律师法》第四十四条规定全国和地方律协的章程都要报司法行政部门备案。因此从管理这一角度,律协已经和行政系统产生了密切的联系,实践中律协秘书长也往往由司法行政机关相关负责人兼任。

同时,《中华人民共和国律师法》第四十五条规定了律师、律师事务所应当加入所在地的地方律师协会,这就与《中华人民共和国律师法》第四十三条规定的"律师协会是社会团体法人"产生了冲突:社会团体的成员可自愿决定是否加入,②而律师无权利选择是否加入律协。

因此,从"律协设立的目的、律协设立的合法性、律协日常管理工作现状、律师必须强制加入"这几点,都可以得出我国律协属于公法人这一结论。③ 既然律协并非是自下而上地由市场和行业发展驱动产生,而是自上而下地依靠行政体系建立,作为公法人的律师协会,分担公共行政职能就显得自然且合理。

律协分担公共行政职能的方式,是行业自治,即"以非政府机构的身份承担着整个行业的自治与自律,行使着过去由政府部门行使的管

---

① 参见《司法部关于印发〈关于加强和改革律师工作的意见〉的通知》,〔84〕司发公字第 505 号。
② 《社会团体登记管理条例》第 2 条第 1 款:"本条例所称社会团体,是指中国公民自愿组成,为实现会员共同意愿,按照其章程开展活动的非营利性社会组织。"
③ 参见陈宜:《律师执业组织形式和律师管理体制研究》,中国政法大学出版社 2014 年版,第 281—286 页。

理职能（包括章程制定权、强制征收会费权、纪律处分权等），成为分担公共行政的主体"。[1] 因此我国律协的行业自治并非是行业内的管理行为，和整个行政机关有着强烈的联系，是行政职能的延伸。

无论是《中华人民共和国律师法》第四条的规定还是实践运行情况都表明了司法行政机关依然在行使着自己的行政职能对社会律师进行管理。但是律师协会自治理论却带来了一个问题：既然律协通过行业自治行使行政职能，那司法行政机关是否有必要直接管理社会律师。有学者持否定观点：虽然"律师协会的权力从根本上讲是业者权利让渡和集合的自治权，是一定程度上的'公权利'，应当接受政府法定的行政干预与制约"，但是"律师和律师事务所的活动属私权范畴。私权在不违法的前提下，不应受到国家行政权力的干预"。[2] 对于这一问题，不妨从我国律协自治权的来源和律师在我国定位的角度出发来思考。从律协自治权来源角度出发，律师协会的行业自治也是行政职能的延伸，行业自治的合法性也是由行政机关赋予的，如果律师协会这一公法人能够直接对社会律师进行管理，那么行政机关也能对社会律师直接进行管理。从律师在我国定位角度出发，《中共中央关于全面推进依法治国若干重大问题的决定》和《法治中国建设规划（2020—2025 年）》提到了建设法治工作队伍，包括律师在内的法律服务队伍是法治工作队伍的组成部分，社会律师作为法治工作队伍的一员，拥护党的领导和接受司法行政机关的管理自然是必要的。

（二）律师协会对社会律师的行业管理

1. 行业惩戒

行业惩戒，指的是律师协会对律师和律师事务所的惩戒，《律师协会会员违规行为处分规则（试行）》规定了行业惩戒的几种类型，包括训诫、警告、通报批评、公开谴责、中止会员权利、取消会员资格。属于纪

---

[1] 李昕：《功能视角下的公法人制度研究》，中国政法大学 2009 年博士学位论文，第 194 页。

[2] 贾午光：《解决律师职业道德问题的几点思考——贾午光秘书长在全国司法厅（局）长座谈会上的发言（摘要）》，载《中国律师》2003 年第 9 期，第 12 页。

律处分的行业惩戒,针对的是律师违规程度比较轻微的执业行为,依托律协行业自律的行政惩戒和依托行政权威的行政惩戒能有效平衡律师惩戒的轻重问题。除《律师协会会员违规行为处分规则(试行)》外,和行业惩戒有关的规范还包括中华全国律师协会发布的《律师职业道德和执业纪律规范》和《律师执业行为规范(试行)》等。

《中共中央关于全面推进依法治国若干重大问题的决定》提出,要"加强律师事务所管理,发挥律师协会自律作用,规范律师执业行为,监督律师严格遵守职业道德和职业操守,强化准入、退出管理,严格执行违法违规执业惩戒制度"。党和国家强调律协要在律师行业规制中发挥应有的作用,[1]对律师协会严格执行违法违规执业惩戒制度的强调反映出在实践中律协实施行业惩戒职能确实存在不足,主要在以下几个方面:

一是惩戒力度不到位。全国律协曾指出,"目前,律师行业惩戒工作中还存在着一些问题和不足,主要表现在……一些地方律师协会思想认识上存在着'家丑不外扬'的想法和'从轻处罚就是保护律师'的认识,因此,对违规行为能从轻就从轻,能不追究就不追究,大事化小,小事化了,使违规违纪行为得不到应有的惩戒,惩戒工作失之于宽,失之于软。"[2]

二是律师行业惩戒委员会的运行效率偏低。各省(自治区、直辖市)律协和设区的市律协设立的惩戒委员会"主要是由兼职人员组成,特别是一般委员大部分是律师兼职,业务繁忙常常无暇兼顾惩戒工作。同时,没有设立监督机构对其履职情况进行监督和考核,导致律师行业惩戒委员会在实际运行过程中难以保证常态化运转"。[3] 这一问题不仅存在于律师行业惩戒委员会这一个机构,整个律师协会的兼职执业律师也同样忙于业务疏忽了管理工作,运行的效率同样不高。

三是行政惩戒和行业惩戒的职能划分不清晰。因为行业惩戒在力

---

[1] 参见王进喜:《论律师事业改革发展与行业党建》,载《中国司法》2021年第9期,第99页。

[2] 《全国律协关于进一步加强和改进律师行业惩戒工作的意见》,2013年3月29日发布。

[3] 曹扬文、宫照军、张玮:《中国特色律师行业惩戒模式研究——"两结合"管理体制下完善律师行业惩戒制度的思考》,载《中国司法》2019年第11期,第79页。

量配置、惩处方式、运行程序方面都受到了原有行政运行模式的深刻影响，所以行政惩戒和行业惩戒适用的范围有重叠。一些行业惩戒的措施依赖于行政处罚的成功执行才能生效，这种辅助性地位使得行业惩戒的作用难以得到有效发挥。[①]

2. 行业奖励

与行业惩戒相对应的是行业奖励。激励管理是管理的一项重要方法，律师协会希望通过行业奖励树立标杆以引导社会律师和律师事务所。非官方的律师行业评奖五花八门，一些权威性和知名度低的评奖成为一些社会律师和律师事务所花钱购买的宣传广告，而官方层面的评选有着截然不同的意义。全国优秀律师和全国优秀律师事务所是国内律师行业极为重要的荣誉，社会层面上，这一社会律师和律师事务所都相当重视这项评选工作，不同渠道的媒体也会进行报道，司法部也会发文并会在全国律师代表大会进行表彰，这项评选活动之前由律师协会负责，最近一次的评选则是由司法部负责，[②]体现出国家对行业奖励的重视程度的提高。一方面，这种奖励会存入档案以作为社会律师和律所的考核依据，是对社会律师管理的手段。另一方面，行业奖励也是对社会律师提供服务成果的表彰，评选过程的本身和评选结果的出台都能为社会律师和律师事务所起到宣传的作用。

3. 律师执业年度考核制度

依《律师执业年度考核规则》的规定，律师执业年度考核，指的是"律师协会在律师事务所对本所律师上一年度执业活动进行考核的基础上，对律师的执业表现作出评价，并将考核结果报司法行政机关备案，记入律师执业档案"的制度。这一制度，依据是《中华人民共和国律师法》第四十六条第四款"对律师的执业活动进行考核"的规定，作为司法部《律师事务所年度检查考核办法》的配套实施方案而诞生。

律协在实践中对社会律师的执业活动进行监督，在 2007 年《中华

[①] 参见曹扬文、宫照军、张玮：《中国特色律师行业惩戒模式研究——"两结合"管理体制下完善律师行业惩戒制度的思考》，载《中国司法》2019 年第 11 期，第 77—80 页。

[②] 参见《关于开展全国优秀律师事务所全国优秀律师评选表彰活动的通知》，司发通〔2020〕64 号。

人民共和国律师法》颁布实施前，主要是依照行业规范的规定，采用投诉查处、行业惩戒的方式来进行事后监督，在实际中发挥的作用比较有限。律师执业年度考核制度能更有效地对社会律师的执业活动进行监督。由于律师事务所在社会律师管理体制扮演了重要角色，加上律师事务所的考核和社会律师的考核有相似之处，因此考核的内容以《律师事务所年度检查考核办法》的规定为参考，①考核的范围聚焦在社会律师的执业行为上，有关职业伦理、道德方面的问题则由《律师执业行为规范》这一文件来规范。

律协在该制度的设定上有其考量，如考核等次的评定问题，保留"基本称职"这一等次，一方面能对律师起到警告作用，体现了管理的人性化；另一方面律师执业情况的评价有时候不能简单用"称职"与"不称职"来评价，设立中间评价是更为现实的举措。

（三）律师协会对社会律师的服务

相较于行业管理，律协提供服务的形式则更加丰富。根据《中华人民共和国律师法》《中华全国律师协会章程》和其他相关规范，以及实践中律师协会开展服务的情况，律师协会提供的服务主要包括交流律师工作经验、宣传律师、维护社会律师合法权益、组织业务培训和教育培训、调解社会律师纠纷、给予社会律师奖励、提供会员福利、制定各领域业务操作指引等。

其中最为关键的是维护社会律师合法权益。律师执业过程中可能会产生执业风险，可能是与当事人交往过程中产生的，也可能是在与行政部门、法院、检察院交往过程中产生的，后者包括两类：一是执业过程中和公检法等部门的交往而产生的，二是参与行政诉讼过程中招致行政机关职能部门（如工商、税务）针对而产生的。律师执业风险主要包括权利风险、人身风险、人格风险、名誉风险、财产风险、执业过错风

---

① 参见王焱：《律师行业自律的制度保障——浅析〈律师执业年度考核规则〉》，载《中国律师》2010 年第 11 期，第 80—82 页。

险。① 出于对自身权益的考量，律师如面临执业风险却得不到救济，必然会影响其执业的积极性，因此维护律师权益就成了律师协会所提供服务的重中之重。每年全国律协都会发布典型维权案例，这些案例展现出一个有意思的现象：一方面维权对象受到的侵害有相当一部分就是来自公安、法院等部门，另一方面律协维权又往往是通过和公安、法院等部门联动通过联席会议等制度才能解决问题。在复杂案件上，实际上发挥作用的更多的是政法委、各地司法行政机关、公安、法院这些实权机构，作为行业自律组织的律协起到的大多是沟通作用。② 实践中，律协缺乏社会地位和权威的现实使得律协的管理工作很难有效开展。

（四）实习律师的管理

实习律师，指的是申请律师执业但还未取得律师资格证的处于实习期间的人员。实习律师的管理是由律协负责的，司法部认为，赋予律协进行实习考核的职能，可以"从强化行业自律自保的角度控制和保证申请执业人员的素质（包括品行）水平弥补原行政许可审查做法的不足"。③ 实习律师的管理和司法行政机关也有着一定的联系，律协对实习人员的考核意见，是司法行政机关许可申请人执业的重要依据，一年的实习期是取得法律职业资格的人员成为社会律师前最后的考察。

根据《申请律师执业人员实习管理规则》，实习律师的管理分为实习登记、集中培训、实务训练、实习考核和实习监督这几个方面。

1. 实习登记

实习登记，事实上是对申请实习的人员进行资质审查。《申请律师执业人员实习管理规则》第二章规定了申请实习的人员应当符合的条件，也规定了律所不得接受实习人员实习的情况，同时规定了不准实习登记的情形。这些条件和情形都和品行息息相关。

---

① 参见关洁玫：《律师的执业风险与保护》，载《河北法学》2001 年第 1 期，第 91—93 页。
② 参见程幽燕、刘耀堂、王建军：《2017 年，律师协会为律师成功维权 279 件——全国律协发布 2017 年度十大典型维权案例》，载《中国律师》2018 年第 4 期，第 45—48 页。
③ 杜春：《关于律师和律师事务所管理规章的解读》，载《中国司法》2008 年第 10 期，第 31 页。

2. 集中培训

集中培训,由省(自治区、直辖市)律师协会或设区的市级律师协会组织进行,每期时间不少于一个月。根据《申请律师执业人员实习管理规则》第三章,培训内容包括:中国特色社会主义基本理论和社会主义法治理念、律师制度和律师的定位及其职业使命、律师执业管理规定、律师职业道德和执业纪律、律师实务知识和执业技能。培训可以由律协自行组织,也可以与司法行政机关或高校合作组织。培训结束后应当对实习人员进行考核。由于地方律协人手不够、组织能力不足,因此考核大多采用笔试形式而非面试笔试相结合的形式,难以全面考察律师的基本素质。

3. 实务训练

实务训练,由接受实习人员实习的律师事务所组织实施。《申请律师执业人员实习管理规则》第四章规定了实习指导律师应具备的条件和职责、律所对实习活动的管理职责、律所及实习指导律师不能指使或放任实习人员以律师名义从事活动的几类行为、律所应当对实习人员进行处罚的几类情形。如果因故中断实习的,实习人员可以转所实习。实务训练是实习中最重要的一环,律所在这一环节中扮演了重要角色,实践中一些律师仅仅是挂名在律所进行实务训练,严重影响了实务训练的质量。

4. 实习考核

实习考核指的是实习人员在实习期届满后,律协对实习人员的表现进行评价决定其是否合格的活动。《申请律师执业人员实习管理规则》第五章规定了实习人员提出实习考核申请应当提交的材料,其中的考评意见和《实习鉴定书》应当对实习人员的政治素质、道德品行、业务素质、遵守律师职业道德和实习纪律等方面的情况如实作出评价,除了以上这几个方面的情况还需要参考完成实习项目的情况。考核合格意见,是实习人员符合申请律师执业条件的有效证明文件,实习人员应当在收到考核合格通知之日起一年内向司法行政机关申请律师执业,超过一年申请期限需要重新考核。

实习考核合格材料在整个律师申请材料中的地位,仍有争议。有学者从律协和司法行政部门在这一过程中职能分工的角度出发，认为司法行政部门进行的是实质审查，而律协出具的考核合格材料则不具有当然的行政法的效力，仅是律协基于自治对实习律师实习情况的报告。①

5. 实习监督

实习监督，和上述实习管理措施不同，其对象不仅包括实习人员和律师事务所，还包括律师协会，指的是对这三个主体在实习期内的违规行为进行处罚的措施。

根据《申请律师执业人员实习管理规则》第六章，实习人员的违规行为主要指的是通过实习考核存在的违规行为：凭不实或虚假的《实习鉴定书》、考评意见或者其他有关证明材料，或者采取欺诈、贿赂等不正当手段通过考核。

律师事务所的违规行为包括：不履行或者懈怠履行实习指导、管理职责；指使或者放任实习人员违反实习纪律或者从事其他违法违规行为；无正当理由拒绝出具或出具虚假的《实习鉴定书》、考评意见或者其他有关证明材料。

实习管理的管理者是律协，作为管理者的律协自然也要受到监督。律协滥用职权或玩忽职守的，应当追究其主管负责人和直接责任人员的责任。

实习监督的主体，根据《申请律师执业人员实习管理规则》第四十条规定，除省、自治区、直辖市的律协外，还包括全国律协和省、自治区、直辖市的司法行政机关与司法部。上一年度实习管理工作情况要书面报告给全国律协并抄报省、自治区、直辖市司法机关，中华律师协会将上一年度各地律师协会开展实习管理工作的情况汇总后书面报告给司法部。②

---

① 参见张建、朱泽然：《论实习律师实习考核的法律性质及评价方式》，载《常州大学学报（社会科学版）》2021 年第 1 期，第 6 页。

② 参见齐延安主编：《当代中国律师管理概论》，山东大学出版社 2014 年版，第 196—200 页。

五、内部管理：社会律师与律师事务所

（一）作为被管理者的律师事务所

律师事务所在管理社会律师的同时，本身也是被管理者，需要接受来自司法行政机关和律师协会的管理。需要强调的是，这里的管理是外部的，和社会律师与律师事务所的内部管理存在区分。司法行政机关和律协的管理不仅直接作用于社会律师个体，亦作用于律师事务所。

除上文提及的司法行政机关和律协对律师事务所有关设立许可、年度检查考核、惩戒和奖励这些管理手段外，《中华人民共和国律师法》和相关规范还设置了"律师事务所不能以不正当手段承揽业务""不得从事法律以外的经营活动"等规定对律师事务所的经营活动进行限制。

律师事务所的组织形式一定程度上能反映出司法行政机关对律师制度管理的认知。改革开放后，伴随着律师制度的重建，"律师事务所得以恢复，但当时的律师事务所都是国家出资设立，此后我国立法逐渐允许律师事务所采取合作所、合伙所、特殊的普通合伙律师事务所、个人所等组织形式。与此相对应，对律师事务所组织形式进行的研究也呈现出阶段性，经历了合作所与国资所之争、合作所与合伙所之争、合伙所与公司制法律事务所、合伙所与有限责任合伙所等争论。"①从国资所到合作所，从合作所到合伙所，再到目前特殊的普通合伙制律师事务所，国家对律师事务所组织形式的逐步放开，体现了作为被管理者的律师事务所自主权的逐渐扩大。律师事务所组织形式的增加，给了社会律师们根据自身实力和情况自由选择适合的组织形式的机会。

（二）社会律师与律师事务所的关系

1. 管理关系

社会律师与律师事务所的管理关系存在于内部，不涉及行政机关。根据《中华人民共和国律师法》第十四条，律师事务所是律师的执业机

---

① 程守太：《有限责任合伙律师事务所研究》，西南财经大学 2010 年博士学位论文，第 2 页。

构，我国不允许律师"个体户"的存在。一方面社会律师必须挂靠在律所的名下执业，没有律师事务所，社会律师无法单独执业；另一方面社会律师的存在又是律师事务所运作的基础，没有律师执业，律师事务所就无运作的可能性。《律师执业管理办法》第四十七条规定了"律师执业，应当遵守所在律师事务所的执业管理制度，接受律师事务所的指导和监督"。现实中，社会律师和律师事务所建立了一种双向管理的关系：一部分社会律师作为合伙人，管理着律师事务所；律师事务所又形成一个整体管理着其他的社会律师，这种双向管理的关系，本质上是同一组织内的上下级管理，也可以认为是一部分社会律师管理其他的社会律师。

事实上，律师和律师事务所之间的管理关系是松散的。麦宜生和刘思达曾于 2009 年对全中国 244 个城市的 2335 名受访者进行问卷调查，调查报告指出，大多律师在业务上呈现出单打独斗、孤军奋战的特点，几乎得不到律所的支持。律师每年要固定向律师事务所缴纳一定的费用，但又要独自面对案源压力。[1] 这份调查报告虽有时效性，但反映出的中国律师事务所和律师存在的问题则仍值得深思。

2. 经济关系

一般而言，社会律师受理案件，收费者名义上是律师事务所。社会律师受理案件的收费都要上缴部分作为所在律师事务所的"管理费"，社会律师和律师事务所建立了经济上的联系。在律师事务所内，根据报酬来源可将社会律师分为两类，一类是提成制律师，一类是薪酬制律师。提成制律师和律所无隶属关系，薪酬制律师和律所存在雇佣关系。

3. 劳动关系

《劳动合同法实施条例》第三条规定了"依法成立的会计师事务所、律师事务所等合伙组织和基金会，属于劳动合同法规定的用人单位"，也就是说只有合伙制律师事务所才是用人单位。有观点认为"律师可以成为律师事务所的劳动者，但合伙人律师基于其特殊身份及对律所

---

[1] 参见朱雨晨：《麦宜生：一个"老外"对中国律师业的两次调查和 10 年观察》，载人文与社会 2009 年 12 月 5 日，http://wen. org. cn/modules/article/view. article. php/1784/c0。

的管理与控制权,对律所相关事项的决定权、执行权,不能成为律所的劳动者"[1]。实践中,律师脱离律所个人联系业务自主办理案件是常态,律师的"劳动"实际上是为了委托人而非律所,律所更像中介服务机构,和一般的用人单位有区别,但随着越来越多的合伙所采用公司制的管理模式,这些合伙所和社会律师的关系愈加趋近于一般意义上的用人单位与劳动者的劳动关系。而理论上学界就社会律师和律所的劳动法律关系而言仍未达成共识,律所是否属于《中华人民共和国劳动法》和《中华人民共和国劳动合同法》所调整的用人单位没有定论,有观点认为律所是用人单位,因为律师事务所和律师的关系符合劳动关系的法律特征,即:特定性、平等性、隶属性、财产性、人身性。

(三) 律师事务所对社会律师的管理

1. 规范规定的管理制度

《中华人民共和国律师法》第二十三条规定,"律师事务所应当建立健全执业管理、利益冲突审查、收费与财务管理、投诉查处、年度考核、档案管理等制度,对律师在执业活动中遵守职业道德、执业纪律的情况进行监督。"《律师事务所管理办法》对这一规定进行细化,规定了律师事务所应当建立健全违规律师辞退和除名制度、收费管理制度、参与法律援助制度、指导监督办理重大疑难案件制度等。规范所规定的管理制度一方面赋予了律师事务所管理社会律师的权利,要求社会律师除遵守法律法规和行业规范外还需要遵守律师事务所的规章制度,另一方面也给律师事务所设置管理的义务,如果律师事务所没有建立相应的规范制度就应当承担责任。

2. 律师事务所设置的管理制度

对律所而言,其"所有的管理都是为了提高竞争力,将人才的活力激发出来",[2]激发人才活力一方面是从提高社会律师的个人能力着

---

[1] 张先明、黄海涛:《合伙人律师不属于所在律所的劳动者》,载《人民司法》2017年第11期,第72页。
[2] 申欣旺:《中伦的秘密:中国顶级律所20年风云录》,中信出版社2013年版,第274页。

手,另一方面是从提升团队合作水平着手,个体和团队两个角度都要顾及。从团队角度出发,社会律师作为律师事务所的成员,可担任的角色包括合伙人、一般聘用律师、律师助理,想要管理好社会律师,律师事务所应处理好以下五种关系:合伙人之间的关系,合伙人与管理者之间的关系,合伙律师和聘用律师之间的关系,客户与律师及其律师事务所的关系,合伙律师、律师与律师助理之间的关系。① 在实践中,律师事务所设置的管理制度,也往往紧紧围绕这些关系进行设计。

中国的律师事务所和西方的律师事务所相比,其专业化和规模化仍有差距:专业化方面,绝大多数中国律师的业务领域都是"万金油"式的,高度专业化的精英商务律师仍是少数,②而西方如美国律师事务所和律师一般只从事一两个特定领域的业务;规模化方面,虽然中国的一些主要城市出现了律师数量可观,实行公司化管理的大型律师事务所,其中最大的律师事务所的合伙人数量达到了 1300 多名,律师数量甚至过万,③但绝大部分中国律师的执业方式都是"个体户"式,而西方的律师则愈加偏向在企业化管理的大中型律师事务所执业。④ 但中国的律师行业经历了几十年的发展,一些领先的大型律师事务所已经在实践中建立了一套较为完善的管理制度。这些律师事务所设置的管理制度包括人力资源管理制度(招聘、培训、考评)、分配制度、管委会制度等,这些制度聚焦管理团队、专业化、资源整合分配这些关键词。⑤ 这些大型律所对自身的管理制度有高度的认同,也会通过开会、著书等形式宣传交流自身的管理制度。⑥

传统的合伙制律师事务所模式,即合伙人兼职管理模式,都是以合

---

① 参见司莉:《律师事务所管理的六大关系》,载《中国律师》2002 年第 9 期,第 69—71 页。

② 参见刘思达:《客户影响与职业主义的相对性:中国精英商务律师的工作》,载《北大法律评论》2008 年第 1 期,第 36—38 页。

③ 参见《ALB Asia Top 50 2021》,载 ASIAN LEGAL BUSINESS, https://www.legalbusinessonline.com/features/alb-asia-top-50-2021。

④ 参见刘思达:《分化的律师业与职业主义的建构》,载《中外法学》2005 年第 4 期,第 408 页。

⑤ 参见梅向荣主编:《步步为盈:盈科律师事务所的管理实践与思考》,法律出版社 2016 年版,第 21 页。

⑥ 如金杜律师事务所、中伦律师事务所、盈科律师事务所等。

伙人主导为主,合伙人共同合伙设立律所,筹备与后续运营管理一般都是由主任负责或合伙人轮流负责。合伙人既要负责日常管理又要承担法律业务,而行政人员往往分工不明且多有外包。合伙制"人合"的特点在给社会律师带来自由的同时,又对律师事务所的发展带来考验。一些大型律师事务所抛弃了传统的合伙制转为公司制,公司制律师事务所模式往往采用专职管理模式,有职业管理人负责日常管理,合伙人可以将更多精力投入法律业务中,公司制律师事务所的管理相较于合伙制律师事务所的管理分工更加细致和规范化。

3. 以律师事务所为中心的律师行业党建工作

中央一直密切注视律师队伍的党建工作,律师事务所属于新经济组织,是"两新"组织中的一员,加强"两新"组织党建创新发展,能统合社会领域,增强党的执政能力;扩大组织覆盖,巩固党的社会基础;创新组织模式,提升党的治理水平。① 因此,推进以律师事务所为中心的律师行业党建工作有着重要的意义。《中共中央关于全面推进依法治国若干重大问题的决定》提出,"加强律师行业党的建设,扩大党的工作覆盖面,切实发挥律师事务所党组织的政治核心作用"。《法治中国建设规划(2020—2025年)》明确提出要"把拥护中国共产党领导、拥护我国社会主义法治作为法律服务人员从业的基本要求。坚持和加强党对律师工作的领导,推动律师行业党的建设"。②

律师行业中,律所党建工作的难点突出地体现在"不愿抓、不敢抓、不会抓"这三方面的问题:"不愿抓"表现为律所认为党建工作和律所发展没有关联,因此不愿意耗费精力抓党建,重视业务而轻视党务工作,重视所建而轻视党建;"不敢抓"表现为律所即使愿意抓党建但缺少党建工作的环境和条件,并且一些律所的负责人不认同党建工作的功能,使得党建工作得不到重视和支持,甚至成了地下行为;"不会抓"表现为

---

① 参见方雷、亓子龙编著:《新时代"两新"组织党建创新形态研究》,山东大学出版社 2021 年版,第 2—19 页。
② 《中共中央印发法治中国建设规划(2020—2025年)》,载《人民日报》2021 年 1 月 11 日,第 1 版。

律所缺乏懂党务懂党建的人士，党建工作无从下手难见成效。[①] 以上问题具体表现为党的组织作用发挥不充分、党员律师教育管理不到位、党的组织生活内容不充实、行业党建工作保障不充分、行业党建工作制度不健全、党员律师参政议政渠道不通畅。[②] 这使得律所党组织相关活动对党员律师的吸引力不足，律师党员参与党组织生活的积极性不高，律师入党意愿也不强烈，律所党组织不能得到新鲜血液的补充，律师行业党建工作进展不畅。

　　律师行业党建是社会律师管理体制的重要部分。全国律师行业党委建立了每半年研究一次维权惩戒工作机制，制定并印发了《关于做好律师执业惩戒与党纪处分相衔接工作的意见》，健全完善了律师行业党纪处分工作机制。将律师执业行为规范制度和律师党建工作相结合，一方面体现了党对律师行业党建工作的重视，另一方面也体现了律师党建工作在社会律师管理体制中有着重要的作用。

六、结语

　　健全社会律师管理体制，要点在于把握管理的"度"，做到张弛有度。一方面要"管住"社会律师，让其在国家可控范围内；另一方面要"用活"社会律师，使这个群体在有限的框架里发挥更大的作用。同时作为被管理者的社会律师，也希望能更好地保障自身的人身权利和经济利益。从管理者和被管理者两个角度出发，厘清社会律师管理体制的发展历程和内部结构，能更好完善社会律师管理体制的路径，推动律师行业健康发展。

[①] 参见廖泽方：《以新时代的要求全面推进律师行业党的建设》，载《中国律师》2017 年第 12 期，第 37 页。

[②] 参见金成波、张航、董国林：《律师行业党建的时代方位与优化进路》，载《中国司法》2019 年第 12 期，第 104—106 页。

第三章　公职律师管理

我国颇具特色的公职律师制度试点运行的十余年中，各具特色的地方试点积累了十分丰富的实践经验。随着我国法治国家、法治政府、法治社会一体建设的稳步推进，国家对于公职律师制度建构和完善的顶层设计思路愈加明确和清晰，中国特色公职律师制度的宏观框架已经成型。我国公职律师制度的构建和实施有三个重要的背景性因素：第一，我国律师管理体制的系统性重塑。《中共中央关于全面推进依法治国若干重大问题的决定》明确提出要"构建社会律师、公职律师、公司律师等优势互补、结构合理的律师队伍"，即按照律师所从事业务的专业领域、类型与特征，对律师进行分类管理，总体上将律师群体分为社会律师、公职律师和公司律师。按照所从事法律事务的类型及其蕴含的基本工作规律，为不同的律师群体设定有针对性的、专门的管理模式和评价标准，从而实现对于不同特征、性质的律师群体发展的积极促进和有效管理。第二，对律师的法律地位、权利义务内容的全面明确和保障。对于处理不同性质法律事务的律师，依照其所处理法律事务过程的实际需求，将对其执业权利的保障具体化、情景化，将对律师执业权利的保障真正地落实到律师与各类国家机关、社会主体的沟通和交往之中。第三，我国现代化政府法律服务体系的建设。随着依法执政和依法行政相关改革的快速推进，政府运作过程本身对法律服务的需求更加明确和强烈，且有一部分需求因保密性和专业壁垒的存在，只能通过公职律师在政府系统内部解决和满足。此外，公职律师作为法律专业人士，在政府的运作过程中始终保持和展现着法律人的独立性特征，在执业过程中可以实现对行政权力运作的有效制约和监督，并凭借这种专业性和独立性成为政府机构与社会公众进行理性对话与沟通的有效渠道。在以上三个宏观层面背景性因素的引领和指导下，公职律师制度的改革与完善走入了新的历史阶段。在这个重要的历史节点上，十分有必要对过往公职律师试点工作中显现的宝贵经验和典型问题进行全面的总结，以期能够在此基础上提出完善中国特色公职律师制度的具体思路和路径。

一、公职律师的职责定位

（一）公职律师的职责范围

1. 划定公职律师职责需要注意的问题

在讨论和界定公职律师职责范围时有四个问题需要特别注意：第一，部分地区的试点中，特别规定公职律师只能为所在单位或所在系统提供职责范围内的法律服务，产生以上规定的最主要原因是绝大部分公职律师都并非专门处理法律事务，而是在政府机构内部还都有一个具体岗位的工作需要处理，现实中难以分身为其他机关或单位提供服务。但从更加合理地配置政府系统内法律服务资源的角度看，全面限制或禁止公职律师为所在单位或系统外的主体提供法律服务是有不合理之处的，应该更好地发挥公职律师队伍的整体作用并更加科学地配置公职律师资源。第二，公职律师对于政府法律事务的参与可以按照参与程度和参与方式分为直接参与和间接参与两种。间接参与的方式则主要是协同服务，即公职律师被动地为政府行为提供法律风险预防和监控服务，这方面的职责十分重要，但在划分公职律师职责范围时却容易被忽视。第三，在各地公职律师的职责范围中公职律师的服务对象主要为行政机关、事业单位、人民团体，但实践中公职律师还有一个重要的服务对象就是国有企业或政府作为出资人的国有资产管理企业。可以说，对于公职律师职责范围的界定实际上是呈现扩大化的趋势。

2. 公职律师职责的类型化

无论是在各地的公职律师试点中，还是在对公职律师的访谈中，颇为统一的认识是公职律师就是政府的律师。具有公职律师资格的国家工作人员，除了完成所在岗位的工作之外，则需依照政府机关对于法律服务的现实需求提供法律服务。实践中，按照公职律师承担具体法律工作职责的性质和特征，可将公职律师的职责具体分为四类：第一类是法律风险审查与控制型职责，即为所在单位制定系统性的法律风险防控和应对方案。第二类是作为诉讼代理人参与涉及政府机关的行政诉讼、民事诉讼案件的职责。公职律师参与诉讼活动的身份有两种：一种是受行政机关、事业单位、人民团体的委托，作为代理人参加诉讼，公职律师事务所的专职公职律师参加诉讼皆属此种情况；另一种是公职律师作为政府机关派出的代表（即当事人）参加诉讼。第三类是纠纷调处、分流、化解类职责。比较典型的如各级工会的公职律师所从事的法律事务，无论是在《中华全国总工会、司法部关于进一步加强工会公职律师试点工作的意见》中，还是在《四川省总工会、司法厅进一步加强工会公职律师试点工作的意见》等地方实施和探索中，都明确指出工会公职律师的主要职责是：工资集体协商、劳动争议调处。此外，公职律师参与化解涉诉涉法信访等工作也属此类职责范畴。第四类是法律规范、法律文书、文件起草、整理和审查职责。随着依法行政的逐步推进，行政法规和机关文件中法律文件的数量大量增加，很多机构都需要专门人才完成此类工作，从专业技能和知识背景来看，公职律师都属于承担此类职责的最佳人选。需要说明的是，以上四种类型公职律师职责并非相互排斥的，从各地公职律师工作的总结和报告中可以充分体现公职律师工作的复合性和多元性特征，通过对公职律师主要工作进行识别、对公职职责进行类型化，能够更好地、科学和合理地设置公职律师的职责范围、考评标准，并为公职律师的履职提供全面、有效的保障。

（二）公职律师事务所与政府法制办职责的区分

在公职律师制度的试点中，通过设立公职律师事务所实现对于公职律师管理的模式中，最容易出现的问题就是公职律师事务所与政府法制部门在职能定位和业务范围方面发生重叠或冲突。还有人提出应该"将政府现有的法制办公室统一回归司法局，名称改为'公职律师办公室'，解决职责重叠问题"。① 公职律师事务所与政府法制办职责方面的重叠甚至冲突主要是因为公职律师的管理模式尚未完全明确，试点地区中一般也都是依靠公职律师管理部门负责人较强的个人能力在协调公职律师与政府法制办之间的关系，并形成了一个基本的公职律师承办政府法律事务的规则，即只有政府法制部门主动提请公职律师事务所协助或处理的案子，公职律师事务所才会派员介入相关法律事务的处理之中，且其介入的程度和范围皆由政府法制部门设定。

（三）公职律师与政府法律顾问职责的区分

《中共中央关于全面推进依法治国若干重大问题的决定》中明确提出："积极推行政府法律顾问制度，建立政府法制机构人员为主体、吸收专家和律师参加的法律顾问队伍，保证法律顾问在制定重大行政决策、推进依法行政中发挥积极作用。"在对于公职律师职业性质的探讨中，就有部分人认为公职律师就是政府法律顾问。② 目前的实践中，"政府法律顾问大多扮演着没有实质约束力的咨询角色"，③政府法制部门人员、公职律师和政府法律顾问三个群体的人员存在着部分重叠，但在很多地区政府法律顾问都是特指政府外聘或外请的律师、法学研究者等法律专业人士。在政府重大决策的合规合法性审查、规范性文件的起草和讨论、政府重大决策、行政诉讼、行政复议案件的处理等法律事务的处理中公职律师和政府法律顾问所起到的作用并没有明显区别。但从主体性质角度和二者与政府机构形成的法律关系角度看，公职律师的意见为政府内部法律意见，政府法律顾问的意见为外部法律意见，在独立性和立场方面是有较大区别的。另外，考虑到目前政府法律顾问都还未与政府机关建立实质性的法律关系，因此，在公职律师制度的试点中，政府日常法律事务一般由岗位公职律师负责，在涉及重大决策、规范制定、重大行政诉讼案件的情况中，才由公职律师和政府法律顾问

---

① 王保安、关晨霞：《中国公职律师制度研究》，载《中国司法》2008 年第 7 期，第 57 页。
② 参见高志强：《广州公职律师机制的理论探索》，载《中国司法》2005 年第 6 期，第 43 页。
③ 宋智敏：《从"法律咨询者"到"法治守护者"——改革语境下政府法律顾问角色的转换》，载《政治与法律》2016 年第 1 期，第 60 页。

共同参与。

(四)公职律师与外聘社会律师职责的区分

政府机关满足自身法律服务需求的方式无外乎两个：一个是寻求外部社会法律服务资源的供给，即外聘社会律师；另一个则是挖掘或重新分配政府机构内部法律资源，通过资源的激活和调配实现供给和需求的内部平衡。对于一个地区是否应该设立公职律师事务所或一个行政机关、事业单位是否应该设置专门公职律师岗位，应该基于区域内的社会、经济、文化情况或一个机构的权责范围、业务特点来决定，不能一概而论。仅从成本角度分析，如果所需的法律服务并未涉密，外购法律服务的成本低于设置公职律师岗位成本时，且服务质量能够保证，则应选择通过对外采购法律服务的方式满足自身需求。此外，还有一种情况就是政府机构、事业单位内设的公职律师不足以处理单位的法律事务，则外聘社会律师成为有效的补充。在职责方面，目前区分公职律师和外聘社会律师为政府机构、事业单位提供法律服务过程中权责最主要的标准就是法律事务是否涉密。但外聘的社会律师也受到委托关系、律师职业道德的约束，也能做到在处理法律事务时做好保密工作，所以更应从需要处理的法律事务的难度、数量、效率等方面考虑是否需要外聘社会律师。

二、公职律师的管理模式

(一)公职律师的双重管理：身份管理与岗位管理

在四川、广东、福建等地公职律师制度的试点之初，基本都是在综合考量地方现实、公职律师任职单位实际情况和需求以及其对法律人才的吸引力等因素的情况下，初步设置了公职律师的人数。此种管理方式的实质是将公职律师作为任职单位内的一类岗位来进行管理和调配。但随着公职律师试点工作的逐步推进，多种公职律师管理模式的出现已经根本上颠覆了这种管理模式。公职律师既可以是公务员，也可以是外聘法律专业人士，既可以是一个专门从事法律事务的岗位，也可以是赋予并非专门从事法律事务岗位的人员的一种专业身份。也就是对公职律师现在实施的管理实质上是身份与岗位的双重管理。

(二) 公职律师管理模式类型化

在过往十余年我国各地方公职律师试点工作中,出现了以下三种比较具代表性的公职律师管理模式:

第一种是以扬州模式为代表的外聘社会律师转任公职律师模式。扬州公职律师不是公务员,而是市政府面向社会公开招聘的政府雇员,没有行政职务,不行使行政权力。[①] 在扬州市司法局内设立公职律师办公室负责公职律师选拔、管理、培训、考核等。由公职律师办公室统一接受政府、行政机关、事业单位的委托,公职律师办公室在分案、案件管理等日常管理与律师事务所相似。扬州模式最大的特点在于公职律师的身份既非国家公务人员,也不是一般在律师事务所执业的律师,而是与政府建立合同关系的雇员。因此,在管理上需要新设公职律师事务所。扬州模式中存在的最大问题也源于公职律师身份的特殊设定,使得公职律师在管理上游离于国家公务人员和律师管理体制之间,缺乏必要的确定性。

第二种是以厦门、周村和四川模式为代表的岗位公职律师模式。岗位公职律师模式又可细分为两种,一种是以厦门为代表的通过所在单位对公职律师进行管理。厦门的公职律师"由所在单位进行人事管理、考核培训、职务晋升,司法行政机关负责对公职律师进行资质管理和业务监督"。[②] 厦门模式的特点在于其对公职律师的管理模式简单且直接,避免了多头管理带来的权责界分不明问题。但厦门模式中出现的最主要的问题就是由公职律师所在单位对公职律师进行日常管理会导致公职律师对于自己律师身份的认知容易被淡化,机构或组织内公职律师岗位的设置易被虚化。另一种是以山东、四川为代表的通过

---

① 阚肖虹:《"政府雇员"——扬州公职律师模式的探索与思考》,载《中国司法》2009 年第 11 期,第 71 页。

② 文心:《处在理想与现实之间的公职律师——"公职律师理论与实践研讨会"》,载《中国律师》2007 年第 9 期,第 86 页。

公职律师办公室实现对公职律师的管理。山东淄博市周村区在 2003 年成立周村区公职律师办公室,为正科级常设单位,经费由区财政单独划拨。周村模式在山东省内推广后,山东省在省工商局、山东银监会、济南市公安局等单位共批准设立了 13 个公职律师办公室,[1]负责公职律师管理和保障工作。四川模式中,四川监狱、戒毒等垂直管理的系统内已经开始大力发展公职律师,并在省监狱管理局、省戒毒管理局内设立公职律师管理办公室,负责全系统内公职律师的管理和保障工作。四川辖域内非垂直管理的行政机关、事业单位、人民团体和公职律师数量超过 3 名,可在省级司法行政机关批准的前提下,在本单位内设立公职律师办公室,负责公职律师的管理和保障工作。

第三种是以广州模式为代表的双轨制公职律师管理模式。广州模式探索的是公职律师管理的"双轨制",将公职律师分为两类:一类是专职公职律师,即供职于市、区县两级律师事务所的公职律师;另一类是岗位公职律师,即"分别任职于公安、国土、税务、工商、民政、质监、海关、检验检疫等 50 多个省市单位的法务部门"[2]被授予公职律师资格的国家公务人员。公职律师广州模式最大的特点在于设立了专门的公职律师事务所,由公职律师事务所负责辖域内公职律师的管理工作。进而实现了公职律师管理模式与社会律师的"律师在律所执业、律所管律师"管理模式的靠近和融合。广州模式最大的特点在于强化了公职律师对于自身律师身份的认知和认同。无论是专职公职律师还是岗位公职律师在对外代理政府机构法律事务的时候,都可以在公职律师事务所开具所函。特别值得关注的是,岗位公职律师在代表所在单位参加行政诉讼、仲裁等活动时,既可以选择以代理律师的身份出现,也可以以所在机构代表的身份出现时,一般都会选择向公职律师事务所申请开具所函并以代理人身份出现,因为岗位公职律师普遍认为代理人的身份更能体现出自身的专业性和独立性,更能够在专业活动中与相

① 参见张良庆、李华培:《关于山东公职律师试点工作的调查与思考》,载《中国司法》2015 年第 11 期,第 41 页。
② 谭祥平、蒋泓:《公职律师服务政府法治建设探析》,载《中国司法》2015 年第 2 期,第 43 页。

对人进行理性的对话和沟通。在对广州公职律师试点情况进行调研的过程中，调研了公职律师队伍对于广州模式的认识情况，公职律师群体普遍认为广州模式的最大优势在于使得岗位公职律师对于自身律师的身份有很多归属感和认同感，广州公职律师事务所常态性地组织辖域内所有公职律师的培训、交流等活动，全面协调公职律师的执业权利保障等问题，使得广州的公职律师在法律职业共同体中的交流和活动情况要优于其他试点地区。

简单地说，目前公职律师的管理模式主要可以分为两种思路，一种是用管国家人员的方式管公职律师；另外一种则是用管理国家公务人员加管理律师的双重管理模式管律师。前一种管理思路中出现的最主要问题是无法凸显公职律师工作的专业属性，无法使得公职律师在律师身份上产生归属感和职业尊荣感；后一种管理思路中最重要的问题是对公职律师工作施加了过多的限制，管理规范不符合公职律师的工作特点和规律。

（三）公职律师的管理主体

在我国十余年的公职律师制度试点中，出现了以下几种享有公职律师管理权限的主体：第一种，公职律师事务所。建立"有固定编制、人员和经费"[1]的专门的公职律师机构，公职律师事务所受广州市司法局领导，为处级事业单位，独立办公，且为独立预决算单位。广州市公职律师事务所是"广州市机构编制委员会批准成立的参照公务员法管理的正处级事业单位，核定人员编制18名"，[2]公职律师事务所设主任一名（处级），副主任一名（副处级）。第二种，司法行政机关内设的公职律师办公室。在不同地区的试点中，公职律师办公室有的有专门的编制配备，有的没有专门的编制配置（如厦门）。第三种，行政机关、事业单位或人民团体内设立的公职律师办公室，负责本单位内公职律师管理

---

① 王超莹、蔡俊敏、周军：《公职律师制度广州模式的思考》，载《中国司法》2007年第10期，第56页。
② 谭祥平、蒋泓：《公职律师服务政府法治建设探析》，载《中国司法》2015年第2期，第45页。

和保障工作。结合域外管理公职律师或政府律师、公设辩护人的经验来看,我国公职律师试点中出现的以上三类管理主体之外,还存在由非营利性组织管理带有社会公益性质的律师群体的情况,如美国新罕布什尔州与西弗吉尼亚州就是由非营利性组织享有管理公设辩护人的权力。[1] 在考虑应该由哪一个机构负责公职律师的管理和保障工作更加合理的时候,应重点考虑两方面的因素:一方面是机构本身的负荷,管理机构是否能够承担并很好完成公职律师的管理和保障工作;另一方面是机构对于公职律师工作的特有属性和规律是否了解,是否能够为公职律师履职提供全面的支持和保障。

公职律师执业资格的授予目前属于省级司法行政机关的权限范围。在发放公职律师证方面,由省级司法行政机关负责没有不妥之处,但在具体的公职律师管理中,确实需要考量设置公职律师管理机构的层级问题。无论从我国的试点经验看,还是从域外制度的角度作比较研究,对于公职律师管理都不宜设置过多的层级,美国管理公设辩护人的组织仅设在联邦和州(县)两级,[2]既节约了管理的成本,又提高了管理的效率,并且较容易在一定范围内统一管理标准。

(四)各地公职律师队伍数量配置

在公职律师制度的实施中,有两种设置或规定公职律师数量的模式,一种是对于单独占用编制的专职公职律师的数量设定限制;另一种则是对于在行政机关、事业单位、人民团体中工作的岗位公职律师的数量不设定具体限制,符合基本条件即可获得公职律师资格。各地、各单位具体采取哪一种公职律师数量设定模式与公职律师所在机关、组织、社团系统的管理模式有直接关系。在过往十余年公职律师制度的试点中,因公职律师队伍建设还处于初创阶段,各地都大力鼓励各单位选拔符合条件的工作人员兼任公职律师,因此大多并未在制度上作出数量

---

[1] 参见吴羽:《比较法视域中的公设辩护人制度研究——兼论我国公设辩护人制度的建构》,载《东方法学》2014年第1期,第137页。

[2] 参见吴羽:《美国公设辩护人制度运作机制研究》,载《北方法学》2014年第5期,第105页。

方面的限制。

在垂直管理的国税、海关、工会等机关和组织中，公职律师的数量由最高或省级机构设定，这种公职律师数量设定最重要的优势在于充分考虑了领域或行业的特点和对法律服务需求的特征。如四川省总工会在工会系统公职律师的数量方面明确规定："到 2016 年底，全省县级以上地方、产业工会具有法律职业资格（律师）的人员不少于 30 名，并都要为其办理公职律师资质。市（州）总工会原则上都要配有一名公职律师；经济较发达、职工（农民工）人数较多的县（市、区）总工会也要采取有效措施力争配备公职律师。"四川省工会系统对于公职律师的数量采取的是设置总量目标的方式，在公职律师制度实施初期，这种数量设置方式对各地之间、各行业之间动态调整法律服务资源的分配是十分有利的，同时也为公职律师制度的进一步探索和完善留出了充分的制度空间。

在具体考量各地区各类党政机关、事业单位、社会团体、公职律师事务所中公职律师数量设置的合理性时要注意做好以下几个区分：第一，要区分具有公职律师资格并从事法律事务和虽然具有公职律师资格但并未实际处理法律事务公职律师的数量。第二，要区分专职公职律师和岗位公职律师的数量，因为这两类公职律师在具体工作中要承担的与法律有关的工作或属于公职律师岗位职责范围工作的数量是有较大差别的，即在考虑公职律师岗位设置数量的合理性时，要着重注意考察设置公职律师的单位或组织法律事务的总量和公职律师人均承担的工作量。第三，要区分不同单位、组织和机构对于法律服务实际需求的类型和数量方面的差异。客观地说，在调研中作出以上区分的难度确实比较大，加之公职律师的工作内容较为复杂、工作范围也相当广泛，目前为止还尚未出现科学考核公职律师的具体方式和方法。但依然要强调的是，在考量公职律师队伍的规模和公职律师岗位的分布时，在尚未建立系统、全面、科学的公职律师工作考核制度的情况下，必须充分考虑公职律师制度和公职律师岗位工作人员在现实工作中发挥的实际作用，将实效性作为考虑公职律师岗位设置的类型、数量的首要因素，要通过配置公职律师在不同领域、不同单位的数量来实现我国体制内法律服务资源的科学、合理配置。

(五) 公职律师的权利义务范畴

1. 公职律师的权利

在各地公职律师制度的试点中,通过规范明确了公职律师享有以下六个方面的权利:其一,在处理法律事务过程中依法享有调查取证、查阅案件材料等权利;其二,加入律师协会,享有律师协会会员相关权利;其三,参加律师等级或职称评定;其四,担任公职律师期间年度考核合格的,工作经历计入律师执业年限;其五,公职律师在辞职、退休后符合社会律师执业条件,申请律师执业证的,可不经实习,直接转换成社会律师,按换发证件程序进行;其六,法律、法规和规章规定的其他律所享有的执业权利。

2. 公职律师的义务

公职律师主要有以下六方面的义务:第一,接受所在单位的管理,接受司法行政机关的资质管理,接受司法行政机关、律师协会的业务指导、监督、继续教育培训;第二,接受司法行政机关和律师协会指派或自己主动参加公益法律服务,每年不少于一定时数;第三,不得从事有偿法律服务,不得在律师事务所和法律服务所兼职;第四,不得以律师身份办理本单位、本系统以外的诉讼与非诉讼案件;第五,履行律师协会会员义务;第六,法律、法规设定的其他义务和所在单位安排的其他相关工作。

(六) 公职律师管理制度的主要内容

公职律师管理制度主要包含以下内容:其一,公职律师的遴选,其中在公职律师事务所执业的专职公职律师通过公务员选拔程序遴选,岗位公职律师由其所在单位将符合条件的人选上报司法行政机关获得公职律师资格。其二,公职律师的注册,公职律师的注册和律师证的颁发由省级司法行政机关统筹管理。其三,公职律师的考核,公职律师的考核分为两部分:一部分是其所在公职律师事务所或单位对其的考核;另一部分是公职律师管理机构对其的考核。其四,公职律师的培训,可分为集中培训和专项培训，前者面向所有公职律师，后者针对不同工作性质、在不同系统工作的公职律师。其五，公职律师的惩戒。公职律师的惩戒可由律师协会和人事部门协商负责，依照其违规行为的性质确定惩戒的方式和标准。其六，公职律师与社会律师的转换。其七，公职律师的退出，对于不符合公职律师任职条件或已不承担公职律师岗位职责的人员，应及时注销其公职律师资格。

三、公职律师试点运行中的问题及其成因分析

（一）公职律师职责定位存在的问题及成因

第一，公职律师职责定位与其他机构或人员重叠的问题。公职律师职责当中的合法合规性审查、参加行政复议等都与政府法制办、政府法律顾问的职责有所重叠，在公职律师制度的试点中，理顺以上机构职责的划分并非作为公职律师管理者的司法行政机关或公职律师事务所可以单方面实现的工作，需要更高层面权力机关的规划与协调，而这种协调一方面涉及编制、财政等关系的协调，另一方面则涉及宏观层面政府系统结构的调整。

第二，公职律师职责定位中并未普遍地涉及法律援助等社会公益法律服务工作。我国目前划定的公职律师职责范围是将法律援助工作排除在外的，但考虑到公职律师工作的公益属性和法律援助工作本身公益特性之间的契合性，也为了达到丰富法律援助律师来源、提高法律援助工作的目的，同时也秉着应该像管社会律师一样管理公职律师的基本原则，确实应该在公职律师的职责中加入承办一定数量的法律援助案件。这样做一方面丰富和完善了我国法律援助服务体系的构成，使我国的法律援助"从社会律师主导的一元模式到公职律师与社会律师多元并存的格局"；[①]另一方面也统一了对于社会律师和公职律师在承办法律援助案件方面的管理标准，更加有利于公职律师融入律师群

---

① 谢佑平、吴羽：《刑事法律援助与公设辩护人制度的建构》，载《清华法学》2012 年第 3 期，第 30 页。

体。在调研中,由于公职律师岗位的保障和薪酬都由政府财政支出,因此绝大部分公职律师都认为自己就是政府律师,但实际上公职律师这一界定既可能包含政府律师,也可能包含社会公益律师。公职律师相应制度的建设中,可通过进一步明晰对专职公职律师和岗位公职律师的界定,厘清相关问题。

第三,公职律师并未针对性解决所有政府机关对法律服务的实际需求。受制于公职律师目前的选拔体制和较为有限的职级、薪酬等待遇,公职律师队伍的选拔范围还比较小,且不能够对法律专业人才形成足够的吸引。政府机构、事业单位、人民团体可以通过两种方式满足自身的法律服务需求:一种是对法律人才的内部培养,另一种是吸引外部法律人才的加入。但由于政府法律事务的独特属性,行政系统无论是通过内部选拔,还是通过从外部购买法律服务,都很难满足自身对法律服务的需求。即使同为行政机关、事业单位或人民团体,但因为管理社会生活的领域等方面的不同,其所涉法律事务的性质也有很大区别,公职律师队伍所经受的相关实践、专业培训等都略显不足,导致公职律师队伍目前对于复杂法律问题的应对和解决还缺乏相关知识积累和实践经验。

第四,公职律师群体"一人两岗"现象导致工作压力过大,工作质量难以得到保证。公职律师一份薪酬两份工作是各地公职律师试点中普遍存在的现象。这一现象主要引发了两方面的问题:一方面公职律师承担更多的工作量而未得到更多的薪酬,导致对于公职律师群体缺乏有效激励;另一方面,公职律师在工作中长期既承担行政机关和事业单位所在工作岗位工作,又承担公职律师的相应职责,尤其在依法行政全面实施后,承担的合法性、合规性审查等工作的工作量增长幅度较大,同时,行政诉讼受案制度改革后,代表行政机关、事业单位应诉的工作也逐渐增加,公职律师很难较好兼顾两个工作岗位的工作。

第五,公职律师双重身份可能引发的职业伦理冲突。公职律师身负律师和公务人员双重身份,一方面是可以自由执业的法律专业人士,另一方面又是领取国家薪酬的国家公务人员。[①] 以律师为代表的自由

---

① 参见吴羽:《台湾地区公设辩护人制度述评》,载《河北法学》2013 年第 5 期,第 107 页。

执业的法律专业人士最主要的职业品格之一是独立，其发表专业法律意见是独立于所在机构或组织的；而国家公务人员最重要的职业伦理则是忠实和服从，公务人员对其所在机构或组织、长官发出的命令，在绝大多数情况下应该是绝对服从的。公职律师所要遵守的律师职业伦理与公务人员职业伦理在某些场域或个案中会有所冲突。

第六，信访工作中公职律师的作用尚未得到全面彰显。信访工作目前呈现的特征之一就是过往接待信访较多的国家机关主要是司法机关、执法机关，但近期随着经济活动在社会生活中核心地位的逐步确认，经济管理机关如银监会、证监会等接待信访的量在上升，这些信访案件涉及的问题专业性强、复杂性高，但相应机关处理的途径和方式并不成熟，接待和处理信访事项的专业知识和方法积累并不充分，相应单位公职律师应在处理信访案件中发挥重要的作用，但由于岗位设置、职责范围等原因，公职律师参与接待和解决信访案件的常态化机制尚未确立。

（二）公职律师权利义务设定存在的问题及成因

其一，公职律师权利义务是通过文件设定的而非通过法律设定的。自司法部 2002 年下发公职律师试点文件开始，到目前为止无论是国家立法，还是地方立法，都没有把公职律师的权利义务变成明确的条文。而且《中华人民共和国律师法》第十一条依然有明确的规定：公务员不得兼任执业律师。这就导致中央层面对于公职律师试点的鼓励和法律对公务人员兼任律师的禁止是同时存在的，当下许多地区的公职律师制度试点仍然是在"良性违法"的状态下进行的。各地、各系统公职律师试点中，对于公职律师职责的设定还存在较大差异，这也部分导致了公职律师职责设定方面的模糊和混乱。

其二，公职律师办案中事务性工作自主决定的空间十分有限。公职律师在具体处理法律事件或代理诉讼案件中所依照的行为模式还是国家公务人员的，而不是律师的。但实际上国家公务人员和律师的行为所应受的规范和限制是有较大差异的，目前公职律师还必须遵守公务员的职业规范和行为准则，这部分限制了公职律师的专业行为，尤其是在事务性工作,如工作时间、地点、交通方式等方面,公职律师自主决定的空间较小,部分地限制了公职律师在工作上的发挥。

(三)公职律师管理中存在的问题及成因

公职律师管理中存在的问题主要有以下四个方面:首先,公职律师选拔标准尚处于初创阶段,有待进一步针对性地对不同岗位、不同系统、不同单位进一步做好选任标准的分类和细化工作。其次,公职律师职业转换的常态化机制尚未建立,尤其是公职律师转任法官、检察官、立法工作者的机制尚未建立,未能形成法律职业发展方面的激励。再次,公职律师专业技术职称的评定制度尚未建立,在无法获得行政职级晋升的情况下,无法对公职律师的工作质效进行何种有效、科学、客观的评价都难以产生职级晋升激励。最后,公职律师的惩戒和退出机制需进一步完善。为了防止公职律师队伍中占岗不干活情况发生,应在科学、合理地评价公职律师工作质效的前提下,建立公职律师工作不称职或不再从事相应工作后的惩戒和退出制度和机制。

(四)公职律师保障机制中存在的问题及成因

第一,办案经费保障方面存在的问题。在调研中,代表各类机关、组织应诉的公职律师在职业保障方面反映最多的问题是办案经费的管理体制不符合律师办案经费支出的一般规律,办案实际成本远大于办案的补贴,无法实现办案费用的实报实销等。出现这种问题最主要的原因是由于公职律师公务员身份导致的办案费用报销所受的限制。公职律师制度产生的法理基础之一就是为了矫正目前法律服务的过分商品化。[9]因此,公职律师提供的法律服务确实可不必按照市场定价,但公职律师提供的法律服务同样有成本,而成本的负担者既有政府,也有公职律师本人,由于无法进行核算和报销而让公职律师承担过多的应由政府承担的办案成本是极不合理的,一方面会导致公职律师工作压力的增加,更重要的是可能导致公职律师为了节约成本而降低办案的质量。另外,由于公职律师的国家公务员身份的限制,公职律师代理案件是公务行为,不能收取任何费用,因此,无论公职律师处理了多少案件、案件如何复杂,也无论为了办案要跑多少次跑多远,公职律师都没有任何额外的办案补助或津贴,公职律师在代理案件中难以体现个人智识的价值,也难以实现对公职律师物质方面的激励。在部分地区,虽然公职律师处理诉讼案件可以按案件的数量获得办案补贴,但显然案件的数量并不能真实全面地反映法律职业人士的工作量,参照社会律师承办法律援助案件的补贴方式和金额给公职律师发补贴,显然补贴的范围和金额都十分有限,即使有些地区提出发放疑难复杂案件办案补贴,但实践当中并未切实界定好疑难案件的范围或认定标准,此条规定本身缺乏可行性。

第二,公职律师办案过程中交通保障方面的问题。中央八项规定出台后,所有行政机关、事业单位对于公车的管理都非常严格,公职律师外出大多只能采取自行解决交通问题的方式,即选择自驾车辆或公共交通,但实际上公职律师办案中很多时候都因交通不畅导致增加办案的时间成本增加,甚至延误案件办理的时机。

第三,公职律师薪酬方面存在的问题。公职律师试点地区中,绝大多数地区的公职律师是通过授予党政机关、事业单位、社会团体中具备律师资格或法律职业资格的人员公职律师身份来完成公职律师队伍的初步建设的。在此种公职律师选任模式下,公职律师只是以上人员本职工作之外的一种兼职身份,并未实际上改变以上人员的工作内容和工作方式,就是这些人员因为职业精神和法治理想,在不增加收入的情况下,愿意承担额外增加的公职律师岗位的工作任务,短时间内依靠职业理想和奉献精神,公职律师制度是可以运行的,但如果希望公职律师制度健康、有序、持续地运行下去,就必须建立起与工作量和服务效果挂钩的评价和薪酬制度。

第四,公职律师融入律师群体方面存在的问题。公职律师在整个律师群体中的定位和融入问题。调研中,公职律师和公职律师所在的单位或组织普遍认为在公职律师公务员与律师的双重身份中,公务员身份是放在首位的。这种认识直接导致公职律师群体与社会律师队伍缺乏必要的沟通和交流,再加之社会律师对于公职律师可能与其争夺法律服务市场的错误认知,以上两方面因素就导致公职律师很难融入到律师群体中,具体表现在以下三个方面:第一,公职律师较少在律师协会担任职务;第二,公职律师较少参加律师的各类活动和培训等;第三,公职律师在自媒体等公众平台上较少发声与交流。

(五) 公职律师制度试点工作开展过程中的其他问题及成因

公职律师制度的实施中部分机关或组织还略显保守,未能充分认识公职律师的作用,公职律师的权利保障和职责承担在具体实践中被虚化。部分地区单纯追求公职律师队伍的规模,而对于公职律师工作的实效关注不足。此外,部分地区对于公职律师试点工作的重视程度不够,文件是对中央相关文件的简单效仿,缺乏基于地域情况的具体考虑和拓展。在看待和认识公职律师的作用时,对于公职律师功能和作用的认识不够全面和充分。既要重视公职律师制度的微观层面和中观视角下的作用,即公职律师通过合法合规审查、代表行政机关等出庭应诉等为依法执政、依法行政、法治社会建设等作出贡献,也要关注和宣扬公职律师在引领全社会法治建设和法律职业共同体建设方面的宏观引导作用。公职律师是政府与社会公众之间的隔离带,公职律师的存在一定程度上减少了行政机关与社会公众在纠纷解决中的直接正面接触,缓解了二者之间的矛盾,一方面,公职律师代理行政机关出面应诉或处理其他法律事务,其极强的专业性、一定程度的中立性都使得社会公众更容易接受其表述或意见;另一方面,公职律师也会积极引导当事人更加理性地看待和选择纠纷解决或主张自身权利的方式和途径,对于减少在纠纷解决和维权中的恶性冲突是有非常重要的作用的。此外,公职律师制度的实施对于法律职业的发展和法学教育的导向作用的重视还略显不足。

四、公职律师制度的改革与完善路径

公职律师制度试点工作已走过十余年,试点地区基本都已探索出一套符合本地区法律服务市场情况和政府法律服务需求的公职律师管理模式,这些模式各具特色和优势,都有可取之处,因此公职律师制度的顶层设计中规定不宜过细，应将进一步探索的空间留给具体的地方实践。具体来说，中国特色公职律师制度完善与改革的几个主要方向有：

首先，通过构建完备的政府法律服务体系，明确公职律师的职责和权利义务。将公职律师的职责范围划定在政府所需法律服务的范畴之内，不涉密的但涉及公共利益的非政府法律事务，应尽量通过政府购买法律服务的方式解决。对政府法律服务体系的内容进行全面、系统的类型化，按照事务性质不同，将其分为公职律师事务、社会律师事务、法制办事务、政府法律顾问事务，并在此基础上对公职律师的权利义务进行明确，建立相应权利保障与实现机制与公职律师责任制度。通过公职律师实现政府法律服务体系的完善，使得公职律师成为政府实施行政行为中法律风险预防和法律问题解决最重要的设置。

其次，通过建立统一的公职律师管理体制实现对于政府内公职律师资源的合理配置与动态调整。建立科学、专业、规范的公职律师选任标准和程序，一方面使得体制内符合条件的人员成为公职律师，发挥专业化的作用；另一方面要建立专门从体制外符合条件的人员中选任公职律师的渠道，实现体制内法律人才的体制外培养和体制内使用。全面实施公职律师的省级统管，负责辖域内公职律师的选任、考核和惩戒，按照公职律师所在单位和岗位对于政府法律服务的实际需求，打破国家公务人员流动的各类障碍，实现公职律师资源的按需配置。公职律师的统一管理体制主体部分包含两部分：一部分是将公职律师完全纳入到对于社会律师的管理之中，由市州一级司法行政机关统一管理辖域内的公职律师，在市一级律师协会设立政府法律事务专委会。将公职律师纳入原有律师管理体制，一方面可以实现对于律师队伍的统一管理，另一方面通过统一管理增进不同类型律师之间的沟通和交流。另一部分是将公职律师作为体制内最重要的法律资源进行管理，在市一级建立公职律师管理办公室，实现体制内对于公职律师的管理和调整。以上司法行政管理体系与政府内公职律师管理机构相互配合和呼应，司法行政负责资格管理；政府公职律师管理机构负责岗位管理。此外，地方可根据自身情况决定是否设立公职律师事务所，公职律师事务所的主要职责是为没有公职律师的政府机构提供法律服务。

再次,通过设定公职律师专业职务序列,实现对于专职律师的保障和激励。一方面通过公职律师专业职务序列实现对公职律师执业行为的专业化、专门化评价,并设置相应的职务序列等级保障机制;另一方面则通过专业职务序列的晋升而非行政职级的晋升激励公职律师不断提升专业能力和工作质效。

最后,通过实现律师分类管理构建我国法律服务市场的基本秩序和良好环境,在符合职业转换的法律标准和伦理原则的前提下,通过建立不同类型律师之间的转换和流动渠道,实现法治人才资源的有效配置,加强律师群体的凝聚力,提高律师管理的水平和质量。

第四章 公司律师管理

　　自 2002 年司法部颁布《关于开展公司律师试点工作的意见》起,公司律师的试点工作便在全国各地展开,但十余年的试点实践始终面临着多重困境,以致公司律师队伍并未迅速发展起来。2016 年,中共中央办公厅、国务院办公厅印发了《关于推行法律顾问制度和公职律师、公司律师制度的意见》,明确提出"在国有企业深入推进法律顾问、公司律师制度,到 2020 年全面形成与经济社会发展和法律服务需求相适应的中国特色法律顾问、公司律师制度体系",为公司律师制度的健全与发展提供了根本遵循。随着我国经济发展进入转型期,以及全面依法治国的深入推进,公司律师制度面临着新的环境与机遇,进入快速发展阶段。据统计,2016 年底,全国执业律师总人数 30 万人,其中公司律师仅 2000 人左右,占律师队伍比重约为 0.6%。[1] 至 2020 年底,全国执业律师总人数 52.2 万多人,其中公司律师 1.61 万多人,[2]公司律师占律师队伍的比重由 2016 年的 0.6% 提升到了 3.09%。当前,我国公司律师队伍具备了一定的规模,初步形成了具有一定特色的公司律师制度体系,但发展程度不高,管理体制不够完善,因此需要对公司律师制度的发展困境进行精准把握,找寻切实可行的完善路径,以确保公司律师制度与经济社会发展需求相适应。

---

[1] 参见刘和兴:《浅谈公司律师的过去、现在与未来》,载《中国律师》2021 年第 3 期,第 72 页。

[2] 参见《2020 年度律师、基层法律服务工作统计分析》,载中华人民共和国司法部网 2021 年 6 月 11 日,http://www.moj.gov.cn/pub/sfbgw/zwxxgk/fdzdgknr/fdzdgknrtjxx/202106/t20210611_427394.html。

　　我国公司律师制度的构建与实践主要基于三种迫切的需求:第一,法律服务市场的多元化需求。市场竞争的国际化和企业发展的现代化蕴育出了多元化的法律服务需求。改革开放以来,尤其是我国加入WTO之后,企业经营的外部环境发生了巨大的变化,移动互联网的发展又创造了一个不受地理边界限制的全球工作环境和视野,使得企业面临的市场竞争日益复杂与激烈,面临的法律风险也更加多变,这对企业的合规管理与风险防控都提出了更高的要求。从美国国际贸易委员会受理的337调查案件来看,自2002年以来,我国一直是全球被发起337调查数量最多的国家,2019年的被调查数量甚至达到全球的60%,[①]其中绝大多数案件的案由是专利侵权,其次还有商业秘密、版权、商标侵权等。[②] 2019年上海闵行区法院发布了《闵行区区属国有企业涉诉情况审判白皮书》,提示国有企业要不断加强内部风险管控、规范人力资源管理、审慎考察合同相对人、建立案件信息沟通反馈平台等,不断提升自身规避经营风险的能力。公司律师在帮助企业防范和化解法律风险方面具有先天的优势,能够在公司治理层面监督企业合法合规地运行。第二,法律服务主体的专业化需求。随着市场经济的不断发展,市场交易模式和公司运行机制不断创新,各种新型法律关系和复杂疑难法律问题也逐渐涌现,企业所需要的法律服务愈加专业化,需要更专业的法律服务主体。公司律师相较社会律师具有更强的专业性和时效性,[③]公司律师作为企业的正式员工,既熟悉法律法规,又熟悉本企业各项管理、业务流程,也更加了解企业需求,能够站在企业战略发展的角度谋篇布局,同时能够及时解决企业运行过程中遇到的各类法律问题,防范化解法律风险,其工作内容能够覆盖到出具法律意见、制定修订企业规章制度、合同审核、法治宣传、参与谈判、调解、仲裁、诉讼等各个方面,为企业提供更加专业的法律服务。第三,法律服务方式的精细化需求。

① 参见朱雪忠、徐晨倩:《大国竞争下的美国涉华337调查与中国应对之策》,载《科学学研究》2021年第5期,第807页。

② 参见黄芸:《美国涉华337调查的现状及中国应对新策》,载《对外经贸实务》2021年第5期,第57页。

③ 参见夏轶:《烟草企业公司律师制度建设路径》,载《商业经济》2020年第5期,第111页。

传统法律顾问参与企业法律事务的方式往往是静态的、孤立的、外部的。无论是为企业出具法律意见书、参与重大商务谈判、还是合同审查、代理诉讼等，都是从外部给予专业性建议，其意见和建议并不必然作为企业行为的依据。市场环境的复杂化和企业运行的高效化要求法律服务方式向精细化发展，要求律师能够全方位、全过程地参与到企业运行中去，对企业经营管理进行主动介入、审查监督和风险防范，深度参与企业的经营决策，撰写、审核经营决策法律文件，参加经营决策会议，主动提出法律意见和方案且被采纳成重大决策，促进企业依法经营，提高企业的现代化管理水平。公司律师在深度参与企业运行方面被寄予厚望。

公司律师制度的构建与实践还必须首先明确公司律师的身份定位，公司律师既要具备较高的法律意识，又要拥有较强的商业思维。《公司律师管理办法》第二条规定，"公司律师是与国有企业订立劳动合同，依法取得司法行政机关颁发的公司律师证书，在本企业从事法律事务工作的员工"。一方面，公司律师是律师队伍的重要组成，在日常工作中，常常要预先地考虑商业行为的法律问题及风险。另一方面，公司律师作为企业员工，工作时还要考虑很多的商业问题，"在处理法律问题时要直接考虑公司的业务和盈利，主动以法律思维考虑商业行为的可行性"，[①]要充分维护企业利益，降低经营成本、保护经营成果并为企业创造利润。此外，相较其他企业员工，公司律师具有独立的职业身份，其职业行为还可超出公司内部事务，代表公司进行一些外部业务，如进行商业谈判、调解、诉讼等。实际上，考虑到律师合规监管的权威性和企业市场竞争的良性发展，无论是企业还是政府，都愿意进一步明确公司律师的独立地位。

一、公司律师的权责划分

（一）公司律师的权利范围

在确定公司律师的权利范围之前，要特别注意两个重要的基础性

---

① 郭建军：《公司律师身份再定位》，载《法人》2014 年第 11 期，第 41 页。

问题。第一,公司律师的权利来源。2018 年司法部审议通过的《公司律师管理办法》第二十五条规定,"省级司法行政机关可以结合当地工作实际,依据本办法制定具体的实施办法"。据此,各省、自治区、直辖市司法厅(局)或政府办公厅纷纷发布了相应的公司律师管理具体实施办法,如《江西省公司律师管理细则》《江苏省公司律师管理实施办法》《福建省公司律师管理实施办法》等文件,对公司律师的权利义务等作出了详细的规定。综上,对公司律师权利的规定主要来源于部门规章和规范性文件,《中华人民共和国律师法》等法律并未对公司律师的身份地位及其权利义务有所涉及。第二,公司律师的服务对象。根据当前各省、自治区、直辖市制定的公司律师管理实施办法,公司律师的服务对象比较模糊。多数文件将公司律师的服务对象设定为国有企业,也有少数地方性文件将公司律师的服务对象扩展至部分民营企业,例如《河南省公司律师管理实施办法》(2019)第二条规定,"本实施办法所称公司律师,是指与国有企业或开展公司律师试点民营企业订立劳动合同,依法取得司法行政机关颁发的公司律师证书,在本企业从事法律事务工作的员工"。另外,在重庆市(2016)、内蒙古自治区(2016)、北京市(2018)、广西壮族自治区(2021)和等地的实施办法中,直接将设立公司律师的工作单位扩大至所有企业,[①]未作国有企业或试点民营企业的限定。部分文件还在附则部分规定,开展公司律师试点的民营企业由省(市、自治区)司法厅确定,可见,对于公司律师服务对象的范畴界定,实际上呈现出拓展化、宽泛化的趋势。

公司律师的权利可按照其行使权利的不同场景分为对内权利和对外权利。在企业内部,公司律师主要有权参与企业章程、运行规则等企业重要规章制度的制定与修改,为企业改制重组、并购上市、产权转让、破产重整等重大经营决策提供法律意见,同时,还有权开展合规管理、风险管理、知识产权管理、法治宣传教育培训和法律咨询等活动。在企业外部,公司律师可参与企业的对外谈判、磋商,起草、审核企业对外签

---

① 参见崔梦雪、熊樟林:《论公司律师的概念构成》,载刘艳红主编:《东南法学》第 19 辑,东南大学出版社 2021 年版,第 192 页。

署的合同、协议和法律文书，代表企业办理各类调解、仲裁和诉讼等法律事务，同时可接受企业指派或委托的其他法律事务。根据公司律师的身份特征，其权利也可分为一般性权利和特殊性权利。一方面，公司律师作为一般的企业员工，享受劳动法所保障的各项职工权利，包括获取劳动报酬的权利、享受休息休假的权利、享受社会保险的权利等等；另一方面，公司律师作为专业律师，也享有律师法所规定的会见、阅卷、调查取证和发问、质证、辩论等律师执业权利，以及加入律师协会、参加律师职称评定、申请转换为社会律师等其他权利。

为了保障公司律师权利的有效实现，《公司律师管理办法》第十四条规定了"公司律师有权获得与履行职责相关的信息、文件、资料和其他必须的工作职权、条件"，这实际上要求公司律师所在企业以及其他机关单位都要为公司律师履行职务提供便利、不得妨碍公司律师正当的职务行为。《公司律师管理办法》第十六条规定，公司律师所在单位"应当完善公司律师列席重要会议、查阅文件资料、出具法律意见、审签相关文书的工作流程和制度安排，提供必要的办公条件和经费支持"，这为公司律师依法依规履行职责提供了更多的保障条件。关于公司律师权利保障的相关规定体现了社会对公司律师的认可度有待提升，事实上，公司律师的企业员工身份使其在代表公司进行法律事务时常常受到不专业对待，部分地区的仲裁委员会、人民法院及其工作人员还没有意识到公司律师的职业地位，将其按照一般企业员工对待，妨碍公司律师合法权利的顺利行使。

（二）公司律师的责任承担

公司律师对其所在企业的法律事务承担连带责任。这主要是由公司律师的身份地位所决定的，相较于社会律师接受企业委托从事具体的、单一的法律事务，公司律师在企业运行中的深度参与决定了其要对企业的法律事务承担连带责任。例如，外部律师在接受委托帮助企业进行合同审查时，只需要对本次委托内容负责，之后如因合同履行产生纠纷，则属于新的法律事项，由新接受委托的律师负责。公司律师对本企业的合同进行审查，需要承担无限期的连带责任，一旦前期合同条款拟定不利,后续还需继续为合同纠纷负责。[1] 这种连带责任要求公司律师具有更强的责任心和归属感,在处理每一项法律事务时都切实地考虑企业的利益,这也是公司律师的特有价值所在。这种连带责任体现在公司律师的各种职业行为中,例如,公司律师帮助企业进行法律风险防控时,要求通过对企业法律行为的动态监管实现对法律风险的预防和控制,其主要工作内容是为企业出具法律风险分析报告,在这项工作中,公司律师不仅需要从法律角度出具专业的分析意见,还要结合企业发展现状,从商业可行性和项目整体风险把控等方面给出最终的确定性意见,对企业的风险承受能力进行具体的分析和评估,并对法律风险的控制结果负责。

为了使公司律师更好地为企业负责,《公司律师管理办法》还规定了公司律师应当承担的多项义务,包括接受所在单位的管理、监督,根据委托或者指派办理法律事务,不得从事有偿法律服务,不得在律师事务所等法律服务机构兼职,不得以律师身份办理所在单位以外的诉讼或者非诉讼法律事务等。此外,公司律师还应遵守《律师法》等法律法规规定的其他义务。

(三) 公司律师与企业法律顾问的区分

在 2002 年开始公司律师制度试点以前,企业法律顾问制度已经发展了二十余年,并且基本形成了较为畅通的运行机制。《关于推行法律顾问制度和公职律师、公司律师制度的意见》第二条指出,"在积极推行法律顾问制度和公司律师制度时,坚持分类规范实施",要求国有企事业单位分类推行法律顾问制度和公司律师制度,鼓励各地区各部门各单位综合考虑机构、人员情况和工作需要,选择符合实际的组织形式、工作模式和管理方式。企业法律顾问和公司律师的职能具有较高的重合性,都参与企业的重大决策、监督并把关企业的经营活动、在企业内部纠纷中发挥仲裁职能、帮助企业防范化解法律风险、在企业内部进行

---

[1] 参见郭建军:《公司律师身份再定位》,载《法人》2014 年第 11 期,第 40 页。

法治宣传等等。① 为了更好地明确公司律师的身份定位、发挥公司律师的制度作用，必须做好公司律师与企业法律顾问的区分。第一，从服务企业的方式上来说，公司律师属于纯粹的内部服务，企业法律顾问既可以从企业内部提供法律服务，又可以从企业外部提供法律服务。公司律师作为企业的内部工作人员，与企业存在劳动关系，由企业发放劳动报酬，在企业内部从事法律事务工作。企业法律顾问既可以是专职法律顾问，也可以由执业律师兼职担任法律顾问，事实上，兼职法律顾问是我国企业法律顾问制度的普遍存在形态，《中华人民共和国律师法》也将担任法律顾问确定为律师的一项重要业务内容，兼职法律顾问不必参与企业的日常经营管理活动，与企业不存在劳动关系，而属于委托合同关系。第二，从执业条件上来说，公司律师被要求具有法律职业资格，而企业法律顾问则无此强制性要求。公司律师需要代表企业进行仲裁、诉讼等法律活动，是服务于企业的专业律师。企业法律顾问却没有统一的行业准入标准，这是企业法律顾问制度的先天不足所造成的，尤其是企业内部聘任的专职法律顾问，在企业内部从事法律事务，不需要获得法律职业资格，只要通过企业人事部有关法律顾问从业资格考试即可。《关于推行法律顾问制度和公职律师、公司律师制度的意见》第五条指出，"在国有企业已担任法律顾问但未取得法律职业资格或者律师资格的人员，可以继续履行法律顾问职责；拟担任法律顾问的工作人员或者外聘的其他人员，应当具有法律职业资格或者律师资格，但外聘其他国有企业现任法律顾问的除外"，可见，对企业法律顾问的执业条件，可继续沿用先前聘用法律顾问的做法。第三，从服务的专属性上来说，公司律师仅服务于特定的企业，企业法律顾问可以兼职多个企业。公司律师作为企业员工，只能单一地为雇佣其的企业提供法律服务，不得在其他企业或者律师事务所兼职，不得以律师身份办理本企业以外的诉讼业务和非诉讼业务。企业法律顾问则可以同时服务于多家企业，也可以加入律师事务所从事其他律师业务。

---

① 参见高位：《国有企业法律顾问、公司律师的工作原则及职能作用》，载《人民法治》2017 年第 10 期，第 85 页。

2014 年国务院发文取消了企业法律顾问资格考试，统一为法律职业资格考试。[①] 目前，企业法律顾问制度与公司律师制度并存的局面较为混乱，为了构建更加科学的企业法律服务体系，适应现代化市场竞争环境，部分企业法律顾问向公司律师的转换成为了一种行业发展趋势。

二、公司律师的管理体制

(一) 公司律师的管理主体

公司律师制度经过多年的实践探索，形成了一套内外部双重管理的模式，并由《关于推行法律顾问制度和公职律师、公司律师制度的意见》确定下来，在企业内部受到国资委等企业主管部门的管理，在企业外部还受到司法行政部门、律师协会的行业管理。[②] 目前，享有公司律师管理权限的主体主要有以下三个：

1. 企业主管部门

《关于推行法律顾问制度和公职律师、公司律师制度的意见》第二十四条规定，"党内法规工作机构、国有企业法律事务部门，负责本单位公司律师的日常业务管理，协助组织人事部门对公司律师进行遴选、聘任、培训、考核、奖惩，以及对本单位申请公司律师证书的工作人员进行审核等"。在企业内部，由党内法规工作机构领导、由企业法律主管部门统筹，共同负责本单位公司律师的工作安排、业务管理以及监督检查等。各省、自治区、直辖市等根据各地工作实际，也制定了具体的关于公司律师管理的实施意见，明确落实了公司律师管理的责任主体，形成了不同的公司律师管理路线。如《江西省公司律师管理细则》第六条规定了由出资监管企业法律实务部门承担本单位法律顾问办公室职责，具体负责本单位公司律师的日常业务管理，并且由省国资委负责督促出资监管企业的公司律师制度落实情况。《四川省公职律师、公司律师

---

① 参见陶澎：《公司律师制度的"前世今生"》，载《中国律师》2015 年第 12 期，第 57 页。
② 参见王茂松：《公司律师制度设计猜想》，载《法人》2015 年第 2 期，第 54 页。

制度改革实施办法》只明确了由所在单位负责公司律师的日常管理，实践中形成了企业法律部门主管和企业业务领导直管等不同的管理方式。

2. 司法行政机关

《关于推行法律顾问制度和公职律师、公司律师制度的意见》第二十五条规定，"在国有企业担任法律顾问，并具有法律职业资格或者律师资格的人员，经所在单位同意可以向司法行政部门申请颁发公司律师证书。经审查具有法律职业资格或者律师资格的，司法行政部门应当向其颁发公司律师证书"。公司律师执业资格的审查与授予属于司法行政机关的权限范围，这是由我国司法行政机关的职能定位所决定的。《公司律师管理办法》第四条规定，"司法行政机关对公司律师业务活动进行监督、指导"，这在审查与授予公司律师执业资格的权限基础上，进一步明确了司法行政机关可以通过收回、注销公司律师证书来监督管理公司律师的工作。司法行政机关对公司律师执业权限的管理，实际上包含了更多的管理内容，例如《陕西省公司律师管理实施办法》将司法行政机关的管理内容具体化为证书颁发、业务监督指导、个人职业信用信息管理以及相关组织协调工作等多个方面，要求"公司律师所在单位对本单位公司律师进行年度考核，提出称职、基本称职或者不称职的考核等次意见，并报送司法行政机关备案"，这种行政确认行为使得司法行政机关对公司律师的监管更加全面。

3. 律师协会

《关于推行法律顾问制度和公职律师、公司律师制度的意见》第二十七条规定，"律师协会承担公司律师的业务交流指导、律师权益维护、行业自律等工作"。律师协会是律师行业自律组织，公司律师作为律师职业的重要组成，要求必须加入律师协会，接受律师协会的监督与管理。律师协会对公司律师的管理主要在于规范公司律师的职业道德、对违反职业道德的律师进行惩处、通过业务交流提高公司律师执业水平、进行律师职称评定等，[①]其对公司律师的管理具有正面激励和负面

---

① 参见张浩：《论公司律师制度的困境与构建》，载《行政与法》2016年第4期，第80页。

惩戒的双重作用。《江苏省公司律师管理实施办法》第四条要求，"律师协会负责对公司律师的行业自律管理，组织开展培训交流、行业监督、权益维护、转任社会律师考核等工作"，将公司律师转任社会律师考核的工作也纳入了律师协会的管理范畴，实际上扩大了律师协会的行政授权管理权限，使其对公司律师的管理发挥更加主动的作用。

（二）公司律师管理制度的主要内容

1. 遴选

为了与我国企业法律顾问制度转型相适应、与法律职业资格改革办法相一致，公司律师主要从以下人员中遴选而来：第一，原在国有企业担任法律顾问、并具有法律职业资格或者律师资格的人员；第二，国家统一法律职业资格制度实施前已担任法律顾问、未取得法律职业资格或者律师资格、但在党政机关、国有企业担任法律顾问满15年的人员；第三，国家统一法律职业资格制度实施前已担任法律顾问、未取得法律职业资格或者律师资格、但具有高等学校法学类本科学历并获得学士及以上学位，或者高等学校非法学类本科及以上学历并获得法律硕士、法学硕士及以上学位或者获得其他相应学位的人员；第四，国家统一法律职业资格制度实施前已担任法律顾问、未取得法律职业资格或者律师资格但具有高级职称或者同等专业水平的人员。

2. 聘任

公司律师虽然是与国有企业签订劳动合同的企业员工，但与其他企业员工的聘任程序又存在着差异，公司律师证书的申请需先获得其所在单位的同意，并由其所在单位向司法行政机关提交相关申请材料。公司律师的聘任由其所在单位审核决定，并报司法行政机关审查通过，这也是公司律师双重管理体制的重要体现。

3. 培训

《公司律师管理办法》第九条规定，"探索实施公司律师职前培训制度"。实践中，公司律师的培训，可分为律师协会集中培训和企业内部培训。前者通常由各省、市律师协会统筹安排，协会会员公司律师自愿报名，师资力量主要由律师协会邀请的高校法学教授、法官、司法行政系统专家、专业律师等组成，培训内容涵盖了业务技能、党政学习、前沿解读、企业建设等多个方面。后者则由企业主管部门或企业法律业务部门进行安排，主要结合企业业务内容和发展规划，对公司律师的工作内容等进行统筹部署，旨在将公司律师管理融入企业统一管理体系之中，最大程度地发挥公司律师在企业法治风险防范中的重要作用，培训内容主要是法律业务实务、项目法律管理、环保法律法规、纠纷案件处理等与企业业务具有较高相关度的内容。

4. 考核

公司律师的考核，一部分是公司律师所在单位对其的考核，另一部分是司法行政机关对其的考核。前者由公司律师所在单位自主进行，主要考核公司律师的尽职情况，包括处理企业法律事务的质量和数量、参加企业培训等情况，主要目的在于对公司律师的职位待遇进行适应性调整，以激励公司律师更好地为企业服务。后者由各省、市司法（厅）局组织考核，考核周期为一年，所有公司律师（除首次获证未满一年的）均需接受年度考核，重点考核公司律师遵守法律法规和职业道德、履行岗位职责、从事法律事务工作数量和质量等方面的情况，以及遵守律师协会章程、履行会员义务的情况、完成继续教育培训的情况等，根据年度考核结果给予公司律师"称职"和"不称职"等次。由于司法行政机关对公司律师实行间接管理，该考核实际上需由公司律师所在单位及律师协会配合进行，实践中通常由公司律师所在单位具体负责本单位公司律师的年度工作考核评议工作，结合律师协会对公司律师的评价情况，提出综合考核等次意见，再由所在地司法行政机关对公司律师的年度考核结果进行备案审查和公示确定。

5. 激励

公司律师的激励主要包括薪资分配和晋升机制两个方面。我国公司律师主要采取工资制的分配方式，部分企业试点了年薪制，试图将团队、文化、办案质效、管理的投入产出比等计入公司律师的薪资分配中，实现对公司律师薪酬的科学评估，但这种分配方式对企业的规模和案源的数量等都具有较高的要求。公司律师作为企业员工，其晋升通道很难脱离企业管理结构，目前公司律师的晋升通道比较有限，一方面主要向企业内部法律事务管理层级流动,另一方面是向社会律师转换。此外,各省公司律师管理实施办法对公司律师的奖励制度作了特别规定,要求司法行政机关和律师协会参与到公司律师的表彰奖励中去,具体的奖励措施可由各司法行政机关和律师协会自主决定,如《江苏省公司律师管理实施办法》第二十八条要求,"企业、司法行政机关、律师协会对勤勉尽责、表现优异、贡献突出的公司律师给予表扬,在绩效考评、评先评优、人才推荐、晋升提拔等方面予以激励"。

6. 监督

公司律师的监督通常由其所在单位和司法行政机关、律师协会共同负责。主要监督公司律师违反职业伦理道德和职业纪律的行为,尤其是其执业禁止行为,即不得从事有偿法律服务,不得在律师事务所等法律服务机构兼职,不得以律师身份办理所在单位以外的诉讼或者非诉讼法律事务等。公司律师受到司法行政机关、律师协会的违规违纪处理的,处理结果将被记入律师执业诚信档案及个人档案,并通报其所在单位。公司律师受到所在企业纪律处分的,也应当及时通报司法行政机关或律师协会。同时,司法行政机关还监督相关企业的公司律师工作开展情况,未按规定开展公司律师工作的企业,将会收到司法行政机关发出的指导监督意见函。

7. 资质管理

公司律师的资质管理主要是对公司律师资格的获得、转换与退出进行管理,管理权限统一属于司法行政机关。符合一定条件的公司律师可以直接申请社会律师执业,而无需在律师事务所实习。退出担任公司律师或者发生其他不得担任公司律师的情形时,其所在企业应及时发起公司律师注销程序,由司法行政机关收回、注销公司律师证书。

(三) 公司律师队伍的数量配置

为了实现《关于推行法律顾问制度和公职律师、公司律师制度的意见》第三条提出的"到 2020 年全面形成与经济社会发展和法律服务需求相适应的中国特色法律顾问、公司律师制度体系"的目标,各地都大力鼓励公司律师的选拔与委任,并未在公司律师数量设置和增速方面作相应限制。企业在设立公司律师时，通常只设定公司律师的申请程序，而不设定公司律师的数量，公司律师既可以由原企业法律顾问转换而来，也可以由其他从事法律事务工作的人员申请而来，曾担任法官、检察官、社会律师等人员，只要符合相应条件均可以申请成为公司律师。据司法部统计数据，2022 年底全国公司律师数量 2.99 万多人，占全国执业律师比 4.6％，国有企业普遍建立了公司律师制度。

目前，公司律师资源配置不均衡的状况普遍存在，经济较发达地区的公司律师制度建设进展也相对较快。据上海市司法局数据统计，至 2021 年上海市公司律师人数达到 1298 人，《2022 年四川律师行业大数据报告》显示四川省公司律师人数为 1104 人，《2022 年度江西律师公益报告》显示全省共有公司律师 111 名。可见，公司律师队伍的数量配置与律师数量发展的总体情况相一致，与经济发展速度相适应。公司律师队伍数量的发展将继续与区域法律服务市场的需求相适应，不断扩大发展。2021 年，《上海司法行政"十四五"时期律师行业发展规划》指出，要"进一步发展壮大'两公'律师队伍，畅通准入渠道"，四川省司法厅启动了民营企业公司律师试点工作，要求持续扩大企业的公司律师配置，促进公司律师数量稳步增长，《江西省公司律师管理细则》第五十三条明确了"集体所有制企业、联营企业、三资企业、私营企业以及其他企业可以参照本细则开展公司律师工作"。

（四）公司律师管理的配套措施

《关于推行法律顾问制度和公职律师、公司律师制度的意见》与《公司律师管理办法》作为我国公司律师制度的指导性规范，对公司律师的试点和建设工作进行了原则性规定，但至今未出台国家层面的细化配套措施。[①] 公司律师制度建设主要依据各地出台的具体实施办法与管理规定，这些实施办法与管理规定大多对公司律师的职责范围、权利与义务、聘任程序、管理与监督等内容作了细化，各项细化落实的意见与

---

① 参见徐明玉：《公司律师制度和岗位设置的思考——以厦门市政集团有限公司系统为例》，载《就业与保障》2017 年 Z1 期，第 30 页。

办法则由公司律师所在企业自行确定。公司律师管理需要多方面的配套措施，包括工作经费保障、工作流程管理、协调配合机制、专业培训制度等等。《江苏省司法厅推行公职律师公司律师制度业务指引》第一条规定，"建议公司律师事务部应在公司组织架构中设置为一级部门，将法务部门纳入其归属，直接向公司决策管理层负责"，在一定程度上为公司律师的组织模式提供了制度参考，保障了公司律师在企业中的话语权，同时还规定，"公司律师缴纳的律师协会会费由所在公司承担"，为公司律师参加行业协会提供了经费保障，兴化市还要求各单位给予取得公司律师证书的人员一次性补助 6000 元。[1]《江西省公司律师管理细则》明确了公司律师参与法律援助工作的费用报销规定，为公司律师履行法律援助义务提供了经费保障，同时取消了公司律师行政审批工作中的部分证明事项，为公司律师的申请提供了便利。部分企业在公司律师制度实践中也采取了适应性的配套措施，如泸州老窖集团有限责任公司制定了《公司律师制度实施方案》，对公司律师的工作目标、重点任务与责任分工都进行了细致的规划，还推行了法务市场化改革，成立了市场化服务主体——泸州守正法律服务有限公司，[2]为公司律师队伍的建设营造专业化的环境，并将公司律师建设工作经费纳入年度预算，专款专用，为各项法律事务的开展提供经费支撑。

三、公司律师发展中存在的问题

（一）公司律师社会地位模糊

1. 概念外延不够明确

我国公司律师制度起步较晚，2002 年司法部参考西方公司律师制度，颁布了《关于开展公司律师试点工作的意见》，公司律师制度才作为

---

[1] 参见《兴化出台政策性措施扶持律师业发展》，载江苏省司法厅 江苏政府法制网 2021 年 10 月 11 日，http://sft.jiangsu.gov.cn/art/2021/10/11/art_48514_10040370.html。

[2] 参见《泸州老窖集团：壮大公司律师队伍 护航企业改革发展》，载四川省政府国有资产监督管理委员会网 2021 年 4 月 22 日，http://gzw.sc.gov.cn/scsgzw/c100115/2021/4/22/9d59707c8ed747bc90bbc07c914a1f3d.shtml。

我国司法体制改革规划的重要内容而发展起来。我国公司律师制度的发展不同于西方国家，公司律师并非市场自发产生的职业类型，而是自上而下的司法体制改革的结果，对公司律师的概念规定借鉴了西方国家的实践经验，其与中国特色社会和市场的适应性有待提升。而西方国家的公司律师制度是伴随着自由竞争市场的发展而产生的，据统计，21世纪初，美国从事公司律师的人数已超过25万人，公司律师在公司治理中发挥着重要的作用，并逐渐形成了首席法务官制度，形成了与市场发展相适应的公司律师制度。

关于公司律师的概念性规定，不同规范的表述不尽相同，其具体内涵也存在差异。在《公司律师管理办法》中，公司律师是指"与国有企业订立劳动合同，依法取得司法行政机关颁发的公司律师证书，在本企业从事法律事务工作的员工"，其附则又规定，"探索开展民营企业公司律师试点的，参照适用本办法有关规定"，允许国有企业外的民营企业设立公司律师，"省级司法行政机关可以结合当地工作实际，依据本办法制定具体的实施办法"。在各省的公司律师管理实施办法中，"公司律师"的内涵存在着差异。如在《河南省公司律师管理实施办法》中，公司律师是指"与国有企业或开展公司律师试点的民营企业订立劳动合同，依法取得司法行政机关颁发的公司律师证书，在本企业从事法律事务工作的员工"，"公司律师"概念中规定了可设立的企业范围。在《辽宁省公司律师管理办法》中，公司律师是指"具有中华人民共和国律师资格或司法部颁发的法律职业资格，专职办理企业内部法律事务，不对社会提供有偿服务的律师"，着重强调了禁止公司律师"对社会提供有偿服务"。《浙江省公职律师与公司律师管理办法》规定，公司律师是指"与企业签订劳动合同，在企业法务部门从事法律事务工作，经司法行政机关核准取得公司律师证书的在职员工"，将公司律师的工作场所限定在"企业法务部门"中。可见，不同地区对公司律师的概念规定侧重不同，限制不同。"公司律师"概念的差异性规定虽然符合政策倡导，但无疑在实践中造成了管理边界的模糊不清。

2. 适用企业范围不明

《公司律师管理办法》明确规定了公司律师的设立主体，要求在国有企业设立公司律师从事企业法律事务,并允许民营企业开展公司律师试点工作。但并未制定公司律师设立细则,未明确公司律师的设立条件,仅说明公司律师实施办法由各省司法行政机关结合当地工作实际制定。在各省的公司律师工作实践中,其设立主体开放化程度不一。2019 年《四川省公职律师、公司律师制度改革实施办法》规定,"省属及以下国有企业(包括中央企业在川下属单位)"均可设立公司律师,此外,民营企业可以参照《实施办法》探索试点公司律师制度。2020 年《江西省公司律师管理细则》规定"集体所有制企业、联营企业、三资企业、私营企业以及其他企业可以参照本细则开展公司律师工作",进一步扩大了公司律师的设立主体范围。实际上,2017 年的《海南省公司律师管理暂行办法》就规定了"辖区内的企业符合以下条件的,经省司法行政部门批准,可以设立公司律师:具有独立的法律服务工作部门;具有 3 名以上符合公司律师条件的在职人员;确有设立公司律师的必要",对公司律师的设立主体范围未作过多限制,只要符合设立条件的企业,经合法审批均可设立公司律师,可见海南省十分重视发挥公司律师在企业生产经营活动中的积极作用,这对改善海南自由贸易港的营商环境也具有积极意义。不同地区对公司律师设立主体范围的不同规定,容易造成实践中公司律师权利行使的诸多限制,从而影响企业利益的充分实现。

3. 任职条件不清

关于公司律师的任职条件,由各省司法行政机关在其公司律师管理实施办法中进行设定,因此存在着不同的标准,这也造成了不同地区申请公司律师执业的难度不一。在申请公司律师执业资格时,除了提交公司律师执业申请表、身份证原件及复印件、律师资格证或法律资格证原件及复印件、工作单位同意担任公司律师的证明等必要材料之外,《海南省公司律师管理暂行办法》还要求提交"与所在企业签订的三年以上有效劳动用工合同原件及复印件",对公司律师与企业的劳动关系进行了合同期限限制。《四川省公职律师、公司律师制度改革实施办法》还要求提交"'未受过刑事处罚、未被开除过公职'的声明",《辽宁省公司律师管理办法》则要求提交"企业人事部门出具的品行良好证明和专职从事法律服务工作两年以上的证明、公安机关出具的未受过刑事处分的证明"。可见,不同地区不仅公司律师执业申请条件不同、难度有异,对申请材料的证明性要求也不同,就公司律师未受过刑事处罚的证明材料来说,个人声明的证明力明显低于公安机关出具的证明。

(二)公司律师管理细则缺乏

根据《公司律师管理办法》,省级司法行政机关结合本地区实际制定公司律师管理的具体实施办法,实践中,各省公司律师制度建设进程不一样,开放化程度不同,其制定的公司律师管理细则也差异较大。首先,直接管理公司律师的主体各异。《辽宁省公司律师管理办法》规定,"公司律师所在企业应设立独立的公司律师执业机构,公司法律事务部统一称为'辽宁省 XX 公司律师事务部',公司律师承办业务,由公司律师事务部统一受理、统一指派、统一监督",严格设定了公司律师的直接管理主体为公司法律事务部。《海南省公司律师管理暂行办法》要求"公司律师所在企业应指定部门和专人负责公司律师日常管理,并报司法行政部门备案",规定公司律师管理主体的部门和人员都由企业自主决定。《四川省公职律师、公司律师制度改革实施办法》仅规定了"公司律师由其所在单位负责日常管理",对公司律师的直接管理主体未作具体限制,企业可以自行决定是否设立专门的法律事务部门或者由分管领导直管。其次,公司律师的管理细则不明。在现代化企业管理制度体系中,公司财务管理实施细则、人力资源管理办法、公司内部安全管理细则、公司行政管理细则等公司内部管理细则可以通过规范员工行为,保障企业目标的实现,它能使员工个人的活动得以合理地进行,同时又成为维护员工共同利益的一种强制手段。相关管理细则主要以制度类文件的形式规定组织机构的设计、职能部门的划分及其职能分工、岗位职责的说明、工作流程、管理表单等,使员工在具体工作中具有标准化的行为参照,保证企业高效、稳定地运行。《公司律师管理办法》也要求公司律师所在单位"制定并完善法律事务指派、承办、反馈、评估、督办等工作流程"。而在当前公司律师制度的实践中,企业并没有制定出公司律师的管理细则。[①] 多数企业未对公司律师的工作目标、重点任务、责任分工等进行明确，也未对公司律师进行归口管理，未统筹协调指导公司律师开展法律服务，这导致公司律师与外聘企业法律顾问的业务常常交叉，存在重复性意见或建议，浪费专业资源；松散的管理还使得公司律师在面对需要决策的法律事务时，无法有效发挥其熟悉本单位本行业相关法律法规的优势。

（三）公司律师运行机制不畅

1. 职前培训无标准

公司律师的专业培训包括了职前培训和持续培训两个方面，主要对公司律师进行知识和技能的培训，以及职业道德和执业纪律的培训，以培养和提高公司律师的政策理论水平、法律专业素养和实务操作能力，[②]强化公司律师的履职能力，更好地服务企业和法律市场。《公司律师管理办法》第二十二条规定，"公司律师所在单位、司法行政机关、律师协会应当建立公司律师业务培训制度，制定公司律师培训计划，对公司律师开展政策理论培训和法律实务技能培训"。目前，公司律师的职前培训主要由其所在单位、司法行政机关和律师协会组织进行，所在单位对公司律师的培训主要是企业业务知识和技能培训，司法行政机关主要负责本地区公司律师培训工作的整体规划、监督检查和制度规范，对公司律师的培训主要起到指导、监督的作用，具体组织实施公司律师培训工作的是省、市级律师协会。由于各地区公司律师设置情况不同，不同主体对公司律师进行职前培训的标准不一，培训方式与培训内容各异。就参训对象而言，主要是已获取法律职业资格并申请担任公司律师的人员；就培训方式而言，部分地区进行封闭型集中培训，部分地区进行网络直播培训；就培训内容而言，有些地区集中于律师职业道德和执业纪律、公司律师业务技能等，有些地区还进行党建和政策内

---

① 参见张挺：《企业法务管理职能内容的中外研究评述》，载《生产力研究》2016 年第 9 期，第 5 页。

② 参见《司法部举办中央单位公职律师中央企业公司律师培训班 60 余家中央单位、中央企业已设立公职律师、公司律师》，载《中国司法》2018 年第 6 期，第 106 页。

容培训、行业案例专项学习等;就培训考核方式而言,多数地区采取日常考核和结业笔试相结合的方式,也有地区采取日常考勤加结业考核的方式,还有地区单独采取结业闭卷考试的方式。

2022 年中央组织部、最高人民法院、最高人民检察院、司法部印发了《关于建立法律职业人员统一职前培训制度的指导意见》,[①]其中要求对包含公司律师在内的律师职业进行统一的职前培训,并且要求公司律师应当参加职前培训,培训合格方可准予公司律师执业。《关于推行法律顾问制度和公职律师、公司律师制度的意见》明确了公司律师职前培训制度的建设方向,将职前培训分为集中教学、岗位实习和综合训练两个阶段,以全面提高公司律师的政治理论、职业道德和法律实务等专业素养,同时规定了培训考核、培训大纲、教材编写、师资库建设、档案管理以及培训期间待遇保障等内容,为完善公司律师职前培训制度提供了原则性指导,标准化的职前培训制度将在公司律师队伍培养中发挥重要作用。

2. 人事调整不规范

公司律师的人事关系由其所在企业进行管理和调整,具有较大的随意性。由于国有企业内部的人事岗位调整,许多公司律师并没有在专业的法律事务部门中从事相关工作,[②]多数公司律师所在企业并未设立专门的法律事务部,公司律师归由业务部门进行管理或由分管领导直接管理。这是由公司律师制度的建设过程所导致的,企业内部原本从事业务岗位工作的员工,因其曾接受法学专业教育并获得法律职业资格,在企业公司律师试点实践中天然地调整为公司律师岗位,但仍由原业务部门进行管理,其工作内容调整也较为迟缓。对于公司律师的岗位调整,部分单位还没有明确的规章制度和公司章程予以遵循,在2021 年国务院国资委和财政部共同印发的《国有企业公司章程制定管理办法》中,要求公司章程的主要内容应当包括法律顾问制度,却未提

---

① 参见《关于建立法律职业人员统一职前培训制度的指导意见》,载《法制日报》2022 年 3 月 15 日,第 3 版。

② 参见吴苑毓、龙耀:《广西国有企业法律顾问工作现状及对策研究——基于广西林业系统 17 个大中型国有企业的调查》,载《广西社会科学》2021 年第 11 期,第 76 页。

及公司律师制度。不规范的人事调整导致公司律师在企业中的职业地位较为尴尬,也导致公司律师制度在实践中常常运行不畅。

3. 缺乏决策话语权

在公司律师制度设计中,公司律师的职责范围包含了为企业改制重组、并购上市、产权转让、破产重整等重大经营决策提供法律意见,但在实践中,公司律师对于企业重大决策常常缺乏话语权。一方面是由公司律师的职业性质决定的,公司律师作为企业员工需要服从单位的工作安排,在提供法律服务时,常常囿于企业管理中职务隶属关系,无法独立发表意见。公司律师的认可度也远低于企业外聘社会律师,外部律师相较公司律师,常常被认为有着更为丰富的业务实践经验,其法律意见更具竞争力。[1] 另一方面是由公司律师的权利保障不足导致的,虽然《公司律师管理办法》第十四条规定了公司律师依法享有会见、阅卷、调查取证等权利,享有获得与履行职责相关的信息、文件、资料和其他必须的工作职权、条件的权利,但"相关配套执行措施尚未出台,导致公司律师在法律活动中相关权利实现难以保证",[2]公司律师的相关工作无法顺利开展,也就很难在企业决策中获得更大的话语权。如公司律师的办案经费缺乏制度保障,不同于企业法律顾问的办案经费由法律顾问费专项兜底,公司律师办案所需由企业按照统一财务标准进行报销,即使是本单位跨区域涉诉案件的办理,除了必要的出差费用报销外,没有额外的补助和津贴,公司律师在办案工作中缺乏激励,其权利行使也存在障碍,甚至可能为了节约成本而降低办案质量。配套执行保障措施的缺乏直接影响公司律师权利的有效行使和话语权的实质提升。

(四) 公司律师激励体制欠缺

1. 薪酬水平不够合理

公司律师实行与其他企业员工相同的薪酬办法,按照企业职能部

---

[1] 参见杨海:《公司律师参与公司重大经营决策的法律研究》,载《经济师》2017 年第 7 期,第 80 页。

[2] 张志伟、刘京卫、刘艮路:《电网企业公司律师作用的发挥与转化》,载《中国电力企业管理》2020 年第 16 期,第 70 页。

门及岗位确定工资,整体薪酬水平相较社会律师等具有同等职业水平的人员较低,相较域外公司律师的薪酬水平更低。"在律师事务所执业的律师虽然在工作初期薪资不如公司律师,但在其积累几年执业经验之后薪酬水平增长速度大大超过了公司律师",[1]从发展视角来看,公司律师的薪酬水平不及社会律师,律师事务所通常采取公司制、提成制等多种薪酬分配方式,在律所合伙人层面、律师层面、行政辅助人员层面分别设计不同的薪酬分配规则,并不断探索科学合理的薪酬分配方式以提高律师的工作积极性。公司律师的薪酬结构则较为单一,主要是基础薪酬,缺乏相关实质性的绩效考核激励,薪酬结构缺乏弹性,难以发挥出薪酬机制对公司律师的激励作用。这也与国有企业薪酬分配的原则有关,其首要原则是公平公正公开,其后才是竞争原则和效益原则,"国有企业的薪酬制度主要是为了保障员工的基本权益,重视员工的生活保障,并没有以激励作为目标",[2]这种低市场化的公司律师薪酬机制和薪酬水平导致其缺乏工作积极性和主动性,也导致公司律师队伍及制度均发展得较为缓慢。中外公司律师也存在巨大的薪酬落差,域外公司律师的薪酬机制更为灵活,薪酬水平也更高。据统计,"美国首席法务官的收入平均数约为 210 万美元",[3]其薪酬构成除了基本薪资、非股权报酬、奖金等现金薪酬外,还有期权与股票等非现金薪酬,高薪酬水平决定了域外公司律师在企业中具有较高的战略地位,如美国的首席法务官作为公司高级管理人员和董事会成员,是公司治理的核心成员,与首席执行官、首席财务官共同参与公司战略的规划与决策。首席法务官对职责范围内的决策事项具有一票否决权,在特定情形下还具有律师豁免特权,并且对公司的全部业务环节具有独立合规监管的权利。[4] 我国公司律师不尽合理的薪酬结构和薪酬水平决定了

---

① 健君:《公司法务:一直被边缘,从未被超越》,载《法人》2017 年第 4 期,第 72 页。
② 王中平:《我国国有企业薪酬分配差异化改革策略研究》,载《企业改革与管理》2021 年第 22 期,第 87 页。
③ 健君:《公司法务:一直被边缘,从未被超越》,载《法人》2017 年第 4 期,第 72 页。
④ 参见郭建军:《首席法务官制度与现代公司治理》,载上海市法学会主编:《上海法学研究》第 25 卷,上海人民出版社 2020 年版,第 31 页。

其无法在企业重大决策中发挥更大的作用。

2. 职称评定存在困难

公司律师缺乏相应的行政职位级别,也未建立起专业的技术职称评定制度,使其不仅无法以公司律师身份参加企业内部职称的评聘,参加律师系列职称的评聘也存在困难。工作绩效无法被科学有效地评价,直接影响了公司律师的任用意向、留用期限与工作态度。理论上,公司律师可以参加律师职称评定,但由于企业内部没有律师职称系列,且职称评定需要各地方人事部门的资格审查,"实践中并没有公司律师进行职称评定,或者即使通过地方人事部门的初级职称评定后根本没有机会获得更高一层级的职称评定",[1]导致公司律师的职称评定与企业内部其他各类职称评定以及社会律师职称评定之间存在一定的脱钩。《公司律师管理办法》第十八条第二款规定要"根据国有企业法律专业技术人才特点和成长规律,研究建立评价科学、管理规范的公司律师职称制度,有条件的国有企业可以先行探索符合本单位实际的公司律师职称制度",司法行政机关及相关企业探索公司律师职称制度的实践取得了一定的进展,2021年《江西省律师职称申报条件》明确将公司律师纳入了能够申请律师职称的范围,[2]并适当放宽公司律师的职业经历、工作业绩等要求,重点评价其履职成效,这在理论上畅通了公司律师参与律师职称评定的通道,但实际评定效果仍未可知。合理的职称评定机制对于调动公司律师的积极性、提高专业能力、强化专业队伍建设等方面都具有重要作用,目前,公司律师职称评定仍然存在较大困难,申报条件模糊、审查规则不明、评定不可持续。

3. 晋升渠道不够畅通

实践中,公司律师普遍缺乏长远的职业规划,主要因为其缺乏畅通的晋升渠道和可观的职业前景,公司律师的专业潜能和工作积极性都

---

[1] 徐明玉:《公司律师制度和岗位设置的思考——以厦门市政集团有限公司系统为例》,载《就业与保障》2017年第Z1期,第31页。

[2] 参见《2021年律师职称申报开始啦!》,载铅山县人民政府信息公开平台2021年9月22日,http://jxyanshan.gov.cn/ysxsfj/zwdt/202109/c2bbd9527016474697ffa6c786747959.shtml。

无法得到充分激发，不利于企业的持续稳健发展。公司律师的晋升渠道应当包含企业内部通道和社会通道两部分。前者主要是通过企业内部职级评定，在职级提高的同时获得特定的职责和与之配套的权利，实现个人价值的最大化与能力、待遇、地位等的不断提升。"长期以来，在我国国企改制的大环境下，大部分企业的主要晋升模式是以管理类岗位的升级为主要渠道"，[1]此外还存在技术型的晋升渠道，以及通过技术岗向管理岗的转换来实现个人晋升，企业中的公司律师既不属于管理岗又缺乏技术职称评定，使其难以通过企业内部晋升渠道实现个人价值和职业发展。后者主要是指公司律师转任为社会律师、法官、检察官、立法工作者等社会通道。公司律师向企业外部其他法律职业的转换，可能成为公司律师职业发展的重要内容，这也是建设法律职业共同体的内在要求。良性顺畅的法律职业流动与交换，能够激发法律职业共同体的职业认同，有利于法治向成熟化发展，对于公司律师而言，向企业外部其他法律职业的转换，将形成一种变相激励，促使其更加勤勉努力地工作，以增强自身的专业知识和能力，为实现自身职业发展的更多可能性奠定基础。部分地区在公司律师管理实施办法中对其转任通道进行了一定的设置，如《四川省公职律师、公司律师制度改革实施办法》第五条第八款规定，"担任公司律师满三年并且最后一次律师年度考核被评定为称职的人员，脱离原单位后申请社会律师执业的，可以经律协考核合格后直接向设区的市级司法行政机关申请颁发社会律师执业证书，其担任公职律师的经历计入社会律师执业年限"，规定明确了公司律师向社会律师转任的程序，并提供了一定的便利，免去了社会律师执业前的培训考核过程。2022年陕西省出台了《陕西省律师协会公职和公司律师申请社会律师执业考核办法（试行）》，对公司律师转任社会律师的条件和程序进行了细化与规范。目前，公司律师的社会晋升通道以转任社会律师为主，转任法官、检察官、立法工作者等其他法律职业的机制尚未有效建立，未开辟出多元化的社会晋升通道，不利于充分调动公司律师的工作积极性。

---

[1] 江朝虎：《国有企业技术人员晋升机制研究》，载《现代商业》2021年第18期，第82页。

四、公司律师管理体制的完善路径

在广泛的公司律师制度实践中，各地区基本探索出了一套符合当地实际状况的公司律师管理模式，其存在的问题和不足也逐渐显现。完善公司律师管理体制需要聚焦问题，逐个突破，处理好顶层设计与底层实践的互动关系。

（一）提升公司律师社会地位

首先，借鉴地区试点经验建立健全公司律师制度规范和流程规范，在《公司律师管理办法》的基础上，统一公司律师的概念外延、明确其设立主体的范围和任职条件，在更高层面明确公司律师的法律地位。鼓励在律师协会设置公司律师工作委员会或成立公司律师专门行业管理协会，对公司律师进行专业化、标准化的管理和监督，以代表公司律师利益、管理公司律师就业、规定公司律师职业道德、为公司律师谋福利。① 其次，鼓励企业建立公司律师管理机构，实现企业法律事务工作的专门化管理。在公司章程中明确公司律师的岗位职责与权利义务，制定公司律师管理条例，明确公司律师承担的具体法律事务工作，并依据其职责范围出台管理细则。条件允许的情况下还可以搭建统一的法律信息化管理平台，以实现公司律师在重大经营决策中的流程化管理，提升公司律师进行法律事务工作的专业度和规范性。再次，加强公司律师的权利保障，提高企业及法律实务部门等对公司律师的认知度和认可度。要求人民法院、人民检察院、公安机关等规范工作流程，给予公司律师与社会律师同等待遇，以保障其依法享有的会见、阅卷、调查取证等权利，方便公司律师办理相关事务。企业也要适当扩大公司律师的业务权限，如在重大事项决策中，需要公司律师签字才能上报企业主要领导，重要决策会议必须确保公司律师参加等，以保障公司律师获得与履行职责相关的信息、文件、资料和其他必须的工作职权、条件的

---

① 参见王威权：《浅析我国的公司律师制度》，载《理论观察》2015 年第 5 期，第 22 页。

权利,使公司律师的工作更加贴近企业的核心决策圈,从而提升企业内部对公司律师工作的认识和重视,提升公司律师在企业经营管理中的地位。

(二) 优化公司律师组织架构

第一,合理地扩大适用公司律师制度的企业范围,鼓励在符合条件的企业配备适当的公司律师,明确其岗位条件和任职条件,并探索对其进行集中化管理。集中化法律事务管理是现代企业的普遍管理模式,这种模式既有利于及时管控集团风险,又能为企业节约人工成本。[①] 在大型集团企业中,对公司律师实行集中化管理,主要是在集团企业总部设立专业的法律事务管理部门,组成公司律师团队,由集团企业总部与公司律师签订劳动合同,并为其缴纳社保等,再由集团企业总部委派公司律师至各关联企业处理法律事务,并垂直负责公司律师的日常管理等。[②] 第二,加快企业法律顾问向公司律师的转化,完成企业法律顾问制度与公司律师制度的顺利承接。对于内部企业法律顾问向公司律师的转化,各地区已经出台了相关的规则和程序,对于已经通过国家法律职业资格考试的原有企业法律顾问,在条件符合的情况下可以依照程序直接颁发给其公司律师证,"对于未能通过法律职业资格考试的企业法律顾问,实行执业过渡期管理,如一直不能通过法律职业资格考试的,只能从事公司律师助理工作",[③]对于企业外部法律顾问,也可以通过人才引进的方式将其纳入公司律师队伍,有效实现企业法律顾问制度向公司律师制度的转变与衔接,合理地搭建公司律师组织架构。第三,完善法律事务办公室运作机制。办公室要明确公司律师在具体法律事务工作中的分工,针对不同的业务内容完善公司律师的工

---

① 参见郭建军:《现代企业法务管理体系的模块构成》,载《现代企业》2014 年第 5 期,第 18 页。

② 参见《关于切实为民营企业营造良好法制环境改进民营集团企业法律事务管理的提案》,载海南省人民政府网 2021 年 7 月 10 日,https://www.hainan.gov.cn/zxtadata-11270.html。

③ 徐明玉:《公司律师制度和岗位设置的思考——以厦门市政集团有限公司系统为例》,载《就业与保障》2017 年第 Z1 期,第 32 页。

作流程,鼓励搭建法律事务信息化管理平台,实现公司律师对企业法律事务的流程化管理,同时在合同的合法合规审查、行政许可、法律文书的起草和修改等方面配备相应优势的公司律师,充分发挥公司律师熟悉本单位业务及本行业相关法律法规的优势,以合理配置公司律师资源,激活公司律师运作机制。

(三)完善公司律师激励体制

一是为公司律师确定差异化的薪酬分配规则,设置合理的薪酬结构和薪酬水平。良好的公司律师薪酬结构设计,不仅有利于留住高级法务人才,激发其工作潜能,还有利于降低代理成本。企业在设计公司律师的薪酬体系时也要回应市场需求,"保持薪酬的公平性与动态调整性原则",[1]使公司律师的薪酬结构与其组织层次、职位设计之间达成对等、协调的关系,以解决在企业内部的公平性问题,并及时地与外部市场环境进行比较,采取合理的薪酬水平策略,使企业保持其在法律人才竞争市场中的优势地位。还要对公司律师的薪酬水平进行动态调整,从注重岗位薪酬转变为注重绩效薪酬,结合企业实际情况科学配置公司律师薪酬层级,设置一定的薪酬激励奖金,形成具有强竞争力的公司律师薪酬体系。二是打通公司律师的晋升通道,实现晋升程序的精细化。在企业内部搭建公司律师"双阶梯晋升制度",[2]一方面使公司律师遵循技术型岗位的专业深度发展原则,科学地设计公司律师技术岗位的等级序列及评价机制,实现其技术等级的逐级提升,另一方面使公司律师实现向行政管理岗位的纵深发展,给予公司律师向企业管理岗转换和晋升的机会。同时要清晰、全面地明确公司律师晋升的标准体系,结合公司律师的岗位特征,将公司律师参与企业合规管理工作情况、处理企业涉诉情况、参与企业制度与标准化建设情况、参加企业培训情况等合理地纳入绩效考核范围中去。三是完善公司律师培训制度,尤其是统一公司律师职前培训的标准和要求,同时也要注意规范公

---

① 许多:《企业薪酬激励案例分析》,载《现代商贸工业》2020年第5期,第114页。
② 江朝虎:《国有企业技术人员晋升机制研究》,载《现代商业》2021年第18期,第83页。

司律师的持续培训，着力提升公司律师的实务知识与技能。职前培训对于弥补法学教育与司法实践的脱节缺陷、提高公司律师的专业素质、培养职业尊荣感等具有重要作用，相关部门需要按照中共中央组织部、最高人民法院、最高人民检察院、司法部《关于建立法律职业人员统一职前培训制度的指导意见》的要求，配合做好包括公司律师在内的法律职业人员统一职前培训工作。四是强化公司律师经费保障，鼓励企业将公司律师建设工作经费纳入年度预算，包括公司律师培训费用、公司律师公务费用、公司律师办案补贴、奖励经费等，专款专用，为公司律师各项法律事务工作的开展提供强有力的支撑。

（四）加快公司律师队伍建设

第一，借鉴现有公司律师制度的建设经验，有序加快各地区、各行业公司律师队伍的建设。注重公司律师人才资源的区域协调，"兼顾中西部和东北部公司律师专业人才的培养和队伍建设"，[1]尤其是要回应"一带一路"建设下中西部企业对高水平涉外法律服务人才的需求，注重公司律师人才结构的设置和业务能力的偏好。鼓励优秀法律人才向多行业、多产业流动，尤其是具有较强国际竞争力的行业与产业，如生物医药、跨境电子商务、文化创意以及计算机通信、数字基础设施等高新技术产业，建设专业化的公司律师队伍，助力产业强化风险防控、规范化市场行为，不断提升企业的国际竞争力。企业也要注重公司律师人才梯队的建设，采取积极的法律人才引进措施，号召优秀的法学院校毕业生加入企业公司律师队伍，提升公司律师在企业员工队伍中的比例。第二，重视复合型公司律师人才队伍的建设，在企业的继续教育中全方位培养专业性的公司律师。"合理安排公司律师与其他专业系统进行轮岗交流、交叉任职、上挂和下派锻炼"，[2]培养既精通法律知识又熟悉企业业务的复合型公司律师队伍，同时不断提高公司律师的管理

---

[1] 袁达松、刘华春、张志国：《"一带一路"中的中国律师业发展战略研究》，载《中国司法》2017年第1期，第42页。

[2] 陈超：《建筑施工企业推行公司律师制度的五化理念实践探索》，载《四川建筑》2020年第4期，第354页。

能力,使其既了解商业逻辑,又具备法律思维,更有效地参与企业决策。第三,创新公司律师培养机制和教育方式,探索公司律师人才培养的校企联合模式。可以尝试在法学专业硕士的培养中,由高校和企业合作创建协同创新和人才培养基地,包括实践教学基地、共享实训基地、产学合作基地等,[①]使企业参与到法律人才的培育过程,将企业所需的公司律师人才标准融入法律人才培养体系,加快公司律师预备人才队伍建设,以高效地向企业输送优质的人才资源。

五、公司律师的发展前景

日益完善的顶层设计将保障公司律师实现责权利的统一,并不断向精细化、专业化和国际化的方向发展。公司律师法律服务的精细化,将围绕公司治理结构、风险防范化解、法治环境保障、政策宣讲解读等众多业务场景,对法律事务工作进行分类,并确定相应的工作流程,匹配相关的公司律师负责相应的业务,精准地为企业提供高质量的法律服务。公司律师管理的专业化,一方面是企业、律师协会、司法行政机关等对公司律师的管理和监督专业化,如对公司律师法律事务工作的目标、内容、环节和结果等进行分解和细化,从而进行全方位的考核与评价,另一方面是公司律师对企业法律事务的管理专业化,借助数字化平台实现线上线下双渠道的专业化管理流程,[②]如通过法律事务信息化平台进行企业纠纷、案件、函件、风险、授权委托、知识产权等业务工作的便捷审核与管理,实现公司律师在企业重大经营决策中的高效参与。公司律师服务活动的国际化,与企业深入参与国际竞争的趋势相一致,要求公司律师在参与企业战略决策时具有国际化视野,在开展企业业务时熟悉国际市场法律规则,在进行跨境市场交流时具有"跨文化

---

① 参见侯建斌:《探索校企联合培养新机制提升实战能力》,载《法制日报》2021年10月15日,第6版。
② 参见黄文玥:《数字化转型环境下企业的法务管理改革策略分析》,载《中国商论》2021年第18期,第162页。

心理管理及认知能力"①,帮助企业在激烈的国际竞争中提高经济效益、激发发展活力。

公司律师还将作为法律服务市场的基本构成主体,在构建法律服务市场秩序方面发挥其重要价值。当前,我国法律服务市场已经逐渐形成多层次、多样化的生态体系,不同法律服务主体在团队规模、发展路线、管理体制等方面呈现出不同的特征,优化构建法律服务市场秩序,才能营造良好的法律服务环境,确保法律服务行业持续规范、健康发展。公司律师作为法律服务市场的主要供给主体,其制度体系的完善将对法律服务市场秩序的构建发挥稳定器的作用。同时,公司律师作为法律职业共同体的重要组成,还将通过畅通的转换与流动机制,激发法律人才市场的活力。

---

① 姚惠琴、赵静:《"走出去"背景下国有企业国际化人才队伍建设举措》,载《中国商论》2020年第 19 期,第 189 页。

第五章　律师专业水平评价

律师专业水平评价，又称律师专业领域评定，是全面依法治国时代背景下，为了加强律师队伍建设，实现行业可持续发展，专门针对律师群体而开展试点推广的律师职业评价机制。专业水平评价以律师执业能力为考察重点，同时综合考虑职业道德、执业年限等因素，试图构建一种由律师协会主导，受司法行政机关监督的律师综合性评价机制。

一、专业水平评价的内涵与边界

（一）专业水平评价的基本内涵

1. 专业：职业化的再升级

职业是一种群体性的、高频次的，且已形成相对稳定行为模式的社会活动。纵观我国律师职业发展历程，自 1979 年司法部重建至今，律师执业机构从"法律顾问处"到"律师事务所"，律师职业性质从"国家的法律工作者"到"为当事人提供法律服务的执业人员"，我国已完成了律师这一法律职业从无到有的构建。[①]

律师专业水平评价，是对律师群体进行的一次再划分。职业化让律师从社会群体中得以独立，区别于普通民众等非法律职业，也区别于法官、检察官等其他法律职业；而专业化紧密契合精细化发展这一主题，又在律师群体中以个人所长为主要标准来完成小方向的细分。

---

① 参见熊秋红：《新中国律师制度的发展历程及展望》，载《中国法学》1999 年第 5 期，第 15 页。

社会活动的职业化完成之后,高质量和精细化便成了职业发展应有之义,律师行业也是如此。律师的职业门槛相较于其他职业而言已经较高。一名合格的律师首先需要通过全国法律职业资格考试,然后在律师事务所完成为期一年的实习,实习内容除律师事务所内的各项日常工作之外,还包括律师协会组织的各种培训及考试,考核合格之后才能拿到执业证书,独立开展律师执业活动。而法作为社会的产物,"苟日新,日日新,又日新",律师的工作领域和深度必然会随着生产力的提高和社会分工的复杂化而不断扩张,使得万金油型的律师越来越不能适应社会现状,满足人们日渐精细,分化,且专业要求程度较高的法律服务需求。转型为深耕某一领域的专业律师,不仅是个人谋求职业发展的必要,更是实现高质量社会治理,全面推进依法治国的必要。

2. 领域:按市场需求划分

推行律师专业水平评价机制的目的之一是为社会公众在选择法律服务主体时提供参考,以降低社会公众选择法律服务的了解成本,从而切实、高效地保护当事人法律权益。出于为自由市场的社会选择提供权威参考这一因素的考量,律师专业水平评价中的专业方向应尽可能地契合法律服务市场需求。

第一,律师专业领域的划分必须具有简明性和准确性的特点。细分专业方向的各具体对象之间应具有较大的相似性,即社会公众在不需要了解学习方向具体内涵的情况下,可快速准确地在律师的专业领域与自己的需求之间完成匹配。

第二,律师专业领域的划分必须实现法律服务市场的全覆盖。各细分专业方向的覆盖范围之和应完全覆盖法律服务市场需求范围,即每个律师其所擅长或深耕的专业领域都能找到恰当的细分专业来进行评价,法律服务市场决不能存在律师专业水平评价机制运作的缺位。

第三,律师专业领域之间必须尽可能避免不必要的重叠。重叠可分为包含式重叠和交叉式重叠两种情况,这里仅谈包含式的重叠,即如果在评定体系所划分的专业方向中存在一组具有上下位关系的两个概念,必然会导致其中一种专业方向没有存在必要这一情况的出现。律师专业水平评价存在的意义就在于完成对上位概念的拆解分类,用更精确的下位概念来强调律师专业性的差异。律师专业水平评价体系中若同时存在民事和婚姻家庭法这两个具有包含关系的专业方向,无存在必要的往往是"民事"这一类可对"婚姻家庭法"等其他方向进行包含的专业方向或上位概念。

第四,不能将法律规范体系中部门法的分类直接等同于社会需求的分类,要清楚地意识到两者之间存在着不可被弥合的偏差。法律规范根据其调整的主要法律关系作出清晰的分类,而在社会活动中,当事人面对的社会关系往往是多个不同性质的法律关系的交织,因此市场需要律师具备综合性的法律知识和高水平的执业能力,才能为当事人提供高质量法律服务。这就决定了专业绝对不是局限于部门法类型的偏科,而是面对高度相似的综合性事务时,一种律师实践经验和法律理论知识的结合。律师专业领域的方向划分,不能将专业化等同于单一化,而应切实回应当下法律服务市场中的现实需求,强调以现实为依托,适当参考学理上的分类,来合理划分律师专业领域。

第五,律师专业领域划分应是一项持续跟进而非一劳永逸的动态性任务。在全面推进依法治国的今天,经济持续发展,社会关系日益复杂,不断地会有新兴的法律服务领域的出现,市场需求也随之日新月异。毋庸置疑,律师的工作内容同社会发展具有密切的联系,如果机制设计固步自封保持静默,不能就律师专业领域的方向划分作出及时解释、调整,律师专业水平评价将陷入运行缺位的被动状况,从而不能全面且良好地为社会公众选择法律服务提供参考。

律师专业水平评价作为一项长期性的工作,应关注其与社会联系的紧密性,让律师专业领域方向划分面向法律服务实现精确全覆盖,保持律师专业领域方向划分与时俱进的动态属性,才能保障律师专业水平评价的权威性,有效发挥律师专业水平评价对公众选择法律服务的参考作用。

3. 评定:行政确认的属性

司法部明确规定,"由律师事务所对申请人进行考核,设区的市或直辖市的区律师协会组织评审委员会进行评审。设区的市或直辖市的区没有设立律师协会的，由省（自治区、直辖市）律师协会组织评审委员会进行评审。评审委员会由相关专业领域的律师和人民法院、人民检察院、公安机关、国家安全机关、司法行政机关、法学教学科研单位等有关部门的专业人士组成①。需要关注的是，自我国实施司法行政机关监督指导和律师协会实际管理相结合的"两结合"管理模式后，律师法的数次修改均保持了司法行政机关只保留一定的宏观管理职能，而尽可能地强化律师协会行业自治的属性这一趋势。《关于建立律师专业水平评价体系和评定机制的试点方案》规定的律师专业水平评价作为一种律师自愿参评的行业内部评价方法，属于律师协会的职能范围，故律师专业水平评价的评定主体应以各地律师协会及其所组织的评审委员会为重。

律师协会组织开展律师专业水平评价工作，其性质是律师遵循个人意愿参加评审，并由律师协会评审决定是否授予其相应专业律师称号的行业自治行为。《关于建立律师专业水平评价体系和评定机制的试点方案》提到，"司法行政机关对评价工作全过程进行监督"②，监督工作的内容之一即为评审结果的行政备案。在江苏省关于律师专业水平评价的细则中提到，"专业律师评定名单公示的期限为 7 个工作日，对评定名单有异议的，可向设区市律师协会提出，并提交评审委员会审议。经公示无异议的，由设区市律师协会授权向参评律师颁发《江苏省专业律师证书》，并报同级司法行政机关和省律师协会备案"③；有些地区虽未明确规定评定结果须报司法行政机关备案，但要求对个人注销行为中进行备案，例如湖北省司法厅规定，"由专业律师向原评审的市（州）律师协会及省直管市、神农架林区司法局收到注销申请后，应当及时办理，收回其专业律师证书，并在门户网站进行公示，同时向湖北省

---

① 《司法部关于印发〈关于建立律师专业水平评价体系和评定机制的试点方案〉的通知》，司发通〔2017〕33 号。
② 《司法部关于印发〈关于建立律师专业水平评价体系和评定机制的试点方案〉的通知》，司发通〔2017〕33 号。
③ 《江苏律协发布"律师专业水平评价工作规则"》，载微信公众号"江苏律协"，2019 年 9 月 8 日。

律师协会和同级司法行政机关备案"①。这种向司法行政机关的备案行为,不具备行政许可的审批性质,并不直接设定当事人的权利义务,仅是对律师已获得专业律师资格的确认。对行政相对人而言,备案的目的不在于改变现有法律关系状态,而在于确定现有法律关系、法律地位,获得法定效果,其目的是方便司法行政机关统计汇总专业律师人数和公众查询专业律师名单,起到维护交易安全和公序良俗的作用。② 不论是评定名单的备案,还是注销完成的备案,除了起到一定的公示性作用,也是司法行政机关对律师专业水平评价的监督内容,属于行政机关的间接管理范畴。各地关于专业水平评价的细则中,不乏见到如公示和备案的并列式的规范写法,这也从侧面印证了专业水平评价的备案具有行政确认的性质。

(二) 律师专业水平评价的误读

1. 将律师专业水平评价误读为律师分级制度

自律师专业水平评价诞生至今,出现了部分将律师专业水平评价解读为中国的律师分级制度的声音。③ 事实上,律师专业水平评价和律师分级虽然均是对律师群体进行的一次再分类,但在制度性质及机制实际运作中均存在诸多区别。将两者严格区分,对律师专业水平评价而言,可以减少试点推广和普遍实行的阻力,也能为未来或有的律师分级制度夯实前期基础。

一是对制定两种制度的目的进行分析,可知其对律师进行分类的初始动机不同。2017 年中央政法工作会议中提到,分级出庭试点的主要目的是提高辩护代理工作质量,④将出庭权的范围、大小等具体情况与律师分级制度挂钩,来减少辩护不力对公民权益的潜在损害。而对

---

① 《湖北省司法厅关于印发〈建立律师专业水平评价体系和评定机制试点工作实施办法〉的通知》,鄂司发〔2019〕28 号。

② 参见朱最新、曹延亮:《行政备案的法理界说》,载《法学杂志》2010 年第 4 期,第 61—62 页。

③ 参见蒋超:《从公权评价到社会选择——我国现行律师职业评价制度的分析与重构》,载《甘肃政法学院学报》2018 年第 5 期,第 101 页。

④ 参见李振杰、唐益亮:《英美两国律师分级制度的特点》,载《人民法院报》2017 年 8 月 11 日,第 8 版。

律师专业水平评价而言,提高辩护代理质量并不是机制主要价值所在。司法部在评定结果运用方面明确规定,"方便社会、个人查询和选聘律师,作为有关部门从律师中选拔立法工作者、法官、检察官,选聘高等院校、科研机构教学、科研岗位职务,选拔培养律师行业领军人才,推荐律师担任党政机关和国有企业法律顾问、服务国家和地方重大工程、重大项目的参考"①,即《关于建立律师专业水平评价体系和评定机制的试点方案》有加快法律职业共同体内部流动和为个人、社会团体等提供法律服务选择参考两大直接目的。两种制度建立的动机不同,决定了他们在律师管理制度中定位的显著差异。

　　二是从制度确立时的已有规范参考入手,可知两种制度所借鉴经验完全不同。2017年中央政法工作会议讲话中,时任中央政法委书记的孟建柱发言强调,"开展律师分级出庭试点,提高辩护代理工作质量"②。律师分级制度的典型是英国自资产阶级革命后推行至今的二元三级律师制度。英国将律师由低至高区分为事务律师(soliciter)、出庭律师(barrister)、皇家律师(queen's counsel)三级③。事务律师主要根据出庭律师的指示完成诉讼相关的一些庭外事务工作,而出庭律师则拥有垄断性的出庭诉辩权。同时,英国禁止出庭律师同诉讼当事人的会见,而这一部分工作也由事务律师完成。皇家律师相较于出庭律师,其在律师执业权限和范围上并无不同,强调资格由女王授予,让皇家律师更像是一种荣誉的象征。英国所实行的这种律师分类,具有身份上的排他性和发展上的必然性。就一个律师的成长而言,律师必然经历由事务律师到出庭律师的职业发展的线性历程,且这种身份具有唯一性,即一个律师不可能既是事务律师,又是出庭律师。关于专业水平评价的域外经验则主要来自德国。德国联邦律师协会制定的《律师职业行为准则》(Berufsordnung für Rechtsanwälte)提到,只要法律或职业规则没有特

---

① 《司法部关于印发〈关于建立律师专业水平评价体系和评定机制的试点方案〉的通知》,司发通〔2017〕33号。

② 参见李振杰、唐益亮:《英美两国律师分级制度的特点》,载《人民法院报》2017年8月11日,第8版。

③ 参见李浩:《英国律师制度述要》,载《现代法学》1991年第1期,第77—78页。

别规定他的义务,律师自由、自主和不受管制地从事其职业①。但随着社会分工精细化,律师不可能熟悉所有领域的法律,于是专业律师仍有其必要。德国《联邦律师法》(Bundesrechtsanwaltsordnung)规定,于某一特定法律领域具有特别的知识或经验者,由其所属的律师协会,授予其行使专业律师称号。每位律师最多可以在三个专业法律领域执业②。德国特别制定专业律师法来规范其细节③。通过比较不难发现,《关于建立律师专业水平评价体系和评定机制的试点方案》中的部分规定,如领域的划分和个人申报专业领域限制等规定,均与德国相关法律规范存在相似之处。

《中华人民共和国律师法》规定,凡是依法取得律师执业证书的律师,均有权利接受他人委托,并参加诉讼。即所有律师所拥有的权利,所能处理的业务,所须履行的义务,均不因执业水平的高低和执业年限的长短受到任何改变。如果通过律师分级制度决定诉辩权的有无,则须由全国人大常委会通过修改现行法律的途径加以确定;且律师分级制度实质关系到法院审判业务的开展,须是一种强制性的评价,本质是在现有律师管理上增设法律许可。而律师专业水平评价,一是秉持律师自愿参加的原则,不具有强制评价的性质;二是只有在评定名单变更时须向同级司法行政机关进行备案,是行政确认属性的备案,而非行政许可属性的批准;三是专业水平评价是一种社会行业自治行为,其评审主体为各级律师协会,并不与现行法律制度相冲突。综上,两者的执行

---

① 德国《律师职业行为准则》,德语原文为"Der Rechtsanwalt übt seinen Beruf frei, selbstbestimmt und unreglementiert aus, soweit Gesetz oder Berufsordnung ihn nicht besonders verpflichten."。

② 德国《联邦律师法》,德语原文为"Dem Rechtsanwalt, der besondere Kenntnisse und Erfahrungen in einem Rechtsgebiet erworben hat, kann die Befugnis verliehen werden, eine Fachanwaltsbezeichnung zu führen. Fachanwaltsbezeichnungen gibt es für das Verwaltungsrecht, das Steuerrecht, das Arbeitsrecht und das Sozialrecht sowie für die Rechtsgebiete, die durch Satzung in einer Berufsordnung nach §59b Abs. 2 Nr. 2 Buchstabe a bestimmt sind. Die Befugnis darf für höchstens drei Rechtsgebiete erteilt werden."。

③ 李昌超:《德国律师公司制度窥探——从律师职业特性出发》,载《河北法学》2013 年第 12 期,第 149 页。

主体、分类的强制性、及行为性质不同。如果直接推行律师分级制度，会对现有的律师行业造成一定冲击。

2. 将律师专业水平评价的案件分流误读为律师合作中的流程分工

促进专业化分工是律师专业水平评价的追求价值之一，有必要通过辨析分工的具体含义将律师专业水平评价同律师分级制度区分开来。分工通常具有以下两种含义。一是在具有较高相似性的一类事物中，如果将这类事物的总和视为数学意义上的集合的话，按照一定规定分出若干真子集，即各独立事物之间的分流。二是在同一类事物内，将这一类事物的成长过程归纳总结，再划分成诸多个具有可反复适用性的步骤。后者的步骤之间具有事物发展上的必然性和次序性，即按照原有顺序对步骤进行组合，即可完成事物的变化乃至终结，这便是流程上的分工。用一个较为通俗的例子来阐释，即对刑事案件来说，大多数会经过刑事侦查、审查起诉、公诉审判阶段，那么如果由不同人负责某一特定阶段的业务则可称之为流程上的分工；而刑事案件根据罪名可分为职务犯罪等不同类型，如果某律师主要业务集中于职务犯罪领域，则可称之为案件上的分流。

即使同为分流，律师专业水平评价的分流同案件的繁简分流机制的分流相比，也具有以下几点不同。第一是两者分流依据不同，专业水平评价是通过认证专业律师的方式，引导群众选择合适的法律服务来保障自己的权益；而繁简分流则是根据案件的复杂程度来进行区分，完成司法资源的最大化利用。第二是两者分流强制力不同，专业水平评价中的分流是一种软分流，而繁简分流机制是硬性分流。审判机关将一些法庭审理事实清楚、权利义务关系明确、争议不大的简单民事案件引入速裁程序或简易程序，在尽可能保证正义不被克减的前提下实现对效率的追求。而专业水平评价的分流则没有任何强制力可言，好比一本法律服务市场消费的参考资料或适用指南。第三是决定分流的主要因素不同，律师专业水平评价的分流基于消费者自由选择法律服务提供主体这一客观现象，其先于律师专业水平评价而在市场中存在。案件繁简分流则是严格执行现有程序性法律规范的产物。律师专业水平评价的推广只不过是加快了而远非创造了市场选择造成的分流现象,其不具有强制性。律师专业水平评价机制运行后,机制参考价值的多少决定了他在市场分流中的影响力大小。

3. 将刑事辩护准入制误读为律师专业水平评价

刑事辩护准入制度与律师专业水平评价制度表面上有一定相似,但细究刑事辩护准入制度的内涵,则会发现辩护准入制度同专业水平评价,乃至于律师分级都有着很大的不同。刑事辩护准入制度是从比较法中抽象出来的名称,它是指"政府或者受委托的行业组织,为保障犯罪嫌疑人和被告人辩护权的有效实现,依法对刑事诉讼活动中,提供刑事辩护法律服务的主体的资格进行限制和确认,并对其进行监管的各项规则的总称"[1]。

刑事辩护准入制度主要包括两大类。一是相较于就现有适格辩护人群体中,只允许律师拥有辩护权,即将刑事诉讼法第三十二条所规定的辩护适格主体进行限缩,将第(二)款、第(三)款删去,将辩护权变为律师的特权,这并不涉及专业水平评价相关的讨论。二是依据法院级别和案件复杂严重程度等因素,对律师代理不同的案件进行准入限制。[2] 这种辩护准入制度类似于上文所提到的两元三级的律师制度,但相较于英国将分级制度作为一种宏观、主要的律师制度,刑事辩护准入制度是一项仅限定于刑事范畴之内,局部生效的,特殊的制度。刑事辩护准入制度对律师群体设置门槛,综合考虑刑事法律关系的特殊性和不对等性等客观因素,意在切实保障犯罪嫌疑人高质量行使固有的辩护权益。刑事辩护准入制在我国已讨论颇久,不论是让辩护权成为律师的特权还是让疑难复杂的案件辩护权只为少数律师所拥有,其均涉及诉讼程序内被害人法定诉讼权利,具有极大的法定性和强制性。律师专业水平评价成立在律师均具有广泛且相同的辩护权利的基础之上,律师专业水平评价既不实质扩大获评律师的辩护权限,也不禁止未获评律师

---

[1] 冀祥德:《建立刑事辩护准入制度实现刑事辩护专业化》,载《中国司法》2009 年第 2 期,第 8 页。

[2] 参见冀祥德:《刑事辩护准入制度与有效辩护及普遍辩护》,载《清华法学》2012 年第 4 期,第 117 页。

进入相关领域执业。刑事辩护准入制度关乎诉讼的实体权利的具体内涵绝不可能与为市场自由选择提供参考的专业水平评价画上等号。

二、专业水平评价的实施情况及分析

（一）专业水平评价的实践状况

2016年，中共中央办公厅、国务院办公厅印发了《关于深化律师制度改革的意见》，对深化律师制度改革作出全面部署。其中在健全律师执业管理制度这一方面，提出要完善职业评价体系，健全律师事务所年度检查考核和律师年度考核制度，完善律师职业水平评价制度，形成优胜劣汰的激励约束机制。

2017年，为了贯彻落实《关于深化律师制度改革的意见》，司法部印发《关于建立律师专业水平评价体系和评定机制的试点方案》，其中提出将在上海市、安徽省、陕西省、内蒙古自治区四地开展建立律师专业水平评价体系和评定机制的试点工作，由司法行政机关、律师协会负责制定具体实施办法，细化评价指标。律师协会应在其网站公布可供下载的申报所需的表格、材料，且评价工作全过程由司法行政机关进行监督。

2019年，鉴于前期四地试点取得了良好成效，积累了一部分宝贵经验，司法部下发《司法部关于扩大律师专业水平评价体系和评定机制试点的通知》，将试点范围扩大至全国31个省（自治区、直辖市）和新疆生产建设兵团，并就试点作出更为详细的指导。

1. 2017年—2019年：四地试点

第一轮专业水平评价的试点工作在上海市、安徽省、陕西省、内蒙古自治区四地开展。

上海市以闵行、虹口两区为先行试点区域，开展律师专业水平评价工作。上海在原有《关于建立律师专业水平评价体系和评定机制的试点方案》的基础上，公布了《上海市律师协会专业水平评定规则（试行）》。上海市采取量化积分制度，其具体流程是先提供材料自主申报，再由相关评审委员会着重考察提交资料和总计积分的真实性和完整性,来对专业律师资格予以评定。在《上海市律师协会专业水平评定规则(试行)》中,一是细化规定了参评资格,将相关专业领域连续执业的认定条件设置为"应满足每年至少承办 1 件该专业领域案件";二是将评价内容分为办案情况及相关专业能力两方面,以 3 年内分数总计大于等于 100 分为标准。办案情况方面,上海市出台了九个专业类别的评价计分标准;专业能力方面则属于附加分性质,除公开发表或出版的论文、专著以外,上海市对《上海律师》这一本土化非公开杂志的加分资格予以认定,并引入了律师受托撰写的调研报告等专业性文字材料。

安徽省以合肥市、池州市为先行试点区域,开展律师专业水平评价工作。安徽省律师协会公布了《安徽省律师专业能力考核表》。安徽省连续执业的认定标准同上海保持一致,但评价形式同上海不同,为专业能力考核加专业律师评审的"两步走"机制。安徽省专业能力考核采取合格制度,在十一项所规定的条件中满足两项即可认定为专业能力合格。① 而在专业能力考核合格后,律师还需经过评审量化打分后,方可获得执业律师资格。

陕西省则在 19 家 30 人以上的较大省直属律师事务所中开展先行试点工作。② 遗憾的是,陕西省专业水平评价中所涉及的《陕西省律师专业水平评价体系和评定机制试点工作实施计划》和《律师专业水平评审方案》等文件并未公开。陕西省在对律师进行首批试点专业水平评价之前,评定工作小组本着自愿申报原则对参与正式评定的评委进行了一次律师专业水平评价,其所依标准《陕西省律师专业水平评价试点工作评委评定方案》同样未公开。③ 陕西省的先行试点在公开透明性

① 参见安徽省律协办公室:《安徽省律师协会关于补充提供律师专业能力申报材料的通知》,载安徽省律师协会官网 2017 年 10 月 30 日,http://www.ahlawyer.com/DocHtml/1/17/10/00009733.html.
② 参见陕西省律师协会:《陕西召开律师专业水平评价体系和评定机制试点工作部署动员大会——在全国率先启动律师专业水平评价试点工作》,载陕西律师网 2017 年 8 月 31 日,http://www.sxlawyer.org/newstyle/pub_newsshow.asp?id=29006560&chid=100179。
③ 参见陕西省律师协会:《关于陕西省律师专业水平评价试点工作评委通过专业水平评价人员名单的公示》,载陕西律师网 2017 年 9 月 30 日,http://www.sxlawyer.org/newstyle/pub_newsshow.asp?id=29006634&chid=100180。

上有所欠缺，有损律师专业水平评价的公平性，伤害律师专业水平评价机制的参考性，其仅在司法厅直属的律所内部，选择部分律所给予申报资格，使其参加到律师专业水平评价中。

内蒙古在呼伦贝尔市组织开展了试点工作。其中内蒙古司法厅发布的文件《关于建立律师专业水平评价体系和评定机制试点工作实施办法(试行)的通知》本属于信息公开范畴却实质上并未进行信息公开，故选取试点城市之一的呼和浩特市来了解内蒙古试点情况。在呼伦贝尔市的试行方案中，其规定律师专业水平评价实行百分制的量化方法，书面审查占 60 分，现场评审占 40 分；总分 70 分以上合格。作为试点的唯一民族自治区，内蒙古鼓励蒙汉双语律师参加专业律师评定，规定了双语律师参加评审有 6 分的附加分。

2. 2019 年—至今：全国试点

2019 年开始的扩大试点，是指在全部省(直辖市、自治区)开展试点工作，即在省一级实现试点全覆盖。在司法部《关于扩大律师专业水平评价体系和评定机制试点的通知》中，司法部积极鼓励各地在律师专业水平评价体系和评定机制试点中发挥主观能动性，具体包括以下几个方面。一是合理确定试点范围。明确积累经验为试点阶段的主要工作目的，强调结合本地经济社会发展水平和律师行业发展状况选择地方的试点范围。二是允许细分专业方向。强调律师专业水平评价标准要以地方需要为依据，可以在现有 9 个专业领域方向的基础上，增设领域，精准评价申请律师的专业特长。三是探索创新评价机制。要牢牢把握提高评定工作中公信力这一关键因素，鼓励在评定机制中引入新手段、新内容，以评价得客观、准确、全面逐步树立专业水平评价体系的可信度和权威性。四是探索评价应用场景。扩展评价的适用场景既可以提高律师专业水平评价体系的公信力，又能激励律师提高专业水平。在律师专业水平评价不影响律师执业权限的变化的前提下，通过强化律师专业水平评价同律师有关的各种非业务活动的正影响关系，来达到更多律师参评自主参评，更多场景认可获评的目的。

先前已开展第一轮试点的四地中，上海、安徽、内蒙古均扩大了试点范围至全域，西安仍在省直律所这一范围内开展扩大试点工作。上海一是提高了连续执业的标准,即从每年至少承办1件该专业领域案件提到了每年至少承办3件该专业领域案件,二是提高了个人可参评专业律师方向的数量,由一轮试点的两个增加到三个。内蒙古修订了2017年律师专业水平评价试点实施办法和量化标准,最终形成《内蒙古关于建立律师专业水平评价体系和评定机制试点工作实施办法(试行)》和《内蒙古专业律师案件数量及案件复杂程度评审标准(试行)》,已于2019年6月底印发各盟市并部署开展试点工作。

自2019年全国试点至今,已有25个省(市、自治区、直辖市)已切实推进试点工作。

表1 全国关于建立律师专业水平评价体系和评定机制的试点实施情况表①

省份	评价模式	试点范围是否全覆盖②	专业领域数量③	是否超出自主权限范围	评价标准是否有不合理因素	备注
内蒙古	一级二次	是	9个	—④	—	
上海	两级二次	是	9个	是	无	申报上限为3
陕西	一级二次	否	9个	是	—	仅在省直所试点
安徽	两级二次	是	9个	无	无	
湖北	一级二次	是	9个	无	是	
浙江	两级二次	否	9个	无	无	
北京	一级二次	否	9个	无	无	
四川	两级二次	否	9个	无	无	
辽宁	一级一次	—	9个	—	—	

① 本表统计数据主要来源为各地政府、司法行政机关、律师协会等相关部门官方通知文件,次要来源于各地关于律师工作内容的相关会议等报道。

② 本表中"试点范围",为司法部通知后各地司法厅自行决定的第一批试点范围,非最新数据。

③ 本表中"专业领域数量",为司法部通知后各地司法厅自行决定的第一批专业领域划定,非最新数据。

④ 本表中"—"为因信息公开不力等客观原因,无法获取到相关数据。

(续表)

省份	评价模式	试点范围是否全覆盖②	专业领域数量③	是否超出自主权限范围	评价标准是否有不合理因素	备注
吉林	两级二次	否	9个	无	无	
江苏	一级二次	否	9个	是	无	
福建	一级二次	否	9个	无	无	
江西	二级二次	否	9个	无	是	
山东	一级一次	是	9个	无	是	
河南	一级一次	否	9个	无	是	
湖南	一级二次	否	9个	—	是	
广东	一级二次	否	9个	—	—	
海南	一级二次	是	13个	是	是	申报上限为3
云南	一级二次	否	9个	—	—	
甘肃	一级二次	否	9个	—	—	
青海	两级二次	否	9个	—	—	
广西	一级一次	是	9个	无	无	
宁夏	两级二次	否	9个	无	无	
天津	一级二次	是	9个	是	是	职称挂钩
河北	—	否	9个	—	—	
山西	—	—	—	—	—	暂无信息
黑龙江	—	—	—	—	—	暂无信息
贵州	—	—	—	—	—	暂无信息
西藏	—	—	—	—	—	暂无信息
新疆	—	—	—	—	—	暂无信息
重庆	—	—	—	—	—	暂无信息

　　首先，对上表总结的评价模式做出补充说明。综合各省关于律师

专业水平评价机制的相关通知等官方文件,可通过两个要素来对地方律师专业水平评价机制作出概括。第一个要素是"级",其概念是指在该省律师专业水平评价过程中,有几级律师协会实质性参与此工作。第二个要素为"次",其概念是指在该省律师专业水平评价过程中,专业律师资格的取得,要经历几次实质筛选机制。需要注意的是,由于部分地区信息公开范围有限的原因,在统计汇总部分省份律师专业水平评价工作时无法直接获得官方文件,而只能从年度工作汇报、日常新闻资讯等资料中间接获得。资料的来源有限和不全面使得部分省份律师专业水平评价模式的总结结果可能出现与现实存在一定偏差。此表从律师专业水平评价主体和律师专业水平评价筛选机制入手,合理忽略不重要的细化评定标准,采取先分类再组合的形式,对地方律师专业水平评价机制从宏观上作出较为准确全面的概括。

接着需要说明的是,本表格中,主观性色彩最浓的"评价标准是否有不合理要素"一项,其主要基于两个维度来对地方律师专业水平评价工作作出判断、评价。第一个维度为是否存在对同一要素的重复考核,重复考核区别于多省常见的积分叠加制度。积分叠加是指在对律师专业领域进行考核评审时,若一个案件或是一项业务从不同的考察侧重角度符合多个加分项,必然出现的一次基本事实,多次加分的现实情况;不合理重复考核,在评定标准中多体现为硕士研究生及以上学历作为考核项之一。第二个维度为是否存在不能直接体现律师专业能力水平或明显与律师专业能力水平不相关的考核项,其主要表现则为将律师作为人大代表、政协代表或党代表也作为律师专业水平评价的考察内容。

(二) 现有地方细则存在问题

将扩大试点阶段中各地区实践情况加以总结,发现主要存在以下几点问题。

1. 试点范围与行政区域脱钩

一是在试点范围方面,近七成省份选择"以点带面"的试点方式,即先在部分地区开展试点,再逐渐推广至全辖区范围。截然不同的是,陕西作为第一轮便参加试点的省份，试点范围坚持不以地区来进行划分，而是继续在陕西省司法厅直属的律师事务所范围内扩大试点①，这种试点不仅有违司法部相关文件所传达的精神，更削减了律师专业水平评价机制试点的意义，难以达到构建律师专业水平评价机制的目的。《司法部关于扩大律师专业水平评价体系和评定机制试点的通知》就试点范围的确定问题强调，"试点工作可以在本省（自治区、直辖市）全辖区范围内进行，也可以选择部分律师资源较为丰富、律师专业化分工条件较好的地区进行"，即律师专业水平评价的范围划分始终以行政区域为基础单位，而陕西省则标新立异，以律所是否由省司法厅直属管理为标准，仅在省直属律所内部开展律师专业水平评价试点工作。省司法厅直属还是市司法局直属，这样的分类本就是律师法修改前的产物，就现今律所而言，已经失去了区分的价值；律所的直属单位的不同，也不会导致律所法律地位的变化。浙江省出于规范法律服务市场和促进律师行业发展的目的，已经取消了省直属律所和市直属律所的区分，实现属地管理，将相关工作全部移交给了市级司法行政机关。② 而陕西省这般特色的试点范围划分，客观上让参与律师专业水平评价成为了省直所的特权，使得律师专业水平评价的律师范围被严格限缩，无疑对律师专业水平评价机制给社会提供参考平添障碍，有损试点工作先行探索的意义。

2. 律师专业领域方向细分不作为

二是就律师专业领域特色化细分而言，司法部《关于扩大律师专业水平评价体系和评定机制试点的通知》提到，"各地可以根据需要，在《试点方案》确定的9个专业领域基础上，进一步细分专业方向，更精准评价申请人在相应专业领域的专业特长"，明确了地方就这一事项具有自主决定的权限；而司法部的放权也是鼓励各地因地制宜，探索律师专业水平评价机制的更多可能，让律师专业领域划分能更好地贴合地方

---

① 参见陕西省律师协会：《省律协召开省直所律师专业水平评价试点工作评审大会》，载陕西律师网 2019 年 11 月 26 日，http://www.sxlawyer.org/newstyle/pub_newsshow.asp?id=29008207&chid=100181.

② 《浙江省司法厅关于省直律师事务所及其律师实行属地管理的决定》，浙司〔2014〕21 号。

实践,尽可能扩大律师专业水平评价机制的应用场景。海南省司法厅规定"参评律师可选择刑事、婚姻家庭法、公司法、金融证券保险、建筑房地产、知识产权、劳动法、涉外法律服务、行政法、侵权法、海商事、旅游类法律服务、海洋生态环境保护 13 个专业开展评定工作。评定的律师分别称为相应的专业律师"[1]。海南充分考虑地方司法实践特色,充分发挥地方司法行政机关主观能动性,在九大类的基础上再增加侵权法、海商事、旅游类法律服务、海洋生态环境保护四大专业方向,是全国唯一在律师专业领域方向细分上作出自主性规定的省份。但海南省《关于建立律师专业水平评价体系和评定机制的实施办法(试行)》仍有不足,单纯的增加式修改会造成各律师专业领域方向间的部分重叠,破坏律师专业领域划分的体系性和统一性。上文关于领域的讨论中,我们提到了重叠分为包含性的重叠和交叉性的重叠,这里便是交叉类型的部分重叠。海南新增的旅游类法律服务,一方面,其关注点为涉旅游案件,涉旅案件种类以及其中的法律关系五花八门,难免会与其他专业方向实质上产生部分重叠;另一方面,由于旅游类法律服务涉及的法律关系颇为广泛,也一定程度上与九大类以法律部门为主要依据进行划分有所区别,这体现出法律专业领域方向会产生交叉重叠的深层次原因——分类标准的不一致。虽然交叉重叠会对当事人的选择会造成混淆,并影响专业水平评价的参考价值,但考虑到律师专业水平评价机制中律师申报和客户选择上的双重自愿性,评价机制运行的实践危害远远小于包含式重叠。其余各地相应细则,均严格按照司法部《关于建立律师专业水平评价体系和评定机制的试点方案》中"刑事、婚姻家庭法、公司法、金融证券保险、建筑房地产、知识产权、劳动法、涉外法律服务、行政法"九大类专业领域方向来进行划分。诚然,司法部的九大类划分具有很强的指导作用和适用价值;但不可否认的是,分类的普适性和契合性正若鱼和熊掌,两者不可兼得。长远来看,积极自主空间内的沉默无为最终会对律师专业水平评价机制造成伤害,也在一定程度上削弱

---

[1] 《海南省关于建立律师专业水平评价体系和评定机制的实施办法(试行)》,海南省司法厅 2019 年第 8 次厅长办公会议审议通过。

了律师专业水平评价机制的适用性，进而影响律师专业水平评价机制的参考性。

3. 违反中央强制性规定

三是在个别省份细则规定中，存在有违司法部《关于建立律师专业水平评价体系和评定机制的试点方案》和《关于扩大律师专业水平评价体系和评定机制试点的通知》强制性规定条款的情况出现。除了已经讨论过的陕西试点范围以直属管理代替地域进行划分外，海南、上海两地关于个人申报上限的规定也同司法部要求相抵触。个人申报之所以划分上限，既是尊重个人发展的多样性，又是避免律师专业水平评价的泛滥以及对评定机制参考价值的减损。《关于建立律师专业水平评价体系和评定机制的试点方案》就律师申报专业领域上限规定，"每名律师参评的专业不超过 2 个"，海南省规定，"每名律师参评的专业不超过 3 个……已获得 3 个专业律师称谓的，可以在注销其中 1 个、2 个或者 3 个后，申报其他专业的专业律师，但每名律师同时拥有的专业律师称谓不得超过 3 个"[①]；上海市曾在先行试点（2017）时期曾规定"每名律师参评的专业不超过 2 个"[②]，后在全国试点（2019）推广后对《上海市律师协会律师专业水平评定规则》进行了修改，将对应条款改为"每名律师参评的专业不超过 3 个"[③]。需要注意的是，从《关于建立律师专业水平评价体系和评定机制的试点方案》规定开始，司法部并未出台相应文件就申报上限进行变更，而《关于扩大律师专业水平评价体系和评定机制试点的通知》也未将个人申报上限划为地方自主权限范围，故申报上限仍为司法部强制性规定而非任意性规定。除海南、上海外，其余省份细则均规定个人申报上限为 2，并未对此越权修改。

除此之外，将律师专业水平评价与律师职称制度挂钩也违反强制

---

① 《海南省关于建立律师专业水平评价体系和评定机制的实施办法（试行）》，海南省司法厅 2019 年第 8 次厅长办公会议审议通过。

② 《上海市律师协会律师专业水平评定规则（试行）》，2017 年 8 月 24 日上海市律师协会十届九次理事会会议审议并表决通过。

③ 调研部：《上海市律师协会关于开展律师专业水平评定扩大试点工作的通知》，载东方律师网 2020 年 6 月 28 日，https://www.lawyers.org.cn/info/6ca73decd3b249f1a8a2081e2aafc8e3。

性规定。《关于建立律师专业水平评价体系和评定机制的试点方案》明确指出，"律师专业水平评价采取与律师执业年度考核工作相结合的方式，划分专业评定专业律师，不与律师职称制度挂钩"。在天津市律师协会发布的相关文件中，却出现了抽象规范和具体标准矛盾的情况。天津市针对评价内容部分，明确规定律师专业水平评价不与律师职称制度挂钩①，而在规定各专业领域具体评分标准的指标体系中，九大类标准均规定"凡已经取得二级律师及以上律师职称证书的可直接申报相关专业领域"②。"直接申报"给了这一部分律师在书面审查环节的免检权，而"相关专业领域"又表意不明，理论上造成了任何二级及以上的律师均可直接进入任意专业领域，参加评审环节的乱象。无独有偶，湖北省司法厅也规定，任意专业方向的律师专业水平评价中，"参评律师同时符合下列条件中两项的，专业能力考核合格"，并将"具有副高及以上职称"③列为专业能力考核条件之一。诸如此类的规定与《关于建立律师专业水平评价体系和评定机制的试点方案》相违背，在律师专业水平评价中给予了高职称律师以便利。

最后，专业律师证书颁布相关问题也违反了程序性强制规定。2017年，《关于建立律师专业水平评价体系和评定机制的试点方案》规定，"颁证经公示无异议的，由负责组织评审的律师协会颁发专业律师证书"④，2019年《关于扩大律师专业水平评价体系和评定机制试点的通知》则对这一条款进行了实质性的变更，即变为了"各省（自治区、直辖市）律师协会可以自行开展专业能力考核，也可以指导设区的市级律师协会开展相关工作。为增强广大律师的荣誉感，专业律师证书由省（自治区、直辖市）律师协会统一制作、颁发"⑤，明确规定了只有省（自

---

① 《天津市司法局关于印发建立律师专业水平评价体系和评定机制试点工作实施方案的通知》。
② 天津市律师协会：《天津市律师专业水平评价指标体系》。
③ 《湖北省司法厅关于印发〈建立律师专业水平评价体系和评定机制试点工作实施办法〉的通知》，鄂司发〔2019〕28号。
④ 《司法部关于印发〈关于建立律师专业水平评价体系和评定机制的试点方案〉的通知》，司发通〔2017〕33号。
⑤ 《司法部关于扩大律师专业水平评价体系和评定机制试点的通知》，司发通〔2019〕35号。

治区、直辖市)一级的律师协会才有针对专业律师的颁证权;部分省份在落实试点工作时,并未注意到这一变更,仍按照《关于建立律师专业水平评价体系和评定机制的试点方案》拟定细则。江苏省规定,"经公示无异议的,由设区市律师协会授权向参评律师颁发江苏省专业律师证书,并报同级司法行政机关和省律师协会备案"①;江西省规定,"经公示无异议的,由负责组织评审的设区市律师协会向参评律师颁发专业律师证书,并向省律师协会和同级司法行政机关备案;同级司法行政机关收到备案名单后,要及时报省司法厅备案"②;广西壮族自治区规定,"各市律师协会向参评律师颁发专业律师证书之后,应向同级司法行政机关和广西律师协会备案。专业律师证书由广西律师协会统一制作"③;湖南省长沙市规定,"经公示无异议的,市律师协会将评定的专业律师报长沙市司法局和湖南省律师协会备案,并颁发专业律师证书"④;以上各省份均体现地方司法行政机关所拟细则,同司法部的官方文件之间,产生实质上的冲突。

4. 其他问题

四是律师专业水平评价具体标准中,仍存在着部分不具有相关性或违背法理逻辑的规定。《关于扩大律师专业水平评价体系和评定机制试点的通知》提出,"要优化评价指标体系,突出考察律师的专业能力、业务质量、业绩和贡献。"暂且按下如论文、专著等学术能力的加分与律师法律实践之间是否具有相关性不表,部分省份将人大代表、政协委员、党代表等职位作为条件引入律师专业水平评价中,这两者之间的相关性需要打一个问号。诚然,人大代表、政协委员、党代表等身份在很大程度上侧面体现了一位律师的优秀,这种优秀的律师专业水平评

---

① 《江苏省律师专业水平评价工作规则(试行)》,江苏省律师协会九届四次常务理事会审议通过。

② 《江西省司法厅关于印发〈江西省建立律师专业水平评价体系和评定机制试点工作实施办法〉的通知》,赣司律字〔2019〕5 号。

③ 《广西律师协会关于开展律师专业水平评定试点工作的实施办法(试行)》,2020 年 4 月 10 日第九届广西律师协会理事会第七次会议审议通过。

④ 《长沙市律师专业水平评定工作规则(试行)》,第五届长沙市律师协会第九次常务理事会审议通过。

价所追求的专业在现实层面上有较大可能产生重叠,但重叠并不具有必然性。律师群体中能担任人大代表、政协委员或者党代表的人凤毛麟角,但不能因为律师群体中人大代表、政协委员或者党代表的意见而想当然将其等同于专业。诸如此类的代表身份的任命,例如人大代表是由其所在选区的公民直接选举而产生,其所考察的重点同律师专业水平评价相比较,存在较大的差异。湖北省司法厅制定的《专业律师评价指标体系》,将"执业年限内担任人大代表、政协委员或者党代表"列为能证明专业能力的情形之一,山东省律师协会《律师专业水平评价指标(试行)》规定的"当选'两代表一委员'的,县区级计 5 分,市级计 10 分,省级计 15 分,国家级计 20 分"[①],等等,都是只看到了两者表象上的重叠性而忽视了两者本质上的区别性。

除此之外,学历也是各省具体评价标准会被提及的一点,如湖北省《专业律师评价指标体系》中所列出的"取得专业研究生学历",海南省《专业律师评价指标体系》所列出的"取得专业硕士、博士学位",天津市《律师专业水平评价指标体系》所列出的"取得研究生及以上学位",江西省《专业律师评价指标体系》所列出的"取得专业研究生及以上学位"山东省《律师专业水平评价指标(试行》所列出的"撰写本专业学位论文并获得学位或博士后报告,硕士论文计 10 分,博士论文(博士后报告)计 20 分",河南省《律师专业水平考评表》所列出的"取得法学(律)该专业硕士以上学历(位)",湖南省《专业律师评价指标体系》所列出的"取得专业研究生以上学历"等等。若要进一步划分,可分为两类:一如湖北、海南、江西、山东、河南、湖南等地将研究生学历限制为与参评专业领域相关专业,如刑事方向的律师专业水平评价的学历加分条件就仅限于获得刑事相关专业的研究生学历,二如天津市则并不限制研究生学历的专业相关性。但不论是否限制研究生学历具体专业,均有涉嫌学历的重复评价之嫌。《关于建立律师专业水平评价体系和评定机制的试点方案》将律师专业水平评价的参评条件明确划分为政治表现、诚信状况、执业年限和专业能力四大类。其中在第三类执业年限中明确

---

① 山东省律师协会下发的《关于开展律师专业水平评定工作的通知》,鲁律协〔2021〕10 号。

规定"参评律师具有法学博士、法学（法律）硕士、法学学士学位的,应当在相关专业领域分别连续执业 3 年、5 年、7 年以上,其他参评律师应当在相关专业领域连续执业 10 年以上",此规定通过减少参评所需最低执业年限的方式,以明确学历和律师专业水平评价之间的强相关性,其实质已经在律师专业领域评价机制内,就学历这一要素完成了评价。虽然《关于扩大律师专业水平评价体系和评定机制试点的通知》鼓励各地因地制宜,结合自身需要去完善评价标准和创新评定机制,但完善创新并非置《关于建立律师专业水平评价体系和评定机制的试点方案》之后,仍需在《关于扩大律师专业水平评价体系和评定机制试点的通知》允许的有限范围内开展专业律师领域评定相关工作。就实践来看,所有省份在律师执业年限要求上,均沿袭了《关于建立律师专业水平评价体系和评定机制的试点方案》的规定。如果在专业能力这一类条件中,再次引入学历这一要素,无疑是让参评人的学历要素,在两大类条件中均被利用、评价。这种学历的重复评价,同刑法中行为的重复性评价,行政处罚中的"一事二罚"内核大致相同,都是对一件事物中个别要素的不合理放大,而只是在评价后果是奖励还是制裁上有所出入。再看上述各省与学历相关的细则规定,天津市的规定相较于湖北、海南、江西、山东、河南、湖南等地,其未在研究生学历条件上增设具体专业要求,这一规定是在违反禁止重复性评价的逻辑基础上,又犯了类似于"执业年限内担任人大代表、政协委员或党代表"的细则规定同律师专业水平评价无相关性的错误。在专业能力中引入学历要素的行为,究其根本,是不重视评价标准的体系性,不将评价标准作为一项"类法律"规则看待、研究规则内在逻辑的表现。

三、专业水平评价的理论完善和改进措施

（一）专业水平评价的理论完善

1. 专业水平评价主体组成单一

《关于建立律师专业水平评价体系和评定机制的试点方案》在组织领导部分规定,由律师协会组织评审委员会来对律师的专业律师资格

进行评审,"评审委员会由相关专业领域的律师和人民法院、人民检察院、公安机关、国家安全机关、司法行政机关、法学教学科研单位等有关部门的专业人士组成";而《关于扩大律师专业水平评价体系和评定机制试点的通知》在创新评定机制部分又提出了新要求,强化社会评价在律师专业水平评价中的重要性,规定"坚持业内评价与社会评价相结合,广泛听取广大律师和社会各界的意见和建议"。以四川省广元市律师专业水平评审委员会委员名单为例,评审委员会还存在人员结构较为单一的问题,主要表现为:一是评审委员会的工作人员来自律师协会和有关部门两部分,二是评审委员会人员配置只关注到业内评价,社会评价缺位,三是评审委员会的地域相关性过强。一方面,律师协会作为专业律师评审工作的组织单位和运行依托,在律师专业水平评价中的关键作用不容置疑。出于保证评定工作质量的原因,律师协会在确定相关专业领域的律师名单时,应将社会律师群体加入遴选范围。另一方面,司法部指出"省(自治区、直辖市)律师协会可以自行开展专业能力考核,也可以指导设区的市级律师协会开展相关工作"[1],打破了《关于建立律师专业水平评价体系和评定机制的试点方案》"设区的市律师协会或直辖市的区律师协会组织评审"赋予了省律师协会以直接考核权,诚然,评审层级的提升有益于律师专业水平评价的公平开展,但这种改进仍囿于一种领导与被领导的包含关系之下,律师专业水平评价工作应着力于打破地域条件的限制,寻求更多新的可能。最后谈一谈社会评价的引入,现有评定体系内的社会评价发挥空间十分局限,往往以名单公示期间内社会公众可提出异议的形式展现。社会评价相较于业内评价而言,是一种被动的而非主动的,否定的而非肯定的存在;这样的社会评价更多的是流于走程序,而未能发挥社会评价的特有价值。业内评价以权威性评估业务能力上的专业性,而社会评价则以广泛性肯定客户服务上的专业性。律师工作不是窝在实验室里搞自然科学研究,其所面向的是具有法律服务需求的,也有感情知冷暖的个体。社会评价基于律师行业的服务属性而引入,是对专业性的有力补充,应予以

---

[1]《司法部关于扩大律师专业水平评价体系和评定机制试点的通知》,司发通〔2019〕35号。

重视。

2. 专业水平评价标准不够明确

《关于建立律师专业水平评价体系和评定机制的试点方案》将律师专业水平评价中的评定条件分为政治表现、诚信状况、执业年限和专业能力四部分,而除执业年限之外,其他三项均有极大的不明确性。一方面,原则性规定客观上给予了地方极大的自主空间;另一方面,也使得审查无关化、审查形式化成为可能。目前的律师专业水平评价机制中,政治表现评价流于形式,而专业能力评价也有可能出现上一章所讨论的有违律师专业水平评价设置目的的规定。关于政治表现方面,律师事务所作为合伙组织,主要还是以盈利观念和市场化价值为导向,律所的党组织没有发挥出应有功能,组织生活流于形式;部分律所也把律所的专业律师作为对外宣传的一部分,以期带来经济效益上的提升;综合多方面因素,现行的由律所对待评律师的政治表现进行考核,并征求党组织意见的方式还有较大进步空间。而专业能力评价中,各省现有实践可分为量化积分和合格两种制度,前者借用一套评分体系来对待评律师的专业能力进行打分,后者则列出若干条件,满足特定数目的条件即视为专业能力合格。量化积分制度相较于合格制而言,可以在宏观上控制专业能力各部分的加分比重,避免畸重畸轻;有效减轻不合理或不相关要素对于专业能力评价整体的消极影响,保障整体专业能力评价的公平性和权威性,司法行政机关应该对专业能力评价中的量化积分制度予以肯定、推广。

3. 律师独立执业潜在受限

律师专业水平评价对律师独立执业,尤其是独立辩护的消极影响,是律师专业水平评价主体结构单一带来的次生危害。律师执业过程中的独立,既是相对于客户的独立,又是相对于司法机关的独立。律师不应来自任何一方的威逼利诱而改变其忠于事实和法律的基本立场。相对于客户的独立是指"在遵守委托合同的前提下,律师有权利独立地决定自己的业务活动。尽管当事人有权决定案件的命运和对案件的主要活动拥有最终的决定权,但律师在自己的工作中客观存在一个不受外界干预的自决领域。如选择当事人,审查判断证据,为胜诉采取自认妥当的诉讼策略等"①。相对于司法机关的独立是指律师不论是英美法系的对抗性庭审,还是我国的"以审判为中心",律师均是实现司法公正至关重要的一环,律师不能服从于法检的意志,来切实损害当事人的利益。律师专业水平评价工作为保证评定的专业性,其不可避免地引入公安、检察官、法官等其他法律行业从业人员。但公检法等机关在律师活动中,尤其是刑事相关的诉讼活动中,通常同当事人及律师处于完全相反的诉讼地位,难免会产生矛盾、摩擦。现有的评审委员会人员结构,客观上存在侵蚀律师独立执业和降低律师服务质量的可能。这种不平等的关系若处理失当,带来的消极作用力的大小同律师专业水平评价的权威与否会呈现正相关关系;且不论律师专业水平评价制度发展如何,这样的不平等已与律师专业水平评价机制建构的初衷背道而驰。一方面,律师为取得更大的市场利益,可能会寻求依附权力的路径以取得专业律师称号,由此律师与国家构成了共谋,这种共谋必然导致当事人利益受损;另一方面,律师可能由于担心惩戒,而尽量避免与国家机关的冲突。② 实现律师专业水平评价机制中,评审专业性和律师独立性的平衡,关键在于评审人员及评审程序的设计。

4. 律所行业自治范围限缩

律师专业水平评价中,细则制定主体相关规定还有可能间接导致律师行业自治程度的倒退。从律师管理模式的变迁来看,律师行业发展是一条脱离体制,拥抱市场的自由化路径,而经验也证明这条路更有利于法治建设中律师作用的发挥。1980 年发布的《律师暂行条例》将律师划定为国家的法律工作者,规定"律师执行职务的工作机构是法律顾问处。法律顾问处是事业单位,受国家司法行政机关的组织领导和业务监督。",这时的律师协会仅是维护律师的合法权益,交流工作经验,促进律师工作的开展,增进国内外法律工作者的联系的交流平台,并不具有任何自治属性。1996 年通过的律师法中将律师协会定义为

---

① 贾清波:《论律师职业独立》,载《理论导刊》2006 年第 6 期,第 32 页。
② 蒋超:《从公权评价到社会选择——我国现行律师职业评价制度的分析与重构》,载《甘肃政法学院学报》2018 年第 5 期,第 110 页。

自律性组织，指出"律师协会按照章程对律师给予奖励或者处分"，并规定了律师协会对于律师之间纠纷的调解权；此时已与律师交流平台的定位产生了差异。而几经修改之后，律师法关于律师协会的职责部分得到了扩充，律师协会自治的属性逐渐凸显。这一变化主要体现在以下几方面，一是律师协会可制定行业规范和惩戒规则，律师协会既是规则的执行者也是规则的设立者；二是律师协会有权对律师、律师事务所实施奖励和惩戒，将律师事务所也纳入律协的管理中；三是律师协会有权对执业活动进行考核，将原有规范中模糊的"检查和监督"常态化、精细化运行。经过几十年的行业发展，律师管理不仅确立起了现有的两结合体制，即"所谓两结合的管理是指以司法行政机关的宏观管理为核心、律师协会的行业管理为主体、律师事务所的自律性管理为基础、政府宏观调控部门的调控管理为保障的一种管理体制"[①]，更体现出了司法机关简政放权，强化律师协会管理职能的改革趋势。律师专业水平评价制度，在中央关于健全律师执业管理制度中表述为"完善职业评价体系，健全律师事务所年度检查考核和律师年度考核制度，完善律师职业水平评价制度，形成优胜劣汰的激励约束机制"[②]，本质上是一种行业内部自治自管行为，并不涉及到司法行政机关的宏观管理。《关于建立律师专业水平评价体系和评定机制的试点方案》却规定"试点地区的省（自治区、直辖市）司法行政机关、律师协会负责制定具体实施办法，细化评价指标"，给予地方司法行政机关和律协以相同的细则制定权，已经实质超越了宏观管理的权限范围。细则制定权包括实施方法制定权和评价体系制定权，前者规定律师专业水平评价运行程序，后者明确最为重要的专业能力评分机制。在地方实践中，司法行政机关在细则制定权的归属上具有绝对的优先权和决定权，通常做法是先有地方司法厅制定的律师专业水平评价实施办法出台，后有得以明确的律师协会作为空间，这一做法实则已经对律师协会的权力进行了层级的下放

---

① 李芳：《锐意求新，再创辉煌——访第五届中华全国律师协会秘书长贾午光》，载《法律服务时报》2002 年 5 月 24 日，第 6 版。
② 中共中央办公厅、国务院办公厅：《关于深化律师制度改革的意见》。

和范围的限缩。但也不乏有例外,如广西律师专业水平评价的相关文件,均由广西律师协会制定并发布,值得肯定。在律师专业水平评价这样的行业内部活动中,地方司法行政机关应遵循律师制度改革精神,激发行业自治活力,少作为即是最好的作为。

(二) 专业水平评价的改进措施

1. 加强与律师分级制度的融合互动

就律师专业水平评价的诞生背景而言,现有的区分律师擅长领域的律师专业水平评价制度仅是完善律师职业水平评价体系的过渡阶段而非改革的最终目标。2015 年 8 月 20 日,在全国律师工作会议上,时任中央政法委书记的孟建柱同志首次提到了律师分级制度。表示:"要明确公职律师、公司律师法律地位及权利义务,理顺公职律师、公司律师管理体制机制。对新执业的律师担任刑事案件辩护人的,可以研究探索分级出庭制度"[1]。紧接着,2015 年 11 月 14 日,中国人民大学教授陈卫东在广东省律师协会、广州大学律师学院主办的"新常态下法律服务创新论坛"中作了题为《司法改革背景下我国律师制度的发展与完善》的演讲,其中谈道,"根据中央司法改革精神,研究和探讨如何在律师中建立分级出庭制度,根据律师的执业年限、执业能力、执业效果、诚信程度等方面评定级别"。他具体阐明:"律师制度改革考虑建立律师专业等级制度,从一级到助理律师等。建立这种等级,是要跟今后律师业务收费挂钩,而且要衡量律师的出庭资格。只有达到一定等级的律师,才能在高级别的法院执业,比如高级法院或最高法院。死刑案件律师要有专门的执业资格,否则不得出庭辩护。"[2]律师专业水平评价制度同律师分级制度有着显著区别,但其均属于律师职业评价体系中的一部分,通过两套制度的良好运作与互动,可对律师职业水平作出综合性的高质量评价。《关于建立律师专业水平评价体系和评定机制的试

---

[1] 孟建柱:《依法保障执业权利,切实规范执业行为,充分发挥律师队伍在全面依法治国中的重要作用》,载《长安》,2015 年第 9 期,第 4—11 页。

[2] 参见王兆峰:《陈卫东教授、王兆峰律师对话律师分级制度改革学界动态》,载知产法网 2015 年 11 月 29 日,http://www.chinaiprlaw.com/index.php? id=3115。

点方案》在评定结果运用部分指出"在总结试点工作经验的基础上，探索评定律师专业水平等级"，说明目前，律师分级制度因经验不足，时机未成熟等客观原因并未推行，是搁置而不是弃用。两种制度同根同源，却又有所偏重，缺一不可。唯有尽快推动律师分级制度工作的重启，并探索两者的并行应用，才能更好地完善现有的律师专业水平评价制度，发挥其作用，实现促进专业化分工及为社会提供参考的目的。

2. 建立各地律师协会合作机制

上文中在讨论现有律师专业水平评价的问题时，其中的一个重点便是如何兼顾评审委员会的专业性和律师职业的独立性，消除律师担心报复的不良心理，保障律师的各项权利不因律师专业水平评价工作的开展而受到形式上的限制。这里可以适度借鉴我国在面对贪污腐败案件时所经常采取的异地审理制度。律师专业水平评价出于专业的要求，评审委员会必然要吸纳司法行政机关的相关人员来参加这一工作，地方评审委员会若采取"本地确定名单，异地参与评审"的方式则可以极大地缩减律师专业水平评价的灰色空间，在律师协会之间形成评审委员会的良性流动，让评审活动在专业的基础上做到公平、透明。实现这一目的，一方面并没有理论层面的障碍，《关于扩大律师专业水平评价体系和评定机制试点的通知》强调"要不断改进评价方式方法，合理设置评价流程"；另一方面，也不必担心评审委员会流动会带来额外的经济支出，《关于扩大律师专业水平评价体系和评定机制试点的通知》表明"鼓励各地探索实行网上申报、网上评审、网上查询验证"。这种同级律协之间的互动合作可以在四川、湖南等由地级市律师协会组织评审的省份率先开展试点，先于单个省份内部，形成地级市律师协会之间的评审合作。这种方式与现行各省份开展自主试点的制度设计不存在冲突，且市律师协会组织进行评审通常相较省级律师协会组织评审而言具有更强的地域性，更迫切需要斩断地域因素可能带来的人情评审，是探索律协合作评审的最好土壤。

采取直接调换评审委员会而不是将各地待评律师打乱重新分配的方式，是基于地方差异的考量。实现后者首先要实现评审标准的统一，而现阶段评审标准属于各地的自主权限范围，统一不仅有违上位规定，也不适合标准的探索及创新;若不统一标准,让评审委员会熟悉并穿插运用各地的标准会极大增加评审的工作量,评审工作的难度加大不符合适当精简的规定。选择评审委员会的整体调换而不采取让多地评审委员会共同参与的方式,也是基于适当精简的要求。这样类似于异地审理集体回避的律师协会评审委员会合作机制,在保留原有评审委员会专业性的基础之上,不增加评审委员会工作量,保留专业评定标准的地方特色性而弱化专业评审评委的地域相关性,可以较好保证律师专业水平评价工作的单纯性,让其专业、公开、透明,既是为律师专业水平评价的推广打下坚实的基础,也为律师专业水平评价制度健康发展保驾护航。

3. 开展律师职业行为量化工作

在前面关于量化积分评价制度和合格制评价制度的对比中,就已经肯定了量化积分制度相较于合格制,具有公平透明等制度优势。但上文所述的量化评分制度仅是评价标准内的量化,而这里所言的律师职业行为量化是一种常态化的、动态化的量化。《司法部关于扩大律师专业水平评价体系和评定机制试点的通知》强调:"利用大数据手段了解律师政治表现、诚信状况和专业能力等",肯定了律师专业水平评价中现代化手段的运用。目前,律师专业水平评价中,若不修正弥补社会评价缺位,会对专业水平评价制度的影响力和权威性造成不良影响,甚至导致律师专业水平评价制度评定结果和运用参考的割裂,让律师专业水平评价制度失去现实效用。律师日常职业行为的量化无疑是推动社会评价的一个重要手段。若能探索出一套将率的变化、量的叠加和当事人打分相结合的律师职业行为公示系统,兼具客观的经验统计和主观的用户评价,并保持一定频率的更新,便能为律师专业水平评价工作提供参考和帮助,让评定结果更具有参考性,从而有效扩大评价结果的应用场景,将社会评价落到实处。

律师职业量化工作可以先在已获评专业律师的律师间试行,在律师获得专业律师资格的前提下,将个人过往相关职业行为数据在关键信息模糊处理后统计上网,通过统计该名律师的胜诉率(次)、和解率(次),有效辩护率(次)等一系列职业行为数据,以年度为单位对职业行为的偏向和层次进行展示等等手段来为社会选择律师提供强有力的参考。而除了提供参考，律师职业行为公示系统让律师执业活动间接受到社会监督，激发律师参与专业水平评价的积极性，并倒逼律师个人专业化发展，让未评的律师想参评，评上的律师想提升，真正推动律师在专业化道路上的持续精进。最后，律师职业行为公示系统也可为律师专业分级评价制度的开展探索经验，助力我国律师职业水平评价体系的完善。

四、结语

律师专业水平评价制度为人民群众在法律服务市场选择法律服务时提供指导，并间接促进律师行业整体的专业化可持续发展。建立律师专业水平评价体系和评定机制，既是完善律师管理制度的重要举措，又是未来推动律师专业水平评级制度的前提。

现阶段，我国的律师专业水平评价工作已迈入全面试点阶段，但仍普遍存在地方标准等相关规范制定创新性较弱，法律服务市场认可度较低等问题；部分省份更存在违反强制性规定、违反规范制定逻辑等制度硬伤，若不加以改正则会使律师专业水平评价制度的参考性大打折扣。故各地应在更正现有问题的基础上，加快推动律师各类评价机制之间的大融合，并乐意于使用新办法、新工具促进律师评价机制的现代化运行，通过制度优越性和评价全面性来构筑律师专业水平评价的参考性和权威性，为社会法律服务选择提供有力帮助。

第六章　律师评级

　　1987年10月司法部颁布《律师职务试行条例》,对律师的职务等级作出了明确划分。1988年司法部又出台了《关于〈律师职务试行条例〉的实施意见》《律师职务试行条例实施细则》等多个文件,对每个级别律师相对应的岗位职责、任职条件、评审方式及聘任流程通过一一列举的方式制定了详细的规则,更进一步规范、细化了律师评级的标准。近年来,关于律师评级制度改革的呼声日渐高涨,主要原因是律师评级制度已经滞后于律师行业的发展,存在的价值也引发了争议。如何对律师评级制度进行创新改革,进一步发挥其内在价值是律师管理部门面临的一个重要课题。

一、律师评级的定位与价值

(一)律师评级基本内涵

　　律师评级,即律师职称评选制度,这是为进一步完善我国律师专业高层次人才评价机制,推动高层次律师人才队伍建设而实施的人才选拔制度。律师评级最早可以追溯到司法部于1987年10月份颁布的《律师职务试行条例》,条例对律师的职务等级作出了明确划分。该条例第二条规定,应根据律师工作的性质及其实际的工作需要而设置相应的岗位,并以此为标准对律师职务进行评价,并将律师职称分为一级、二级、三级、四级律师和律师助理五个级别。按照规定,一级律师、二级律师属于高级职务,三级律师则属于中级职务,四级律师和律师助理则被统一划分为初级职务。

　　原中央职称改革工作领导小组于 1987 年 10 月 22 日发布《转发司法部〈律师职务试行条例〉等文件的通知》，此后重庆、广东、浙江、河北、天津、上海、江苏等 20 余个省份一直坚持律师评级工作。以上海为例，自恢复律师制度后就积极开展律师高级职称评审，2008 年以来更设立由专业人员组成的律师高级职称评审委员会，每年举行律师高级职称评定工作。目前来看，律师评级仅仅是针对律师执业能力、专业素养等方面进行评价与认定，是对优秀律师的一种肯定。但评级结果与律师案件代理和法律服务并无直接的关系，更不会因为等级的限定使得部分律师执业存在障碍。这一律师评级制度符合我国律师法及诉讼法的相关内容，即凡是已经获得执业资格证书的律师都能代理全国所有法院审理的案件，也能在其代理的所有审级的各类案件中出庭辩护。

（二）概念辨析

1. 律师考核与律师评级

　　律师考核，又称律师执业年度考核，《中华全国律师协会律师执业年度考核规则》第二条规定："律师执业年度考核，是指律师协会在律师事务所对本所律师上一年度执业活动进行考核的基础上，对律师的执业表现作出评价，并将考核结果报司法行政机关备案，记入律师执业档案。"律师考核源于律师行业的市场化，设立至今已经已有二十多年，其对促进律师行业健康发展，加强律师管理以及提升律师执业能力具有积极作用。我国律师行业是司法行政机关监督、指导和律师协会自律管理相结合的"两结合"的管理体制，[1]律师事务所和律师在提供法律服务中的行为都需要进一步的监督和管理，律师行业年度考核制度在此背景下应运而生。2010 年全国律协制定了《律师执业年度考核规定》，并于 2011 年实施。[2] 律师考核和律师评级都是对律师执业表现

---

[1] 参见中共中央办公厅、国务院办公厅下发的《关于深化律师制度改革的意见》，中办发〔2016〕21 号。

[2] 参见陈秋兰《促进律师事业健康发展及全国律协推进律师执业年度考核工作》，载《中国律师》2014 年第 1 期，第 14—16 页。

作出评价,两者之间虽易混淆,但还是存在以下根本区别:第一,在主管机构上,律师每年的考核由设区的市级律师协会和直辖市律师协会负责组织实施,律师协会建立律师执业年度考核结果评定机制,负责确定律师执业年度考核结果。律师评级则是由各省人力资源和社会保障厅连同司法厅一同负责组织实施。律师考核和律师事务所联系紧密,律师事务所建立律师考核制度,负责组织对本所律师上一年度执业活动进行考核评议,出具考核意见,而律师评级则独立于律师事务所,律师事务所并不在评级中担任任何角色;第二,在评价标准方面,两种评价的侧重点也略有不同,律师考核着重于律师执业活动中的政治表现、诚信状况、是否遵守律师协会章程等基本问题,律师评级侧重于考察律师的资历、执业业绩与成果。第三,在考核结果方面,律师考核结果为"称职""基本称职""不称职"三个结果,而律师评级结果为"一级律师""二级律师""三级律师""四级律师""律师助理"五个层级。总的来说,比起高标准严要求的律师评级,律师考核合格门槛较低,不对律师进行实质性的执业能力评价。

2. 律师专业领域评定与律师评级

律师专业领域评定是 2017 年 3 月才开始的律师专业水平分级管理制度探索,最早由司法部发布《司法部关于建立律师专业水平评价体系和评定机制的试点方案》,内蒙古、上海、安徽和陕西 4 省开展试点工作,2019 年发布《司法部关于扩大律师专业水平评价体系和评定机制试点的通知》,把律师专业领域评定工作扩大到全国范围,要求建立健全律师专业水平评价体系和评定机制,科学、客观、公正地评价律师专业水平,促进律师专业化分工。律师专业领域评定主要是横向评定律师专业领域,《司法部关于扩大律师专业水平评价体系和评定机制试点的通知》指出要针对刑事、婚姻家庭法、公司法、金融证券保险、建筑房地产、知识产权、劳动法、涉外法律服务、行政法 9 个专业开展评定工作。评定的律师分别成为相应的专业律师,而每名律师参评的专业不超过 2 个,被评为专业律师的,不影响其办理参评专业以外的其他律师业务;没有被评定为专业律师的,也可以从事该专业律师业务。这样看来,律师评级和律师专业领域评定是律师分级分类管理的两个维度,分别从横向和纵向两个方面对律师进行执业评价，律师专业领域评定是将律师划分为不同的专业范围，律师评级将律师从高到低分成不同的水平层次。两者之间也存在以下区别：第一，在主管机构方面，律师专业领域评定的考核由设区的市或直辖市的区律师协会组织评审委员会进行评审，在每年律师执业年度考核时，参评律师应当通过所在律师事务所，向律师事务所住所地市级律师协会提交反映其专业水平的材料，申请专业能力考核，而律师评级则由各省人力资源和社会保障厅连同司法厅负责；第二，在评价标准方面，两者虽然都对政治表现、执业年限和专业能力作出要求，但律师专业领域评定更看重律师在参评专业的专业能力，律师评级则偏向于对执业业绩、执业年限的整体考察；第三，在评价结果上，律师专业领域评定是某专业律师的认定，律师评级结果是律师职称的认定，前者主要针对于律师专业化分工不明确的问题，后者则解决律师执业水平如何划分高低的问题。

（三）律师评级产生背景

1. 对应国家公职编制

律师评级制度脱胎于 1987 年《律师职务试行条例》，这是国家公职的编制思维在律师行业的投射。律师评级制度被认为是计划经济时代的产物，从历史的角度审视，在当时，不必说呈规模化的律师事务所，全国范围内从事律师职业的人数都非常少。律师事务所均为国营性质，挂以"国"字头，属于由司法行政部门管理的下属事业单位，由国家包揽律师的业务经费和工资福利。也正是由于这一性质，1980 年《律师暂行条例》第一条中，律师被定位成"国家法律工作者"，与法官、检察官、公安等都同属国家公职，属于有编制的国家干部身份。但又由于律师面向社会服务，其业绩能力的评价无法照搬体制内的既有体系，为规范律师人员的培养和考察，故独立出《律师职务试行条例》。条例在律师级别的设置上相对地对应了公务员等级，而在律师等级的评级标准上也同法官考核标准相类似，均对其思想素质、职业道德、业务技能、工作业绩等进行全面考核。条例的出台在当时符合现实情况，将律师对应国家公职编制定编定员，并实行限额聘任或任命制度，改善了律师职务结构比例不合理的现状,有效解决了律师绩效考评和工资发放的问题,弥补了新中国成立以来在律师分级执业方面法律制度的空白,实现了律师执业评价从无到有的突破。在改革开放初期有效提升了律师地位,保障了律师权利,在艰苦的大环境下也极大地促进了我国早期律师队伍的健康、规范、均衡发展,奠定了律师评级制度进一步发展的基础。

2. 回应职称改革导向

为完善职业标准和评价规范,科学开展鉴定活动,提高人才评价能力水平,我国一直在各行各业都坚持职称评定工作,这为我国人才管理、人才规划与发展提供了重要的参考与支撑。原中央职称改革工作领导小组于 1987 年 10 月 22 日发布《转发司法部〈律师职务试行条例〉等文件的通知》,职称评定工作自然地将律师行业纳入评定范围。此后,重庆、广东、浙江、河北、天津、上海、江苏等 20 余个省份一直坚持律师评级工作。2016 年中共中央办公厅、国务院办公厅印发《关于深化律师制度改革的意见》,对深化律师制度改革作出了全面部署,提出必须完善执业评价体系,健全律师事务所年度检查考核和律师年度考核制度,完善律师执业水平评价制度,最终形成优胜劣汰的激励约束机制,强调律师职称评定的重要性。2017 年国务院办公厅印发《关于深化职称制度改革的意见》和 2019 年《职称评选管理暂行规定》,强调职称评审结果是专业技术人才聘用、考核、晋升等的重要依据,要通过深化职称制度改革,重点解决制度体系不够健全、评价标准不够科学、评价机制不够完善、管理服务不够规范配套等问题,使得专业技术人才队伍结构更趋合理,能力素质不断提高。律师职称评审制度将律师纳入政府人力资源部门视野下的专业技术任职资格管理,回应职称改革导向的同时,推动了相关律师人才梯队的储备,为律师成长提供了有利条件,更利于完善律师职业水平评价制度。

3. 借鉴域外律师分级制度

现代律师制度是资本主义的产物。目前对律师进行分级管理的国家不在少数,其中最典型的就是英国。英国将律师从最高级到最低级依次分为皇家律师、出庭律师、事务律师几个法律职业阶层,其中出庭律师被称为"高级律师""巴律师",事务律师又被称为"初级律师""沙律师",[1]英国律师等级划分的标准十分严格,不同级别的律师之间地位差异明显,只有出庭律师能在英国上级法院执行律师职务,而事务律师只能在下级法院及诉讼外执行律师职务,从初出茅庐的实习律师成长为最高等级的皇家律师往往需要几十年乃至一生的时间。[2] 改革开放的开启,"解放思想、实事求是"思想路线的确立,为引介西方国家及中国香港地区、中国台湾地区的律师制度,并进而开展律师制度的比较研究创造了现实需要和社会政治环境。[3] 当时"某某国家或地区"的律师制度研究成为我国律师制度研究的一个重要学术热点。因此,在立足于实践需要的基础上,结合自身国情实际,我国律师评级制度也借鉴了域外律师分级制度,如律师等级的划分就选择性借鉴了英国的分级模式,依据划分标准,纵向区分律师层级;各地区定期举行的律师高(中)级职称评选会也借鉴了英国模式。但借鉴并非原封不动的直接引入,在重点讨论两国多元差异、建构经验后,我国律师评级更多地集中在职称的评定而不是分级出庭的。律师其级别高低与律师的具体执业权利、范围与限制并无密切的联系,律师评级往往是一种肯定性的评价,也并不强制每个律师都参与律师评级。另外,我国评级制度区别于英国的全范围评定,制度并不具有全国的普遍适用性,仅有部分省份和地区有此项规定,即使在有评级制度的省份,其评价的标准也因地区实际情况不同存在差异。

(四) 律师评级存在的意义

1. 降低当事人选择成本

随着社会经济关系日趋复杂,法律服务市场规模日益扩大,律师队

---

[1] 参见胡加祥:《英国律师制度沿革与法学高等教育简介》,载《政法论丛》2007 年第 4 期,第 91—96 页。

[2] 参见车雷、薛波:《英国二元化律师制度的近期发展与融合之争》,载《现代法学》2005 年第 4 期,第 175—180 页。

[3] 参见王福强、付子堂:《实践驱动:新中国律师制度研究 70 年》,载《山东大学学报(哲学社会科学版)》2019 年第 6 期,第 10—25 页。

伍的规模也与日俱增。但在律师评级制度出台以前,除社会评价以外,并没有其他甄别律师服务水平高低的方法,这也意味着当事人选择合适律师的成本是非常大的。律师行业凭借经验吃饭,累积了数十年经验的律师和刚入行的新人相比客观上肯定存在着能力的差距。办案经验丰富、按规则办事受过良好培训的律师,自然更有可能为委托人提供其所需要的服务。但律师能力上的差距却没有客观的指标来区分,未评级之前仅仅通过律师年度考核很难看出律师之间的差别。一方面,律师过度宣传导致当事人无法甄别律师执业水平。有调查显示,有30.4%的法官认为律师很可能或非常可能存在虚假宣传的问题,有23.9%的律师认为本地律师很可能或非常可能存在虚假宣传问题。[①] 律师行业充斥着以头衔谁长谁能力强、谁年龄大谁经验丰富的隐性共识,鱼目混珠、滥竽充数者并非少见。[②] 律师行业鱼龙混杂,部分律师背靠优秀律所夸大宣传,将律所集体能力等同为律师个人能力。案件疑难复杂程度和代理律师执业能力不匹配的情况时有发生。另一方面,现有的市场化评价也无法减轻当事人选择律师时的疑虑。部分律师会以法律服务归根到底也是商品,商品的固有属性就是市场性,商品应当由市场作出选择而不需要行政干预等理由来驳斥律师评级制度,法律服务的市场评价确有其参考价值,但律师法律服务终究不同于其他商品。对一般商品的评价能通过以往消费者的使用效果来推理,是因为一般商品都是种类物,其在品种、规格、质量上都具共同特征,消费者的消费体验也大致相同,这使得相同种类物的市场评价具有高度参考价值。但每个案件的法律服务都是特定的商品,具有不可替代性和异质性,故对其作出的评价也都是特定的。这导致当事人在选择代理人时,往往无法通过他人的描述和评价来作出决定,法律服务并不是流水线上生产的如出一辙的商品,也许当事人对这个案件的判决结果很满意,对律师评价颇高,但这个案件的服务评价并不能直接移植到下

---

① 参见吴洪淇:《律师职业伦理的评价样态与规制路径——基于全国范围问卷调查数据的分析》,载《政法论坛》2018年第2期,第85—96页。

② 参见王涛:《英国律师的早期史——兼论对中国律师分类改革的启示》,载《上海政法学院学报(法治论丛)》2017年第3期,第134—145页。

一个案件。其次，由于当事人对法律知识的匮乏，他们在委托律师时无法准确衡量律师法律服务的质量。当事人因需求差异和体验不同而对律师评价具有很大的主观性，相同的判决结果在不同当事人眼中可能是不同的评价。当事人在评价时更考虑的是自身利益而忽略律师是否在尽职尽责，参考的是有无胜诉或金额大小等直观指标，胜诉即律师专业能力强，败诉即律师水平不高，只追求情感上洗刷冤屈、成本最小、价值最大等，[1]律师工作是否有实效也无法只听当事人一面之词，这两方面的因素就导致律师服务的市场评价并不像其他商品的市场评价一样具有高度参考价值。而律师评级制度的出现给了当事人更加透明的选择环境，在众多执业律师中，并非只能听信熟人的推荐或律师的自我推销，而是可以通过律师等级来判断其执业能力，进而衡量其是否有能力代理自己的案件。有了政府公信力做背书，在人社局和司法局共同认定了律师级别后，律师的能力并不只靠坊间流传或自我宣传，而是戳上了"国家认定"的质检章，这种以行政手段来干预市场选择的律师评级，最先受益的就是当事人。

2. 提升法律服务质量

律师评级会带来行业的良性竞争，提高广大律师工作热情，提升律师职业素质，进而提升整体法律服务质量，各级律师在各自能力范围内执业，使得法律服务更加专业化。律师评级制度承担着引导和激励律师不断提高能力素质的重要功能，能够警醒一些浑水摸鱼的不合格律师。执行律师评级的目的，在于向当事人传达可信信息，并促进律师管理。律师等级的划分必然会影响当事人的代理人选择，律师评级可以消除向当事人提供高质量服务时的一部分风险，在遇到标的大、案情复杂的案件时，当事人不会选择相关经验短缺、理论知识贫瘠的律师，这必然会调动律师的积极性。因为有了确实的评价，律师会将工作重心花在提升业务能力上，力求治学严谨，精益求精，知晓法律规定和变化趋势，潜心学习，良性竞争，进而提升行业整体的服务质量。律师评级制度的逐级上升模式给律师行业带来了良性竞争，这是除市场评价以

---

① 参见左卫民：《有效辩护还是有效果辩护？》，载《法学评论》2019年第1期，第86—94页。

外的又一"沙丁鱼"。"激烈的竞争提高了律师的工作效率,也提高了律师对委托人的关心程度。更多的委托人享受到了价廉物美的法律服务"。[1] 其次,律师评级提升法律服务质量的同时,也为律师业高质量发展奠定人才基础。目前,我国高层次、高技能、高职称、复合型法律人才短缺,特别是在涉外法律服务、金融证券保险、债务股权等高端业务领域,律师的参与度还不够高、律师人才队伍还不能完全适应经济社会改革发展的要求。以律师评级为契机,以高标准要求律师,能够不断增强律师专业积极性,发现一批、挖掘一批、培养一批高素质律师人才,对行业整体来说,律师评级是评定律师水平能力的一个重要标尺,对进一步提高我区律师队伍整体素质、专业水平、业务能力,扩大律师行业的社会影响力,激发律师行业发展活力具有重要意义。

3. 优化律师队伍整体形象

优化律师队伍整体形象不仅依赖于每个律师法律服务水平的高低,更依赖于良好评价体系的系统搭建和严格实施,律师评级很大程度上弥补了行业内评价体系的不足。我国律师制度刚恢复时,许多未受过系统法学教育的人也在从事律师工作,其不仅缺乏必要的专业知识和技能,律师职业道德也存在些许问题。当时对律师的评价大多是"三分靠业务、七分靠关系",认为律师是需要与公检法搞好关系才能生存的群体。[2] 当时律师队伍素质参差不齐,社会对律师及律师行业褒贬不一,有些地方过于放松思想政治教育和职业道德教育,管理不到位,使少数律师违法违纪行为得不到及时纠正,导致律师队伍整体形象较差。另一方面,律师队伍整体形象不够正规化也归咎于缺少行业内评价体系。我国在高门槛的职业准入机制之后面临的却是低标准的评价机制。我国律师在通过法律职业资格考试之后,经过一年实习期后就可正式执业。法律职业资格考试每年通过率很低,一直被公认为是最难通过的考试,虽然法律职业门槛很高,但进入门槛后却缺少了切实有

---

[1] [美]德博拉·L·罗德:《为了司法/正义:法律职业改革》,张群等译,中国政法大学出版社2009年版,第15页。

[2] 参见杨柳松:《谈律师专业化法律服务队伍之形象的树立》,载《法学教育》2013年第10期,第111—112页。

效的评价机制，律师在办案类型和办案难度上没有明确的限制，宽松的评价机制也给了律师们"钻空子""捡漏子"的可能，损害律师队伍形象的事件时有发生。而律师评级对律师思想政治、职业道德上的要求都非常严格，这给律师群体增加了一层无形的枷锁，不断引导、规范和约束着律师的行为。律师评级不仅要求律师严格遵守执业规范，还时刻警醒着律师的执业行为，律师的等级会成为律师新的标签，高等级带来荣誉的同时也对律师提出了更严苛的考验，执业律师会更加努力维护自身良好的形象和声誉。另外，律师评级标准会成为律师的价值引导，律师不仅扎根于基础法律服务，更会积极参与社会活动，广泛参与志愿法律援助、多元化纠纷解决、政府难题解决等工作，担任各级党代表、人大代表和政协委员，全方位树立律师队伍良好形象。作为衡量专业技术人才能力和水平的标尺，律师评级使律师队伍走向正规化和专业化。

4. 推动律师管理体制改革，加强对律师的管理

《关于深化律师制度改革的意见》中提到要健全律师执业管理制度，意见指出要完善职业评价体系，健全律师事务所年度检查考核和律师年度考核制度，完善律师职业水平评价制度，形成优胜劣汰的激励约束机制；作为一个法律服务重建发展不足40年的国家，我国律师行业在复杂的制度环境当中实现了快速的发展。这样一个快速发展的过程一方面是法律服务群体的快速增加和法律服务市场的不断扩大，而另一方面也是律师行业管理体制与配套制度不断发展完善的过程，律师评级作为律师人才队伍建设的重要组成部分，是律师人才培养、选拔和评价的重要举措，也是加强对律师、律师事务所和律师协会的管理和监督的重要方式。

二、律师评级制度的运行样态

（一）评级基本原则

1. 坚持律师中国特色社会主义法治工作者定位的原则

律师评级虽然用以评价律师的执业能力，但评级应当坚持把思想政治建设摆在首位，要始终坚持律师中国特色社会主义法治工作者的

定位。① 十八届三中、四中全会对律师参与法律服务活动提出了新的更高的要求,《法治中国建设规划(2020—2025年)》第十九条提出要健全职业道德准则、执业行为规范,完善职业道德评价机制,把拥护中国共产党领导、拥护我国社会主义法治作为法律服务人员从业的基本要求。我国律师地位的提升和社会影响力的增强的同时,律师职业的政治性、专业性、社会性也都要求律师具有更强的政治意识和大局观念。将律师评出等级不是最终目的,《关于深化律师制度改革的意见》中提到要在律师管理中增强广大律师走中国特色社会主义法治道路的自觉性和坚定性,加强法治文化建设,培育中国特色社会主义律师执业精神。所以在律师评级过程中,首先坚持的就是律师中国特色社会主义法治工作者定位的原则,着重考察律师思想道德建设。

2. 坚持全面评价的原则

对一个律师的评价应当是综合的、全面的,而非单一的。律师评级仅仅依靠执业年限、学历水平、薪资收入就作出等级划分显然是片面的。律师执业水平的评价应当从多个指标出发综合考虑,这就需要在对律师进行执业水平评价时,不仅关注其思想政治、职业道德,不仅考察律师的工作能力、学术水平,而且要关注律师是否具备处理疑难复杂案件的水平,是否具有扎实的专业理论知识,是否熟悉法律、法规和政策要义,掌握其精髓,是否热心公益活动等,从学历、任职年限、专业理论知识、工作能力与经历、业绩与成果、委托人评价等多个方面对律师执业能力进行全方位的考察,力求做到评价标准的全面和细致。

3. 坚持以评促用的原则

评级之后更要注重评审结果的运用,充分发挥律师评级在律师人才资源配置中的导向作用。律师评级制度不是一项单一的制度,前面连着人才培养,后面接着人才使用,既检验人才培养成效,又为选人用

---

① 参见司法部司法研究所课题组,郑先红,郭春涛,张鹏飞,王舸,高航,郑丽娟,王晓鑫,姜楠:《律师职业水平评价体系研究(制度设计篇)》,载《中国司法》2015年第10期,第54—59页。

人提供依据。① 律师评级是推动律师队伍规范化、专业化建设的重要举措，是评定律师水平能力的一个重要标尺，但律师评级本身并不是结束，本着促进专业化、职业化的原则，更要长期重视律师专业人员的业务培训、进修等工作，根据不同层次的律师专业人员更新知识的需要，储备人才梯队，针对不同层级的律师进行培训，学以致用，讲求实效。律师评级是职称制度改革中重要的一环，国务院办公厅印发《关于深化职称制度改革的意见》第二条提到，一方面要促进与人才培养制度的有效衔接，充分发挥职称制度对提高人才培养质量的导向作用，督促专业技术人才更新知识、提高能力素质，另一方面要促进与用人制度的有效衔接，坚持以用为本，合理确定评价与聘用的衔接关系，评以适用、以用促评。充分发挥律师评级的积极作用，把律师评级结果作为评优评先、人才入库、协会各专业委员会遴选的重要依据。积极探索律师职称评审工作新途径、新办法，树立良好的用人导向，为律师行业优秀人才的脱颖而出提供良好的平台。

（二）评价内容

1. 思想政治评价

《中共中央关于全面推进依法治国若干重大问题的决定》强调，要加强律师队伍思想政治建设，把拥护中国共产党领导、拥护社会主义法治作为律师从业的基本要求，增强广大律师走中国特色社会主义法治道路的自觉性和坚定性。律师以其高门槛的准入和专业性著称，拥有渊博的法律知识还不够，在西方法治发达国家，法律职业常常被视为一个不同于其他行业的特殊"职业"（profession），其在专业知识、道德责任、自我管理等方面均具有特殊的要求。② 在律师职业水平评价体系的内容构成中，律师的思想政治评价是最基本的一项评价内容。《律师

---

① 参见司法部司法研究所课题组，郑先红，郭春涛，张鹏飞，王舸，高航，郑丽娟，王晓鑫，姜楠：《律师职业水平评价体系研究（制度设计篇）》，载《中国司法》2015年第10期，第54—59页。

② 参见吴洪淇：《律师职业伦理的评价样态与规制路径——基于全国范围问卷调查数据的分析》，载《政法论坛》2018年第2期，第85—96页。

职务试行条例》第四条规定,担任各级律师职务的人员,必须拥护中国共产党的领导,贯彻执行党的路线、方针、政策,热爱社会主义祖国,热爱本职工作,实事求是,依法办事,遵守法纪,讲究职业道德,为发展社会主义民主和完善社会主义法制努力工作。各地区的律师评级文件对思想政治评价作出要求,如《湖南省律师系列职称申报评价办法(试行)》第四条就要求申报律师拥护中国共产党的领导,拥护中国特色社会主义法治,遵守宪法和法律,恪守律师职业操守和执业纪律,还要求"近3年未受过司法行政部门停止执业的行政处罚和律师协会中止会员权利的行业处分,近2年未受过司法行政部门行政处罚和律师协会行业处分";河南省申报的基本条件中也要求"任现职或近5年以来各年度考核备案结果均为称职";吉林省则剔除了"近5年审查发现有伪造学历资历、剽窃他人业绩成果、伪造佐证材料等弄虚作假行为的人员或者纳入人民法院公布的失信被执行人名单未被解除的人员"。可见,虽然思想政治评价属于原则性、概括性评价,但各地区在制定标准时也做量化尝试,以奖惩信息和年度考核备案结果为参考,努力将思想政治评价落到实处。

2. 职业道德评价

法律职业道德作为约束规范律师执业行为的重要准则,其对律师的执业活动和整个律师行业的发展具有至关重要的作用。随着律师在执业过程中的各种诱惑日益增加,思想和行为容易受利益诱惑和驱使而偏离正确的轨道,律师的职业道德素质高低对律师的整体评价甚至是整个司法环境的发展都具有十分重要的意义。故在进行律师评级时,应当紧抓律师职业道德,从各方面对律师提出要求。在评价内容上,重点考察律师是否忠于职守,坚持原则,维护国家法律与社会正义;是否诚实守信,勤勉尽责,尽职尽责地维护委托人的合法利益;是否敬业勤业,努力钻研业务,掌握执业所应具备的法律知识和服务技能,不断提高执业水平;是否珍视和维护律师职业声誉,模范遵守社会公德,注重陶冶品行和职业道德修养等多方面内容。[①] 在考察时,还应当纳

---

① 参见司法部司法研究所课题组,郑先红、郭春涛、张鹏飞、王舸、高航、郑丽娟、王晓鑫、姜楠:《律师职业水平评价体系研究(制度设计篇)》,载《中国司法》2015年第10期,第54—59页。

入是否严守国家机密，保守委托人的商业秘密及委托人的隐私；是否遵守律师协会章程，切实履行会员义务；是否尊重同行，同业互助，公平竞争，共同提高执业水平等内容。现行《中华人民共和国律师法》第四十二条还规定了法律援助义务，这促使律师超出执业的范围去积极地参与法律援助以及其他各种公益性活动。履行法律援助义务、积极参加社会公益活动等都应当成为律师职业道德评价的重点。[①]

3. 业务能力评价

业务能力评价是律师执业水平评价体系的核心内容，也是决定律师等级的关键。律师业务能力由多方面因素综合构成，从1987年《律师职务试行条例》、1988年《律师职务试行条例实施细则》和现行各地区实施细则中制定的标准来看，学历与资历、专业理论知识水平、工作能力与经历、工作业绩与成果是现行评级对律师实际业务能力考察和评价的重点。[②]

一是学历与资历评价。学历层次和律师执业年限是律师执业水平评价体系中的基本构成内容大部分地区都以学历加执业年限作为各级律师的申报门槛，从中专到博士都有相对应的执业年限要求，学历越高，要求律师的执业年限就越短。比如《河南省律师系列中高级职称申报评审条件（试行）》第五条提到，申报一级律师，应具备大学本科以上学历、担任二级律师5年以上；申报三级律师，应当具有大学本科学历，担任执业律师4年以上或参加工作5年以上并担任执业律师2年以上，或者具有硕士研究生学历或获得硕士学位，担任执业律师2年以上，或者具有博士研究生学历或获得博士学位，担任执业律师1年以上。湖南省在评价时还放宽了申报条件，同样是三级

① 参见章武生，韩长印：《律师职业道德之比较》，载《法学评论》198年第4期，第94—100页。
② 《律师职务试行条例实施细则》以学识水平、专业能力、工作成绩和效果、外语水平为考核内容；《河南省律师系列中高级职称申报评审条件（试行）》以学历和资历要求、专业理论知识、工作能力与经历、工作业绩与成果为考核内容；《湖南省律师系列职称申报评价办法（试行）》以学历与资历条件、个人年度考核要求、专业理论知识、实务要求为考核内容；《吉林省律师专业人员职称评审实施办法》以学历与资历、专业能力与工作业绩、专业理论水平为考核内容；《浙江省律师系列高、中级专业技术资格评价条件（试行）》以学历、资历要求、专业理论知识水平、业绩与成果、论文著作要求为考核内容。

律师职称,具有中专学历取得初级职称后律师执业 5 年以上的律师就可申报。现行律师评级以学历和资历为评价基础,执业年限是律师经验的一种反映,但学历与资历并不是完全可靠的标准,执业年限也绝非与资履和阅历永远成正比,仍需结合其他标准对律师职业水平进行综合评价。

二是专业理论知识水平。律师必须具备一定的法律知识,能够针对个案把法学理论运用到具体实践当中。正是因为当事人法律知识的欠缺,才需要律师为其提供专业的法律服务。适用法律的前提是了解法律,如果没有对知识的完备学习和熟练运用作为基础,律师就没有办法做好专业的法律服务工作。如何评价律师的专业理论知识水平,各地区都有不同的概括标准或量化标准,《河南省律师系列中高级职称申报评审条件(试行)》第八条提到一级律师必须具有系统、扎实的法学理论知识和律师业务知识,并掌握与本专业相关学科的知识,掌握国内外法学研究的现状和发展趋势;吉林省要求一级律师能够组织领导律师事务理论、政策和实务重大课题研究,取得重大研究成果,在推动律师制度改革发展方面发挥重要作用;湖南省则更加具体,还要求出版独立专著 1 部或者出版合作专著 1 部,同时核心刊物独立发表论文 1 篇或其他独立发表论文 2 篇,或者获得国家级优秀案例或经典案例或指导案例。可见,律师评级对专业理论知识的要求已经不止于律师法学学科知识掌握程度,更进一步对律师的学术理论研究水平、重大课题研究水平提出了要求。

三是工作能力与经历。律师接触的是实践中的法律,法律也是在实际案例中得以适用。当事人选择律师帮助其解决法律问题时衡量最多的就是律师实际解决法律问题的能力。因此,一名律师运用法律知识解决实际法律问题的能力是衡量律师能力水平的重要指标。结合法律实践,无论处于何种等级和类别的律师,都应当接受下列工作能力方面的评价:是否具有办理较大、重大或疑难刑事案件、民事案件、仲裁或非诉讼法律事务的能力和经历;能否做到辩护词、代理词等法律文书适用法律正确、结构规范严谨、逻辑性强;是否具有指导实习律师或其他较低等级律师学习、工作的能力等。①

四是工作业绩与成果。律师的工作业绩与成果是最能直观感受到的律师执业水平，相比于工作能力与经历，工作业绩与成果相对来说更容易量化。从现有评级标准来看，各地区也加入了多样化的指标。除律师收入以外，其他纳入评价内容的指标主要包括：担任大型企业或市级以上党委、政府的常年法律顾问，并为企业和党委、政府提出有理论价值的决策性法律咨询意见、建议；社会科学成果奖的主要完成人或获本专业学术成果奖项；在代理案件中代理意见被采纳，给当事人挽回重大损失或办理刑事案件无罪辩护、改变定性成功情况；参加律师协会业务委员会的工作，并在业务研究、大案指导、业务评审中起骨干作用的情况；年均办理刑事案件、民事案件、仲裁或非诉讼案件、社会及专业评价较高，取得较好的经济和社会效益的案件数量；年均办理法律援助案件情况；参与法律、法规或政府规章的制定情况；担任市级以上人大代表、政协委员情况；获得政府表彰奖励或行业奖励情况等。可见，律师评级不仅综合律师的代理案件数量和法律服务质量，也着重考察律师的社会贡献情况，全方面多角度的衡量律师工作业绩与成果。

（三）评价标准

1987 年《律师职务试行条例》对各级律师的评选标准均作了说明，后续各地区在结合实际情况的基础上，制定了更加详细的实施细则。

表 2 《律师职务试行条例》中各级律师评选标准

律师级别		评级标准
律师助理	学历评价	高等院校(系)法律专科毕业生和中等法律学校毕业生
	资历评价	见习 1 年期满
	业务能力评价	了解律师各项业务的内容及工作程序，能完成律师业务中的各项辅助性工作

① 由《河南省律师系列中高级职称申报评审条件(试行)》《浙江省律师系列高、中级专业技术资格评价条件(试行)》《湖南省律师系列职称申报评价办法(试行)》中三级律师、二级律师、一级律师评审条件中概括总结而出。

律师级别		评级标准
四级律师	学历评价	获得法学硕士学位,获第二学士学位,获研究生班结业证书
	资历评价	高等院校(系)法律本科毕业见习1年期满,高等院校(系)法律专科毕业从事律师助理工作2年以上
	专业理论知识水平评价	通过全国律师资格统一考试和考核合格,取得律师资格,基本掌握法律基础知识和律师业务知识
	工作能力与经历评价	有一定的政策水平和分析问题的能力,能独立承办简单的律师业务
三级律师	学历评价	获得法学硕士学位,获第二学士学位,获研究生班结业证书
	资历评价	担任四级律师2年以上,或者担任四级律师4年以上
	工作能力与经历评价	比较系统地掌握法律知识和律师业务知识,具有比较丰富的实践经验;熟悉律师业务,能独立承办各项律师业务
	外语能力评价	初步掌握1门外国语。
二级律师	学历评价	获得法学博士学位或高等院校(系)法律本科以上毕业生
	资历评价	获得法学博士学位,担任三级律师2年以上,或高等院校(系)法律本科以上毕业生担任三级律师5年以上
	专业理论知识水平评价	具有较高的法学理论水平,了解国内外法学动态,能组织和开展律师业务研究工作
	工作能力与经历评价	具有系统的律师业务知识和丰富的律师业务实践经验;掌握同本职工作相适应的其他学科知识,能解决律师业务中出现的疑难问题;工作成绩显著
	外语能力评价	掌握1门外国语

律师级别	评级标准	
一级律师	资历评价	担任二级律师5年以上
	专业理论知识水平评价	具有高深的法学理论水平，对国内外法学理论有比较深入的研究，能提出研究课题，并组织、指导开展研究工作，取得研究成果，在法律界享有一定声望
	工作能力与经历评价	具有丰富的律师业务实践经验，掌握同其本职工作相适应的其他学科知识和专业知识；能够处理律师业务中出现的重大疑难问题
	外语能力评价	熟练掌握1门以上外国语

三、律师评级存在的问题

（一）与市场化评价机制脱节

法律服务是一种商品，现有的在行政主导下的评级制度与市场化评价机制脱节。今天的律师行业已经基本完成了去体制化这一历史任务，已然逐步发展成为一种在市场逻辑指导下具有自由竞争特性的法律服务业。马克思认为："任何时候，在消费品中除了以商品形式存在的消费品外，还包括一定量的以服务形式存在的消费品。"①服务也是具有使用价值和交换价值的，对于提供各种服务的生产者来说，它就是商品。律师不进行直接的物质生产，其劳动也不以具体的物质形态体现来，从购买方的角度来看，律师提供的法律服务只具有使用价值。但是，律师服务同物质产品一样，能够满足生产者和人们的某种特殊需要，故法律服务归根结底是一种商品。市场有其调节功能，市场能在其内在机制的作用下，能够自动调节社会经济的运行过程和基本比例关系。其竞争机制是市场机制的内容之一，这也是商品经济活动中优胜

---

① ［德］马克思：《马克思恩格斯全集》第二十六卷，中共中央马克思恩格斯列宁斯大林著作编译局译，人民出版社，1995年版，第46页。

劣汰的手段和方法。[1] 它能最大限度地刺激各利益主体的能动性。在律师服务行业,服务水平的高低可以用市场数据说话,经得起市场考验的律师一定是优秀的律师。通过市场价格来显示律师知识和技能的实用性以及自身的价值和行业地位,这符合法律服务商品经济市场规则,也能保证当事人选择、获得合适的优质的法律服务。在自由竞争下,优胜劣汰的市场选择自然会极大程度地调动律师的积极性。而律师评级的本意是想通过行政手段来区分法律服务的优劣,人为评定律师水平层次的等级,进而使得当事人在选择法律服务时更加透明,但行政干预的手段未必比市场选择更有效,行政评价手段存在很多潜在的弊端,但其作用却一览而尽。

(二)涵盖范围不全面

社会律师是律师队伍的主力军,申报律师评级的大部分律师也都是社会律师,但律师评级并未涵盖公职律师和公司律师。根据服务对象的不同,我国律师主要有社会律师、公职律师、公司律师、法律援助律师、军队律师等几种类型。截至 2020 年底,全国共有执业律师 52.2 万多人,专职律师 42.44 万多人,占 81.23%,兼职律师 1.35 万多人,占 2.59%,公职律师 5.91 万多人,占 11.32%,公司律师 1.61 万多人,占 3.09%,军队律师 1500 人,占 0.29%。[2] 其中非社会律师接近 20%。《河南省律师系列中高级职称申报评审条件(试行)》第二条提到,此条件适用于在经司法行政机关批准成立的律师事务所及法律援助中心中执业的专职律师,其并不适用公职律师和公司律师。《湖南省律师系列职称申报评价办法(试行)》第二条提出,事业编制律师和国有企业公司律师正式办理退休手续后,须在非公有制经济组织或社会组织工作满 1 年方可申报,且新取得的职称不与原单位相关待遇挂钩。这就直接

---

[1] 参见许经勇:《市场调节功能与政府宏观调控》,载《社会科学家》1994 年第 2 期,第 27—32 页。

[2] 参见《2020 年度律师、基层法律服务工作统计分析》,载中华人民共和国司法部网 2021 年 6 月 11 日,http://www.moj.gov.cn/pub/sfbgw/zwxxgk/fdzdgknr/fdzdgknrtjxx/202106/t20210611_427394.html。

剔除了在职的事业编制律师和国有企业律师。公职律师和公司律师在律师群体中虽然占比不高，但也是法律服务工作队伍中重要的组成部分。公职律师任职于党政机关或者人民团体，在依法取得司法行政机关颁发的公职律师证书，在其所在的党政机关或者人民团体从事法律事务工作。而公司律师是与国有企业订立劳动合同，取得司法行政机关颁发的公司律师证书，在企业从事法律事务工作。两者的工作性质和社会地位均与社会律师存在较大区别，律师评级未涵盖公职律师和公司律师本身就存在不合理，同时也不利于法律职业共同体的内部流动。《公职律师管理办法》和《公司律师管理办法》中均提到脱离原单位后申请社会律师执业的，可以经律师协会考核合格后直接向设区的市级或者直辖市的区（县）司法行政机关申请颁发社会律师执业证书，其担任公职律师或公司律师的经历计入社会律师执业年限。虽然将担任经历计入社会律师执业年限，表面上来看是对非社会律师从业经验的认可，但律师评级时并不仅仅考察律师执业年限，其业务能力和执业业绩并不能简单转化或直接对标，简单的年限计算势必会导致其在申报律师评级时失去原有的优势。律师评级制度不够完善，未将公职律师和公司律师纳入评选范围当中，没有充分肯定公职律师和公司律师的辛勤付出，也加大了社会律师和公职律师、公司律师之间流动的困难，律师评级制度也因此饱受诟病。

（三）评选标准不明确

评价标准是人才评价的核心，律师评级之后必然对律师行业的整体技能有所促进，但如何做到公正公平的科学评级是一个难题，如果流于形式约束律师的意识形态和政治立场益处不大。1987年司法部发布的《律师职务试行条例》第二章就已规定律师职称的选任标准，主要是根据律师工作的学历水平以及实际工作这两个标准来划分。"具有较高的法学理论水平"和"具有系统的律师业务知识和丰富的律师业务实践经验"都因太过宽泛而较难认定，对实际的等级评定指导意义并不大。过往已经展开律师等级评定的地区大多从学历、执业年限、能否掌握熟练的外语技能等方面对律师考量，细细推敲这显然是不够科学的，其中一些标准难以界定,如"具有高深的法学理论水平""能够处理重大疑难问题"等。如《浙江省律师系列高、中级专业技术资格评价条件》第十一条提到一级律师的业绩与成果标准,其要求为对某项业务创造过成功且重要的办法、经验,被省级以上律师业务主管部门认定或组织推广并在实践中取得较好的社会效果,或者办理过在省内外有重大影响的法律事务,并受到省级以上律师主管机构的肯定。这样的评审标准看似公开透明,但实际上认定"较好的社会效果""重大影响的法律事务"存在困难,《河南省律师系列中高级职称申报评审条件(试行)》第一章中对三级律师的工作能力与经历提出了几方面的要求,但界定"辩护词或代理词等诉讼或非诉讼法律文书适用法律正确、结构规范严谨"中的"适用法律正确、结构规范严谨"的可操作性不强,如何判断其是否"熟悉法律法规,并能正确应用于实际工作中"也是一大难题。客观、综合、动态的法律服务质量仅仅依靠主观、单一、静止的模糊标准来衡量,与律师评级的初衷背道而驰。其次,评价体系的标准制定没有以"当事人为中心"或者"以当事人为关注焦点"。从根本上讲,没有当事人的委托就不会有法律服务,法律服务不可能脱离实际的问题和实际的人而抽象存在,[①]因此,律师的管理也应当以委托人为中心来加以运作。我国现行律师评级缺乏类似的关注。只有具备一定的理论功底、丰富的社会阅历和从业经验、强烈的责任心等诸多条件才能成就一名优秀的律师,我们应用辩证的理论思维方式去综合的考证一个律师的执业水平与服务能力,公正客观合适的标准是律师评级体系的重中之重,现有的评级标准过于宽泛,很难真正选出一批有真才实学、能担重任的优秀律师人才。

(四) 年轻律师成长空间受限

现行评级标准过于看重从业年限和资历,进而给律师传递"熬年头比辛苦工作更重要"的观念,这并不利于年轻律师的成长,也必将限制

[①] 参见王进喜:《律师事务所管理评价体系研究报告》,载《中国司法》2007 年第 8 期,40—48页。

律师行业的长远发展。前文提到，在河南省律师评级制度中，申报一级律师，应具备大学本科以上学历、担任二级律师5年以上。申报二级律师，应具有大学本科学历，取得三级律师后，担任执业律师5年以上，或者具有大学本科以上学历，未参评三级律师的、担任执业律师15年以上。各地区多以学历、执业年限为主进行评级，在没有破格申报制度的情况下，非常优秀的律师从执业起至少需要经过20年才能成为一级律师。然而律师评级的本质是奖励和激励律师，即通过较高层级律师的地位和表彰吸引处于较低层级职位的律师，激发其积极性促使其努力工作。而年轻律师作为律师行业冉冉升起的新星，对这一群体的评价制度却异常的严格，律师层级的跨越需要逐级跨越，对年限的要求又过于苛刻，年轻律师生存空间本就狭隘，刚入职的律师在执业初期处境相对来说较为艰苦，案源渠道较为单一，若无快速晋升渠道，很有可能会打击到年轻律师的评级积极性和从业积极性，限制有潜质的年轻律师的成长。

（五）律师参与积极性低

各地区虽然法律服务水平高低有别，律师人数差距较大，但在律师评级制度实际实施中都出现了相同的问题，律师普遍参与积极性低，对律师评级不够重视。经济发展程度低的地区，案源大多来自熟人介绍。受传统人情社会的影响，当事人在选择时还是优先选择熟人律师或熟人介绍的律师，律师的等级评定则对案源影响不大，而且律师评级程序过于繁琐，几个原因导致经济不发达地区律师评级的参与度不高。内蒙古自治区司法厅2021年《关于律师事务所等级评定的调研报告》中特别指出"由于我市经济发展程度低，律师事务所案源有限，律师行业等级评定对案源的影响较小，从过去几年报名参加律师系列高（中）级专业技术资格评审的情况来看律师的参与度不高。"这能看出由于思想认识不到位，律师事务所对律师等级评定工作重视程度不高。2021年甘肃省律师公证员系列高级职称评审会经严格评审，最终评审通过一级律师3人、二级律师9人。而在经济发达的地区，法律服务行业相对成熟，当事人信息也较为透明。律师们并不热衷于申报职称,过多的案件量、复杂的案件、激烈的竞争已经耗费了他们全部的精力,律师们并不特别在乎律师评级所带来的微小红利,而是更愿意将更多的精力放在扩大案源、提升法律服务质量上。以上海为例,作为中国经济最发达的城市,上海律师队伍的规模化已经达到相当的水平,根据上海律师行业大数据报告,2020 年上海律师数量已经超过三万名,实际创收近 300 亿,[①]在这种数量完全占据优势的情况下,从 2021 年上海市司法局发布的高级职称评审的结果来看,评上一级律师仅仅 17 人,评上二级的也仅 38 人。在实施过程中,不同地区的律师虽然观念不同目的不同,但都出现了参与积极性低这一问题。从结果来看,律师评级的实际实施情况并不如想象中令人满意,律师参与度令人堪忧。

(六)现行评级程序复杂

各地区评级程序复杂,需要相关单位共同开展评审工作。评审一般要经过个人申报、组织推荐、评委会评审三个环节。而多主体的参与使得权力分散,权力的分散使得程序变得更加繁琐。在内蒙古自治区,律师系列高(中)级专业技术资格评审的标准是由内蒙古自治区人力资源和社会保障厅制定,评审由司法行政系统和人力资源和社会保障系统共同评定。另外,《湖南省律师系列职称申报评价办法(试行)》是由湖南省人力资源和社会保障厅制定,当年申报的程序以当年度人社部门或司法行政部门或律师协会的通知为准。吉林省律师评级程序中,律师应当向人社局申报,但申报律师所在单位应当对申报材料的真实性、准确性进行全面审核,并且省司法厅需要对申报材料进行复核。而浙江省评定一级律师时需要认定律师的业绩与成果,其中"对某项业务创造过成功且重要的办法经验,被省级以上律师业务主管部门认定或组织推广并在实践中取得较好的社会效果"这项成果认定由省级律师协会主管。在评审环节,吉林省律师专业人员职称评审工作是在省人

---

① 参见刘元坤:《2020 年上海律师行业大数据报告——律师篇》,载澎湃新闻网 2021 年 6 月 11 日,https://m. thepaper. cn/baijiahao_13263792。

力资源和社会保障厅监督指导下,由省司法厅具体负责组织管理,并由省司法厅按照有关规定建立律师专业高级职称评审委员会专家库,还需要向报省人力资源和社会保障厅备案。律师评级工作为了更加公平、科学、民主、全面,在评级程序中纳入了许多有关部门使得权力分散。实际上,律师评级评的是高级、中级职称,其权力本来隶属于各地区人力资源和社会保障厅,但各地人社局对律师行业又不甚了解,评审时又必须将司法行政系统纳入其中,然而有些地区还需要省级律师协会的加入,多方主体的纳入导致评级程序十分复杂。

(七) 评级应用场景不多

律师参与积极性低的根本原因还是在于律师评级的应用场景不多,律师评级实际流于形式。律师评级的应用场景指的是律师参与律师评级之后,其律师等级发挥作用的场景。英国实行严格分级出庭制度,其律师分级的结果对每一级别的律师的执业有严格的限制,律师的分工和协作在保证律师代理的质量,也能保障各级别律师的执业权利。我国的律师评级更具奖励性质,但此种奖励又只拘泥于形式,实际运用场景不多。评级的过程和结果并不会影响到律师代理案件范围的限制,律师职称高低、参与律师评级与否都不影响律师的收入。律师评级的宣传也并不到位,诸多因素使得律师评级缺乏应用场景,区分律师等级意义不大。

四、进一步发挥律师评级的积极作用

律师评级的应用场景本就不多,再加上律师评级和律师年度考核等评价,律师专业领域评定众多评价体系混杂在一起,导致律师评级不被重视,评级以后很难发挥其结果的积极作用。《律师职务试行条例》由于不符合现今律师行业的发展现状而逐渐被人遗忘,现行律师评级制度也因与社会脱节而流于形式,如何对律师评级制度进行创新改革发挥其内在价值是律师管理部门面临的重要课题。为了律师评级制度的新发展,需要扩宽其应用场景,加快发挥律师评级的积极作用。

(一) 将律师等级对标法官、检察官层级

律师遴选成为法官时,如果能凭借律师级别直接对标相应法官层级,既增加律师职业内部流动积极性的同时也能扩宽律师评级的应用渠道。2014 年 10 月召开的十八届四中全会增设了我国法官的产生方式,《中共中央关于全面推进依法治国若干重大问题的决定》明确提出"建立从符合条件的律师、法学专家中招录立法工作者、法官、检察官制度",这对推动我国律师成为法官构建真正的法律职业共同体具有里程碑的意义,也为律师进入法官队伍提供了最高政策依据。2016 年中共中央办公厅印发《从律师和法学专家中公开选拔立法工作者、法官、检察官办法》第六条对律师的能力提出了具体要求,要求律师实际执业不少于五年,从业声誉良好。如果律师等级能准确地对标法官级别,那么就会减少律师在转业时的疑虑,发挥了律师等级作用的同时,也增加律师做法官的兴趣。办法第 15 条提出,"被选拔为立法工作者、法官、检察官的律师、法学专家,比照所任职单位同等资历人员确定职务、级别、待遇。"法官、检察官按照相应分级被一次划分为四等十二级,这是法官、检察官的等级编制、评定、晋升的确定依据。而因现行遴选律师成为法官的标准还较为简单模糊,"比照任职单位同等资历人员确定职务、级别"因律师和法官的评价体系不统一使得评选趋于复杂,无法衡量任职单位同等资历是何种资历。然而发挥律师评级的积极作用有助于高效完成遴选工作,我国现行律师评级除律师助理外是四级,如果对标法官、检察官划分为四等十二级的现行层级,这样就能将律师等级准确地对标法官资历。其次,律师等级不仅是对律师专业水平的肯定,更是确定律师遴选为法官、立法工作者之后的职务级别和待遇的有效标准。现如今越来越多的法律人才之间的流动,从律师转职到法官、检察官的也不在少数,如果贯彻落实律师评级制度,并且在遴选时参考律师等级,增加可衡量律师水平的标准,就能根据律师职称快速定位律师的水平层次,也能增加律师进入法官队伍的积极性。

（二）将律师等级作为评优评先的重要依据

律师评级后要注重评审结果的运用，充分发挥职称评审在律师人才资源配置中的导向作用，把律师评级结果作为评优评先、人才入库、协会各专业委员会遴选的重要依据。国务院办公厅印发《关于深化职称制度改革的意见》第七条提到，探索建立职称申报评审诚信档案和失信黑名单制度，纳入全国信用信息共享平台。举一反三也可以探索在诚信网的公示信息中纳入律师职称。诚信网，全国律师诚信信息公示平台，这是由司法部与全国律协开发建设的网站，旨在方便社会公众了解、查询、甄别律师和律师事务所基本信息，通过公示律师奖惩信息，公开透明律师信息，以此促进律师在执业过程中不断增强诚信观念。然而现有公示信息中仅有学历学位、执业类别、年度考核信息、奖励信息、行政处罚信息和行业处分信息，而无人社局、司法局共同认定的律师职称，若将律师评级结果纳入诚信网的公示信息，可能就有更多元更丰富的公示信息。因律师职称有国家公信力做背书，也使得诚信网一方面鼓励了德才兼备、工作业绩突出的律师，另一方面也使得律师执业信息更加公开透明，给予了更多元的信息来供当事人参考。除此之外，应当逐步拓宽律师职称的应用渠道，可把律师评级结果作为协会各专业委员会遴选的重要依据。如各地区司法行政部门在选任律师事务所担任破产管理人时，一般会将"执业年限""业务数量""业务收入"等纳入选任标准进行打分，近年来破产管理人选任标准越来越细化，除添加"受表彰为全国优秀律师事务所"等奖励外，内蒙古自治区司法厅公开的选任标准中加入"二级以上律师人数"这一分数，在百分制评分下，每拥有1名二级以上律师加1分，最多不超过5分。在选任挑选过程若缺乏合理有效的标准，不仅增大筛选时的工作量，评选标准的不细致、不公开、不透明都有可能导致律师对评选结果的异议，因此，其他的专业委员会选拔抑或是各类评优评先时都可以将律师职称纳入选拔标准。律师评级本身作为一种奖励性评价机制，应当为人才选拔发挥作用、为优秀人才施展才华提供更加广阔的天地。

(三) 完善破格申报制度

部分律师对律师评级制度稍有微词,认为律师评级是唯资历论的传统评价方式,阻碍了年轻一代律师的成长。[①] 但只要完善好破格申报制度,律师评级就能发挥其特有价值,让年轻努力的律师获得更快的认可的渠道,给律师行业注入活力。考虑到某些年轻律师的快速成长,各省评级实施细则中基本都有单独设立破格申报制度。这说明在缺乏执业年限的情况下,年轻律师仍然有其他可以破格晋升的渠道。以浙江省一级律师的破格申报条件为例,二级律师在学术上取得重要成果或者获得重要表彰可破格申报一级律师资格。《浙江省律师系列高、中级专业技术资格评价条件》第七条规定律师取得二级律师资格后,从事律师业务工作不满 5 年(年限提前不超过 1 年),如果在律师专业理论研究及学术上有独到见解,在省级以上专业刊物上发表有较高学术价值论文 5 篇以上,或正式出版专著或译著 1 部可以申报一级律师,又或者获得法学类研究成果获得省部级以上一、二等奖;省部级以上劳动模范、获国家级或省级有突出贡献的中青年专家称号、享受国务院政府特殊津贴专家、省"151 人才工程"第一、二层次培养人员,获司法部、中国律师协会授予综合性荣誉称号的也可申报一级律师。然而一般情况下申报一级律师仅在资历上就要求取得二级律师资格后,从事律师业务工作 5 年以上,相比之下,年轻律师的晋升通道就并不完全被从业年限所限制。现有破格申报制度已经初步形成,大部分以学术重要成果和重要表彰为破格申报条件,今后律师评级制度还需不断完善破格申报制度,细化申报标准,破除唯学历、唯资历倾向,破除论资排辈、重业绩不重潜力陈旧观念等导向,合理确定普通评级与破格申报的衔接,真正选出一批有较大发展潜力、有真才实学、堪担重任的优秀律师人才。

(四) 探索分级出庭新模式

想要律师评级的结果得到更广范围的应用,我国可以借鉴英国律

[①] 叶竹盛:《好律师靠口碑而不是靠分级》,载新京报 2015 年 11 月 19 日,http://epaper.bjnews.com.cn/html/2015-11/19/content_608646.htm。

师分级出庭制度，对律师出庭作出等级的限制和划分。英国律师分级出庭制度将律师分为出庭律师和事务律师，在此基础上，建议将我国律师目前五级律师职称划分为四级，分别对应于我国的法院划分层级，四级律师和律师助理可以在基层法院代理所有类型案件，在中级法院限度代理其所代理的上诉案件；三级律师可在基层法院、中级法院代理所有类型案件、在高级法院代理其所代理的上诉案件；二级律师和一级律师可在基层法院、中级法院、高级法院代理所有类型案件。虽然目前来看分级出庭的想法过于冒进，但实施分级执业是推动诉讼制度改革的要求，也是降低选择成本的实然选择。积极借鉴英美国家和我国香港地区在律师队伍管理、机制运作、未来发展的先进经验，能在积极发挥律师评级作用的同时，有效提高律师行业整体素质。

五、结语

律师评级制度的创新发展之路注定坎坷，如何在众多律师评价中站稳脚跟是值得律师管理部门深思的问题。要按照习近平总书记"发挥好人才评价指挥棒作用，为人才发挥作用、施展才华提供更加广阔的天地"[①]的工作要求，激发广大律师参与评级的积极性，努力让评审结果得到社会和业内的充分认可，充分发挥职称评审在律师人才资源配置中的导向作用。在今后律师评级的实施过程中，必须综合考虑地区律师人才队伍建设，坚持评审原则，细化评审标准，严格评审程序，遵守评审纪律，探索更多应用渠道要进一步将律师评级工作引入长效机制，积极探索律师职称评审工作新途径、新办法，树立良好的用人导向，为律师行业优秀人才的脱颖而出提供良好的平台，切实提高律师专业职称评审质量和水平。

[①] 2014 年 6 月 9 日，习近平在中国科学院第十七次院士大会、中国工程院第十二次院士大会上的讲话中提到要发挥好人才指挥棒作用。

第七章　律师社会评价

自上世纪 80 年代我国律师制度重建至今,律师行业已初步完成了职业化和市场化两大目标,并积极向专业化这一新目标持续迈进。律师及其所提供的形形色色的法律服务,因社会整体分工的细化和社会公众需求的增长而不断推陈出新,我国的法律服务市场呈现出一片繁荣景象。为了使社会法律需求同市场中多样化的法律服务之间达成良好的供需匹配关系,由市场自发的,针对律师的社会评价机制也如雨后春笋般陆续出现,它们各有侧重,各具特色,或多或少为法律服务选择提供参考和指导。

一、律师社会评价的现状

律师的社会评价,是由社会的而非官方的评价主体(主要表现为个人和社会机构),主要针对单一律师自身的业务能力进行的评估和定位。目前,在我国已存在若干种形式不一,侧重不同的律师社会评价体系和评定机制,而其中的部分律师社会评价,或因其国际化的背景,或因其评价的客观真实,已在法律服务市场形成了一定影响力,具有相当的法律服务选择参考价值。

(一) 律师社会评价的实施主体

1. 以当事人为主体

当事人在诉讼活动中表现为诉讼参与人,在其他法律服务活动中又表现为"甲方"之类的称呼,故应以一种更大的范畴来对当事人进行把握和理解。当事人在同类的法律服务商品中挑选时,多是一种慎重而又深思熟虑的心态,期待其所购买的法律服务能发挥应有的效用,或规避自己的风险,或减少自己的损失,或扩大自己的利益。那么,是否实现当事人预期目的便成了当事人评价的重点。诚然,部分当事人可能因为对法律认识不足,而对自己选择的法律服务产生一种包含着不可能实现预期的期待,例如一个确有犯罪的犯人天真而盲目地认为律师可以凭借辩护来实现自己无罪释放这一目的,而事实是律师能做的仅是由重罪转为轻罪的辩护,抑或是关于刑罚种类或刑期长短的辩护。这种因当事人将实现主观目的的辩护和客观有效的辩护混为一谈而产生的偏颇评价对律师是极为不公平的,对公众而言参考价值也大打折扣。注意,这里用的是大打折扣而非"失去""全无"之类的字眼,是因为哪怕这样的评价,还是有区别于律师业务能力的,另一个维度的参考价值可被挖掘——即律师提供法律服务商品的漫长过程中,律师个人面对用户时的服务态度的评价。除开少数因不可能期待的未实现,而情绪化作出全盘否定性评价,借以发泄本不存在的怒火的当事人外,大多数当事人可以根据律师的言行举止,对其作出业务能力之外,一个独立的服务意识和态度的评价。这种服务评价,唯有购买法律服务商品,直接同律师发生业务往来等接触的客户自身,才可作出真实的评价;而律师的服务评价,也是其他基于数据和材料的再处理、再分析对律师进行评价的评价机制所无法涵盖的方面。可见对服务评价而言,是"若识庐山真面目,唯有身在此山中"了。而关乎服务态度的评价,也是当事人评价区别于官方律师评价,也区别于第三方社会机构律师评价的特有优势。

2. 以社会机构为主体

以社会机构为主体的律师评价同当事人评价相比,是一种在双方当事人之外,由较为独立客观,且无利益纠缠的第三方机构对律师作出的社会评价。相较于主观的、直接的、零散的、个别的当事人评价,以社会机构为主体的律师社会评价则更倾向于在整个律师职业群体中对律师个体完成定位,故社会机构主导的律师社会评价覆盖较为全面;社会机构主导的律师评价,基于自己的评价目的而制定出的各种评价标准和评价机制之间也会存在较大差异,但也因为评价机制运作的关系,其评价内容中的主观任意性也得到了削减,相较于当事人评价也较为客观。

相较于官方的律师职称制度和处于试点推广的律师专业水平评价机制而言,社会律师评价的作用便在于其是市场环境下的真实反映。律师社会评价从法律服务市场化中走来,作为一种内源性的评价机制,惟有强化律师社会评价的不可替代性,才能真正发挥针对律师的社会评价的机制效用。律师社会评价更应着眼某一具体的法律服务领域,为具有特定法律服务需求的用户群体提供参考;律师社会评价考察的维度及加权等问题可以根据法律服务的不同有所偏向,应构建具有独特机构特色的社会评价体系。对于律师社会评价来说,追求评价所需材料的全面详细,但不追求评价基数和范围的过分扩大;守住独立的底线,客观平等对待参评律师,而在评价标准和机制的构建过程中保留社会评价主体的主观特色。做好某行政区域内的律师评价或某法律服务领域内的律师评价无疑是对法律服务市场供需匹配的一种贡献。

若一味模仿律师官方评价体系和机制,过分追求评价覆盖律师范围的广度,最终只会得不偿失,损害到社会评价的权威性和影响力,律师社会评价机制应该走出自己的特色化路径,为整个律师评价机制增色添彩。

(二) 律师社会评价类型

通过不同律师社会评价之间形式的区别,可以将其大致分为以下四类。

1. 排名定级类

近年来,众多在律师行业具有丰富社会评价经验的国际化组织进入了中国市场,为寻求法律服务的用户提供指南。截至 2022 年,目前已有钱伯斯(Chambers)、亚洲法律杂志、LEGALBAND、The Legal 500、亚洲法律概况等媒体或机构就国内律师个人给予评价、定级。

表3 部分排名定级类型律师社会评价

社会评价名称	评价方法	评价标准
钱伯斯	钱伯斯的评选以客户为中心,客户的评价是衡量律所和律师工作的重要指标。研究人员通过公开市场中收集信息、律所或律师提交申报材料,以及通过电话或邮件对律师和客户采访等方法对评选领域内的律所和律师进行研究。	1. 与律所评级通用的评价:Band 1-Band 6 2. 有别于律所评级的评价:Senior Statesman、Star Individuals、Eminent Practitioner、Recognized Practitioner、Up-and-Coming、Associate-to-Watch。
LEGALBAND榜单	根据律所提供业务领域及相关业绩的调研材料,LEGALBAND 会对交易涉及的客户、部门同事以及其他律所的律师进行独立调研,包括但不限于采访调研、电话调研、邮件调研等形式。	1. 年度排名定级:Rainmaker Leading Light Versatile Practitioner Band 1—Band 4 Rising Star Eminent to Watch 2. 专项荣誉评选:女律师 15强等
法律500强	The Legal 500 的研究人员会对全球各个进行广泛的研究,并基于全球 30 万客户的反馈、律所提交的申报材料、法总访谈、研究团队的市场观察等数据,每年出版一次对各司法管辖区法律市场公正的评论。	1. 针对律师的评价:Hall of the Fame Leading Individuals Next Generation Partners Rising Stars 2. 领域评价中附带的评价:律师特别推荐
亚洲法律概况	亚洲法律概况通过研究律师事务所提交的内容,对律师和私人从业人员的访谈和调查,以及来自编辑团队的独立研究等方式作出领先律师的评价。	亚洲法律领先律师分级:Senior Statesman、Elite practitioner、Distinguished practitioner、Rising Star、Notable practitioner

上述各机构多着眼于针对公司等用户的高端法律服务,且以非诉讼业务为主。在社会评价所涉及的专业领域方面,以 LEGALBAND 为例,其包含知识产权、合规、公司并购等在内的 31 个法律细分领域,且法律服务领域大多偏向高端化、商业化,对法律服务市场普通消费者

参考价值较低。在评价材料的来源方面，以 LEGALBAND 为例，其调研团队主要依赖各律所提交的业务领域及相关业绩的调研材料来开展评级排名，"根据提交的内容，LEGALBAND 会对交易涉及的客户、部门同事以及其他律所的律师进行独立调研，包括但不限于采访调研、电话调研、邮件调研等形式"。而其他机构的评价方式也同 LEGALBAND 并未有什么本质上的差异，主要是一种集合同行评价、业绩评价、客户评价三者为一体的评价模式，即通过律师提交的证明材料来综合评估律师个人的相关业绩，通过律师提交的他人信息来同律师的客户或者是其他律师取得联系，来综合评估该律师的客户满意度和市场声誉。而在具体等级划分中，以 LEGALBAND 为例，其将入选律师至多分为五大类，即业界领袖（Rainmaker）、业界明星（Leading Light）、多面手（Versatile Practitioner）、后起之秀（Rising Star）和焦点关注（Eminent to Watch）五大类，其中多面手和后起之秀之间还细分为四个梯队（Band）。需要注意的是，并不是每个法律服务领域都有完整的五大类的排名，如在银行与金融这一专业领域下，并无人获得业界领袖、业界明星称号，且多面手之后的梯队划分仅存三级。

2. 竞赛评优类

竞赛评优类社会评价是指律师通过参加特定的，同职业相关联的比赛并在比赛中取得优异，从而获得的社会评价。这种律师社会评价在律师评价体系中占比小，参考价值低，但是律师个人荣誉的重要组成部分。

此类社会评价多是由律所、法学教育科研组织、电视台等举办，比赛内容通常涉及辩论、谈判、演讲或书状等方面。以陕西省青年律师辩论赛为例，由陕西省司法厅、陕西日报社主办，陕西省律师协会和西部法制报社承办，共有陕西省 44 支青年律师代表队，176 名青年律师参赛。竞赛评优类的社会评价依托竞赛活动开展，比较随意且不固定。其所获评价通常侧重于演讲这样的准"法律"执业技能，与律师工作实践的偏离度较大；且此类竞赛由于举办单位多元化，参与人数却客观受限，可供评价的比照样本数量少，无从对竞赛的含金量或权威性进行较为清楚明晰的认知，更多的是一种律师个人荣誉的体现，在发挥评价所带来的法律服务选择参考作用时有较大局限。

3. 大数据分析类

近些年来,大数据为首的信息技术产业已广泛应用于医疗、教育、交通、灾害防治等领域并取得显著效果。在司法领域,信息技术在法律咨询、法律检索、证据引导、辅助判案等场景中同样显现出巨大的发展潜力和广阔的应用前景,而在律师评价体系中,大数据作为一种评价手段也逐渐被律师评价实施主体所重视。律师官方评价方面,司法部下发的《关于扩大律师专业水平评价体系和评定机制试点的通知》强调:"利用大数据手段了解律师政治表现、诚信状况和专业能力等",肯定了律师专业水平评价中现代化手段的运用。而律师社会评价方面,无讼出品的"律师名片"这一面向社会大众的法律服务产品则已经推动了大数据分析作为评价手段的实践落地。

"律师名片"的主要工作原理是基于海量的法律数据、独创性的机器学习算法和持续不断地深度学习,实现智能案情分析和律师遴选。他将数据库中的千万量级的裁判文书与代理人一一相对应,并显示其所在律所和由律师执业证号推算得出的执业年限。他集合无讼所有律师端数据和运营成果,总结出律师擅长的法律服务领域等关键信息,为律师个人完成大数据画像,针对用户法律需求生成推荐报告。[1] 到目前为止,无讼已有超过十七万的认证律师,已成功服务超过三万份案件,在法律服务市场已初具影响力。

4. 相关人评价类

相关人评价主要是指来自律师同行的评价以及购买法律服务的直接用户的评价。作为一种较为原始的社会评价,相关人评价帮助律师借助客户的熟人网络来增加法律业务数量和拓宽法律业务范围。

单纯的相关人评价具有传播范围有限,主观性较强等特点,不能为律师形成广泛且有效的社会评价,但相关人评价在评价非诉讼业务时确有其不可替代的价值。针对诉讼类法律服务而言,可以如无讼"律师

---

[1] 参见陈宜:《我国律师行业评价体系的现状与反思》,载《中国司法》2017 年第 2 期,第 48 页。

名片"一样借助已有的公开裁判文书来对律师进行大数据画像,而非诉讼类业务,通常不为外界所公开,且判断标准同"有效辩护"的诉讼类业务来说更为主观模糊,更倾向于非诉讼类业务的规模和雇主的满意程度。故钱伯斯、LEGALBAND 等旨在为高端用户提供法律服务指南的榜单,均十分重视调研过程中对用户评价的收集,如钱伯斯明确提出需要参评律师提供客户推荐人,"我们还需要一份裁判名单,我们可能会采访他们。裁判通常是客户,尽管它可以是任何在过去 12 个月内在该实践领域拥有贵公司经验和知识的人。通过提供推荐人,我们可以收集有关您的事件的反馈。我们使用这些访谈来了解您的客户的观点和经验,这有助于我们作出有关排名的决定。"

相关人评价虽带有主观色彩,但对律师的社会评价来说是必不可少的一环。

(三)律师社会评价特征

律师社会评价,同官方指导或参与构建的律师评价机制有以下几点区别。

1. 基于市场交易关系的自由评价

相较于律师职称制度等律师官方评价而言,律师社会评价是随着法律市场一同成长起来的,律师社会评价的生命力既来自法律服务市场的繁荣发展和社会法律服务需求量的不断扩大,也来自社会分工的细化和法律专业化程度的加深。律师社会评价的机制建立目的相较于律师官方评价而言也更为纯粹,可以概括表述为"让每个人的法律服务需求得到恰当的满足"。

在中共中央办公厅、国务院办公厅印发的《关于深化律师制度改革的意见》中,其中所涉及的律师评价机制,不论是正向性的律师执业水平评价体系的构建还是负向性的执业惩戒制度的执行,均是出于健全律师执业管理制度的必要。而这一点我们从深化律师制度改革的原则也可看出。《关于深化律师制度改革的意见》指出,深化律师制度改革有五大原则,即坚持党的领导,坚持正确的政治方向,坚持执业为民,坚持依法执业,坚持从中国实际出发。管理是律师官方评价机制建设的核心目标,而律师社会评价体系中,参评律师和评价实施主体之间不存在任何的决定执业资格存续有无的管理关系,地位基本一致且平等,律师主动注册账号、上传业绩材料,加入已有的社会评价中,社会评价主体根据自定的评价运作机制对律师给予社会评价。社会评价的核心是撮合供需的匹配,而非间接监督或直接管理律师的日常活动。故针对律师的社会评价,其加入退出均是自由的,其与评价主体之间的关系是平等的,和律师官方评价具有本质的差异。

2. 不同评价体系之间的差异化侧重

相较于现在已有的职称评定、专业水平评价等律师官方评价机制,不同的律师社会评价之间,因服务群体、评价目标等因素的不同,呈现出明显差异。当事人对律师进行评价时,重在个案视角,通常依据自己的法律服务需求达成的完满程度给出评价;无讼的大数据画像在对律师进行评价时,依据的是律师诉讼活动中公开的裁判文书,分析出律师所擅长领域以及关键的诉讼数据,并针对用户需求直接进行推荐,完成供需的匹配;而在针对高端用户群体的 legalband 等榜单中,则主要针对律师非诉讼业务开展调研,了解业务规模、律师业绩以及客户反馈,以此来为企业推荐合适的法律服务。可以见得,作用在熟人网络中的当事人评价,接地气、解决群众偶发法律服务需求的无讼大数据评价,以及主要为商业公司提供法律服务指南的各种榜单,他们作用的领域不同,其评价的方式和侧重也随之有所不同;也正因这种适当的评价内容的选择,让他们在各自所作用的领域能更好地发挥为法律服务提供指南的作用。

除上述服务群体的差异化之外,有些律师社会评价只专精于某一特定专业领域,并就从事这一专业领域的律师给予评价定级。世界金融法律评论 1000 强(IFLR1000)便是如此。国际金融法律评论 1000 强自 1990 年以来一直在提供法律市场情报,并且仍然是唯一致力于根据金融和公司交易工作对律师事务所和律师进行排名的国际法律名录。虽然与 LEGALBAND 等均为高端法律服务市场选择指南,但在专业领域的细分上,相较于 30 余小类的 LEGALBAND,IFLR1000 专精于金融相关法律服务,只在银行和金融、金融服务监管、资本市场、投资基金、金融和企业、项目开发、房地产、并购、私募股权、重组和破产对律师给予评价认定。

肯定并推崇社会评价的差异化，不仅因为差异化是律师社会评价的现状，也是未来社会评价得以发展壮大的必需。

3. 社会评价中政治审查的缺位

官方评价因为律师管理的需要，所以设置政治思想要求作为官方评价的准入门槛之一。在中共中央办公厅、国务院办公厅印发的《关于深化律师制度改革的意见》中，多次强调要加强党的领导，坚持正确的政治方向；而在司法部《关于建立律师专业水平评价体系和评定机制的试点方案》和后续的《关于扩大律师专业水平评价体系和评定机制试点的通知》中，也明确要求"突出考察申请人的政治表现和诚信状况，引导广大律师讲政治、守规矩、重品行、做表率，严格依法、规范、诚信、尽责执业"，"切实加强党对律师专业水平评价工作的领导，把拥护中国共产党领导、拥护社会主义法治作为律师从业的基本要求，践行社会主义核心价值观，通过开展律师专业水平评价，增强广大律师走中国特色社会主义法治道路的自觉性和坚定性"；而在具体的参评条件中，便对政治表现提出具体规定，"参评律师应当拥护中国共产党领导、拥护社会主义法治，遵守宪法和法律，恪守律师职业道德和执业纪律"，政治思想和觉悟的重要性可见一斑。

而在社会评价中，我们却很难寻得政治要求的踪迹，社会评价脱离了管理律师的制度设置目的，纯粹的以市场视角来对律师给予评价，促进市场中供需的良好匹配。钱伯斯、LEGALBAND 等榜单其评价标准和流程遵循全球一致，故不存在政治方面的要求；而由界面新闻组织的，针对中国律师的"界面金榜 100 强律师"中，确实存在政治表现要求细则，但仅为"参评律师具有中国国籍，是中华人民共和国公民"，实则政治思想上的无要求。

律师市场评价对政治思想方面审查无疑是缺失的，但这种缺失并非是"致命性的错误"。一方面，律师不论是资格获取的有无还是考核的合格与否，都同政治思想考察紧密联系，律师执业资格的取得本身就意味着通过了相应审查；另一方面，律师的社会评价的力度毕竟在收集材料等方面有诸多的客观受限，若社会评价进行政治思想审查本身客观不能。故律师的社会评价应着力于提高自身影响力、权威性、可参考性，这便是为全面依法治国作出的重要贡献。

二、律师社会评价的功能定位

(一) 律师社会评价的原始优势

1. 官方评价机制的有效补充

在官方评价中，无论是律师职称制度，还是律师专业水平评价，均适用于全体律师，以一定的标准对律师在职业群体中进行评价定位，而这种官方律师评价对于律师社会评价来说，由于其评价规模的庞大，既没有实现的可能，也没有实现的必要，社会评价只要目的明确地划定自己评价的作用范围，这既可以像 IFLR1000 一样，将法律服务需求限定在金融领域；也可以同无讼、LEGALBAND 一样，明确评价主要服务的用户群体；还可以将地域作为主要因素，来划定社会评价中参评律师的范围及数量。

官方评价机制的诞生是一种由上及下的，重政策执行的方式。以正处于全国推广阶段的律师专业水平评价为例，其最初见于 2016 年中共中央办公厅、国务院办公厅印发的《关于深化律师制度改革的意见》，"完善律师职业水平评价制度，形成优胜劣汰的激励约束机制"，随后司法厅于 2017 年、2019 年先后发布《关于建立律师专业水平评价体系和评定机制的试点方案》和《关于扩大律师专业水平评价体系和评定机制试点的通知》，分别拉开了先行试点和全国试点的帷幕。虽然司法部文件中已明确鼓励各地在一定范围内体现地方特色，但大多数省份的律师专业水平评价工作仍因循守旧，难见创新。而律师的社会评价中，由于评价本身也需要在评价市场中参与竞争，没有社会认可度的评价注定无法在法律评价这片市场上长久生存，这种来源于市场，存在于律师社会评价之中的危机意识和竞争观念，倒逼了律师社会评价的转型升级。以撮合法律供需的无讼律师名片为例，最初针对律师的大数据画像完成后，形成律师名片时会就执业经验、胜诉情况等予以星级评分，但正如无讼联合创始人蒋友毅所说的一样，"我们要找的是最适合的律师，而不是最好的律师，所以律师的排名真的不重要，我们也没有刻意想去做律师的排名。谁排第一，谁排第二，这些我们并没有过多关注。我们更希望通过对律师的数据评价，帮助他找到适合他的案件"[①]，无讼取消了原有的星级评分和律师主动认领案例，以更适合的形式在律师社会评价市场中站稳脚跟。

2. 服务于需求的能力评估

相较于官方评价，律师的社会评价更倾向于只关注律师处理他所面对的法律事务所体现出来的职业水平和综合素养。以同样为市场提供法律服务选择参考的律师专业水平评价为例，除考察律师的专业能力、业务质量、业绩和贡献之外，同时强调"坚持德才兼备、以德为先，突出考察申请人的政治表现和诚信状况"[②]。在司法部发布的《关于建立律师专业水平评价体系和评定机制的试点方案》，参评条件除了考察律师业务水平的执业能力一项外，还有政治条件、诚信状况以及执业年限的规定，而相较于执业能力的比较评定之外，其他三项均为律师专业水平评价的准入门槛性质的条件，即唯有满足规定年限的、近5年未受负面惩戒的、政治上忠诚的律师才可实质进入关于执业能力的评价之中。

而与市场联系紧密的律师社会评价则专注于执业能力的评价。以国际权威法律评级机构钱伯斯榜单为例，其强调"个人律师根据其法律知识和经验、能力、有效性和客户服务对其执业领域进行排名"，而在实际评价机制运作中，钱伯斯也是由编辑对提交材料和客户访谈记录进行审查讨论最终给出调查结果。律师的社会评价，因评价双方在市场中的平等性而不再拥有管理监督等针对律师的管理职能，其聚焦于法律服务需求，以过往的法律服务案例作为依托，来对律师的执业能力和专业水平进行事后评价；律师社会评价中，具体评价方法和标准也因法律服务需求的不同而有着较为显著的差异，高效利用过往经验，对未来

---

① 李蒙：《"无讼"是个什么东东？》，载《民主与法制》2016年第27期，第16页。

②《司法部关于印发〈关于建立律师专业水平评价体系和评定机制的试点方案〉的通知》，司发通〔2017〕33号。

可能存在的法律服务需求提供恰当的指导变成了律师社会评价最主要的作用所在。

(二) 律师社会评价的发展困境

1. 律师协会的评价缺位

律师协会的法律属性为社会团体法人，作为律师的自律性组织，应借助其职业群体自治自理的优势，在律师的社会评价中发挥作用。但因为历史因素的限制和影响，律师协会未能在律师社会评价中扮演好自己的角色。

1980年，全国人大常委会颁布《中华人民共和国律师暂行条例》，规定律师是"国家法律工作者"，职业机构是"法律顾问处"，属于国家事业单位的一部分，受司法行政机关组织和领导；这时虽然也有律师协会组织的出现，但其主要是作为一个供律师之间互相交流学习的平台出现，并未具有自律性、自治性等内涵。而随着1996年律师法的正式通过，我国贯彻落实至今的律师管理两结合体制得以正式确立，即司法行政机关的行政管理与律师协会行业管理相结合的管理体制。

虽然两结合体制的确立，以及近25年来律师法修改的趋势均呈现出了司法行政机关简政放权，律师协会自治自管职能范围逐步扩大的趋势，但如何恰到好处地达到"放""管"之间的平衡却仍是未知。

中共中央办公厅、国务院办公厅印发的《关于改革社会组织管理制度促进社会组织健康有序发展的意见》指出，"改革社会组织管理制度、促进社会组织健康有序发展，有利于厘清政府、市场、社会关系，完善社会主义市场经济体制；有利于改进公共服务供给方式，加强和创新社会治理；有利于激发社会活力，巩固和扩大党的执政基础"。对于律师协会这样的社会自治团体而言，司法行政机关的监督管理是有效且必要的，但有效且必要的前提条件是司法行政机关同律师协会之间做到泾渭分明，能够明确界定宏观监督和常态管理之间的界限，尽量减少或者避免出现权力的模糊地带。但由于一些历史沉淀物的影响，以及两者权力边界的摸索的继续，律师协会的性质至今也模棱两可，这种模糊的定性也影响到其在律师评价中工作的开展，我们无法就其开展或促进的律师评价机制予以明确定性,故只能称之为律师协会的社会评价缺位。

2. 法律服务市场的客观阻碍

若根据法律需求的难易程度对法律服务市场进行分类,可大致分为高阶法律服务市场,中阶法律服务市场以及初阶法律服务市场三类。初阶法律服务市场主要是与民事、刑事、行政案件有关的诉讼代理、刑事辩护业务,这类业务依附于国家公检法等机关,客户群体往往不固定,且以一次性的法律服务为主。此类案件诉讼标的数额不大,对律师素质要求也不高。中阶法律服务市场主要是针对中小企业积极、主动地提供法律服务,而不仅仅是诉讼代理业务,对律师的素质要求较高。高端法律服务市场主要是针对大型企业,尤其是集团企业、股份公司,以及优质的个人客户提供法律服务和产品。高阶法律服务市场中,法律服务具有极强的综合性、专业性,而法律服务需求本身也成为必然。①

不同层次的法律服务市场,其特点、法律服务需求和法律服务现状不同,针对其所采取的律师评价机制也有着较大差异。现有的社会评价,针对高阶法律服务的 LEGALBAND,其只适用于服务周期长、客单价高、专业性强的法律服务。这种靠律师上传个人执业信息,并与参评律师服务客户沟通调研的评价模式,要推广至全体律师无疑是一场评价的噩梦;无讼则适用于更广阔的,以诉讼为主的法律服务市场,大数据画像的评价模式相较于 LEGALBAND 式地评价定级,极大地减轻了社会评价本身的工作量,而只需要关注推荐算法和各因素加权比重等技术层面的因素。但这种不同评价体系及方法的选择,却无法解决法律市场本身的难以量化评价的难题。不论是当事人评价可能带有的主观随意,还是大数据评价下因个例的低价值密度而导致的问题的忽略,抑或如何妥善处理律师评价中各要素的加权以更好优化评价结果,均体现出了法律服务市场的复杂多样,以及市场供需匹配后诸多因素

---

① 参见孙文俊:《律师业发展路径与制度保障研究》,南京大学 2015 年博士学位论文,第112—113 页。

的纠缠，法律服务市场本身，便给评价造成了一定客观困难。

3. 业务数据获取的现实限制

2013 年，中国裁判文书网的上线，拉开了文书上网这一司法公开重要工作的帷幕。截至 2022 年 6 月 25 日，裁判文书网显示已有在网文书超一亿三千万篇。而有研究表明，文书公开仍存在选择性公开、上传不及时、敏感信息的判定和处理过于草率等现象[①]。文书中，民事、刑事同行政之间的数量比例约为 27∶3∶1，而根据《最高人民法院工作报告》得知，近两年审结的文书中，三者比例较为稳定，约为 50∶4∶1，比较得知相对于其他法律文书而言，行政文书公开力度较低。在最高法发布的《关于人民法院在互联网公布裁判文书的规定》中，对于以下文书实行不上网公开，分别为"涉及国家秘密的""未成年人犯罪的""以调解方式结案或者确认人民调解协议效力的""离婚诉讼或者涉及未成年子女抚养、监护的"以及"人民法院认为不宜在互联网公布的其他情形"，作为兜底条款的认为不宜在互联网公布的情形定义过于模糊，给文书的收集分析制造了困难。

无讼模式中，针对律师的大数据画像，其重要信息来源便是依法公开的裁判文书；其主要应用市场集中在初阶法律服务市场中，民事、刑事、行政诉讼成了老百姓最常见的法律需求。而相较于民事方面进行律师推荐及匹配时，由于部分刑事、行政案件的不上网，无讼在推荐刑事以及行政诉讼律师时难免面对样本量较小、样本类型较为单一的困境，巧妇难做无米之炊，缺少了文书的支撑，评价质量也难免受到影响。

三、结语

同以加强律师管理为出发点的官方律师评价相较而言，律师的社会评价存在诸多不同。律师的社会评级按构建于地位相同的平等主体之上，以促进法律服务和需求之间的良好匹配为核心，同时因用户群体

---

① 参见杨金晶、覃慧、何海波：《裁判文书上网公开的中国实践——进展、问题与完善》，载《中国法律评论》2019 年第 6 期，第 125 页。

和评价对象的差异而分化出了截然不同的评价方法和体系。律师的社会评价来自社会,也应完全服务于社会,不应盲目追求评选范围的扩大和同官方的趋同,而应主打差异性和专业性两张王牌,努力提升律师社会评价的含金量,更好地为人民群众在法律选择时提供参考。

第八章　律师事务所评价

　　对律师事务所的管理和评价一定程度上影响着律师队伍的建设，律师事务所的品牌建设也影响律师个人执业情况。评价好的律师事务所能给律师提供更多案源，品牌影响力大、管理规范完善的律师事务所也能给律师提供更多快速成长的机会和更好的职业发展平台，①因此，进一步加强对律师事务所的执业活动的日常监督管理是十分必要的。

　　一般而言，律师事务所评价有狭义、广义之分。狭义的律师事务所评价指司法行政机关的行政评价和律师协会的行业评价，本章所指的律所评价是狭义的，不包括律师事务所的其他社会性评价。目前我国对于律师事务所的评价分为普遍性评价和探索性评价，除全国独有的律师事务所年度检查考核、部级文明律师事务所评选、全国优秀律师事务所评选、律师行业先进基层党组织评选等普遍性评价以外，还存在律所评级、律师事务所执业信用评级、规范管理律师事务所评选、律师事务所服务质量社会评价和星级创建评定等探索性尝试。

一、普遍性律师事务所评价

（一）律师事务所年度检查考核

　　律师事务所年度检查考核是现今涵盖范围最广、考核最为常态化

---

① 在 2022 年深圳市律师协会发布的《青年律师执业状况调查新鲜出炉》中，71.87％青年律师认为更换律所的主要原因是现有律所不能给自己的业务开拓赋能，青年律师认为"没有制度、缺乏计划、培训不成系统"是律所在青年律师培养方面普遍存在的问题。

的律所评价方式。《律师事务所年度检查考核办法》第二条规定，律师事务所年度检查考核，是指司法行政机关定期对律师事务所上一年度的执业和管理情况进行检查考核，对其执业和管理状况作出评价。2007年《律师法》第二十三条指出，律师事务所应当建立健全执业管理、利益冲突审查、收费与财务管理、投诉查处、年度考核、档案管理等制度，对律师在执业活动中遵守职业道德、执业纪律的情况进行监督。次年司法部公布《律师事务所管理办法》，据此规定了律师事务所按年度接受司法行政机关检查考核的制度。此后，律师事务所年度考核工作就一直有条不紊的进行着。该制度是司法行政机关对律师事务所执业、管理状况的一种考核评价机制，是有别于过去的年检制度、又不同于评先创优机制的一种重要的指导、管理手段。

在主管机构上，省级司法行政机关负责指导、监督律师事务所的年度检查考核工作，市级司法行政机关负责组织实施，而县级司法行政机关则负责年度检查考核的初审工作。在考核内容上，主要考核律师事务所遵守宪法和法律、履行法定职责、实行自律管理的情况，《律师事务所年度检查考核办法》又细化了考核的具体内容，既包含了对律师事务所执业的管理活动的基本问题，又突出了加强律师队伍建设的要求，比如律师业务活动开展情况、律师执业表现情况、内部管理情况、受行政奖惩、行业奖惩的情况、履行律师协会会员义务的情况等。细致全面的考核使得司法行政机关能对律师事务所实施有效监管。

在考核结果上，律师事务所年度检查考核结果分为"合格"和"不合格"两个等次，考核结果是司法行政机关对律师事务所上一年度执业和管理情况的总体评价。从每年的考核结果来看，律师事务所年度考核大多是常规性考核，主要对不合格的律师事务所进行处罚。而且"不合格"所仅限于极少数存在较严重违法情形，对于纵容、袒护律师执业违法行为，或不按规定建立内部管理制度，日常管理混乱造成律所不能正常运转的，又或者到行政处罚未按要求进行整改或者整改未达标等存在严重违法行为的律所，司法行政机关会根据其性质、情节及严重程度，分别采取相应的指导、惩处措施，责令其整改，以起到正确引导、强化管理的作用，同时达到警示多数、以儆效尤的目的。

（二）司法部部级文明律师事务所评选

1997 年，司法部发布《关于创建司法部部级文明律师事务所实施办法》，这是全面加强律师队伍建设，树立律师良好社会形象，引导律师事务所向规模化、高层次发展而采取的一项重要措施。首批部级文明律师事务所在全国各省评选的基础上，通过各省推荐，最终由司法部考核决定。根据《关于创建司法部部级文明律师事务所实施办法》要求，部级文明律师事务所在考核标准上设定三项否定性指标，并对政治素质、职业道德、人员素质、队伍建设、业务水平、事务所规模等方面进行量化，设定三十三项标准，每项标准都确定相应的基础分值，规定了加分的比例。1998 年和 2000 年司法部分别评选 20 家和 29 家部级文明律师事务所，在当时是加强律师事务所管理的有力尝试，时任司法部部长高昌礼提出，"开展创建文明律师事务所活动有利于狠抓律师队伍精神文明建设，大张旗鼓地宣传文明律师事务所的先进事迹，在律师界形成学先进、赶先进、创先进的良好风气"①。随着全国优秀律师事务所评选和律师事务所年度考核接连掀起新的律所评价热潮，部级文明律师事务所评选逐渐退出历史舞台，2014 年司法部宣布《关于创建司法部部级文明律师事务所实施办法》失效，但部级文明律师事务所并没有丧失应用渠道，《全国优秀律师事务所评定办法》第十二条提出，原"部级文明律师事务所"申请评定全国优秀律师事务所的，经各省级律师协会复核，全国律协评定委员会评定，可以直接批准授予"全国优秀律师事务所"称号。

（三）全国优秀律师事务所评选

2003 年，中华全国律师协会常务理事会审议通过《全国优秀律师事务所评定办法》，2007 年又通过《全国优秀律师事务所评定标准》，成立各地区的律师协会评选机构和全国律协双优评选委员会，评定工作

---

① 参见赵海鸥：《创建文明律所　迈向更高层次——首批部级文明律师事务所命名表彰会议在京召开》，载《当代司法》1998 年第 6 期，第 12 页。

每两年组织一次,由各律师事务所主动向当地律师协会或评定委员会申报。在评价标准上,依据基础条件、综合管理以及服务质量三方面标准进行量化积分,其中共设 28 项评审标准,设定基础分为 120 分,加分 20 分。[1] 全国优秀律师事务所一直被认为是业内的最高评价,常常被用于律所的品牌宣传。起初全国优秀律师事务所评选的主管机构为律师协会,司法行政机关只负责指导工作。

2020 年,司法部接过全国优秀律师事务所评选的接力棒,决定表彰一批全国优秀律师事务所。根据《司法部关于开展全国优秀律师事务所、全国优秀律师评选表彰活动的通知》,在主管机构上,由司法部主管,各地区司法局进行"双优评选"推荐工作。在评价标准上,从律师事务所政治坚定、工作突出、管理规范等几个方面进行考察,斟酌考虑律所履行法律援助义务和公益法律服务的表现以及在疫情防控和复工复产工作中的积极贡献。值得一提的是,在评选全国优秀律师事务所时,律师事务所承担社会责任情况和自觉服务为民的积极程度也成为重要的考核标准。在评选程序上,首先由各律师事务所向区级司法局自行自愿申报,经过初审、复核等系列流程后,最终司法部授予"全国优秀律师事务所"称号并予以公告。在主管机构上,由各地司法局负责初审和复核,进入初审阶段后司法部门可征求区律师协会的意见,而律师行业党委需要对律师事务所出具政治鉴定意见。司法部已评选出 130 所首届全国优秀律师事务所,在表彰先进、弘扬正气的同时,不断激励全国律师事务所在新征程上奋勇争先。[2]

(四) 律师行业先进基层党组织评选

律师事务所党组织是律师行业党的基层组织,承担着直接教育管理和组织引领党员律师的职责,是律师行业党建工作的坚实力量支撑,律师行业应始终把律师事务所党组织建设作为重中之重。为加强对律

---

[1] 参见《关于开展全国优秀律师事务所、全国优秀律师评选活动的通知》,载东方律师网 2008 年 2 月 28 日,https://www.lawyers.org.cn/info/db8641a79e6943a4a7fabaa81a81a9da。

[2] 参见《司法部关于表彰全国优秀律师事务所和全国优秀律师的决定》,司发通〔2021〕57 号。

师行业党建工作的管理,2021 年《关于印发〈关于开展全国律师行业党建工作先进典型评选表彰活动的工作方案〉的通知》提出要评选表彰一批律师行业先进基层党组织和优秀共产党员。在主管机构上,由 2017 年司法部党组决定成立的全国律师行业党委主管。在评价标准上,《关于开展全国律师行业党建工作先进典型评选表彰活动方案》提出要重点考察律师事务所党建组织工作、政治素质、促进经济社会发展的积极作用。①

在评选程序上,律师行业先进基层党组织经律师事务所党支部申报、县级司法局推荐、市律师行业党委审核,再经过省级行业党委推荐之后,确定全国律师行业党委各地区律师行业先进党支部。2020 年,全国律师行业党委对 98 个律师行业先进基层党组织进行表彰,意图通过评选律师行业先进党支部,一方面,通过展示新时代中国律师过硬的政治品格、专业素质和良好的精神风貌,进而充分发挥律师行业先进典型的模范带头作用;另一方面,在增强基层律师事务所党组织的凝聚力的同时全面加强新时代律师行业党建工作建设。②

二、探索性律师事务所评价

除了在全国范围内实施的普遍性律师事务所评价以外,根据实际情况的不同,各地司法行政部门、律师协会分别推出了形式多样、标准不一的律师事务所评价。

(一) 律所评级

律师事务所年度检查考核一般只有"合格"和"不合格"两种结果,

---

① 参见《党建引领风帆劲砥砺奋进开新篇》,载中华人民共和国司法部网 2021 年 10 月 21 日,http://www.moj.gov.cn/pub/sfbgw/fzgz/fzgzggflfwx/fzgzlsgz/202110/t20211021_439697.html。
② 参见《上海 5 个律师事务所党组织、6 名党员律师荣获"全国律师行业先进基层党组织""全国律师行业优秀共产党员"称号》,载东方律师网 2021 年 7 月 21 日,https://www.lawyers.org.cn/info/75ccf6a73b3141be97dd6ee4046f0807。

并不具体区分合格律所的管理水平。2010年以来,为了全面、客观、公正地检查考核律师事务所的执业和管理情况,海南省在律师事务所年度考核结果的基础上,以定性考核为标准,创新性地对律师事务所进行评级,区分为五星、四星、三星三个级别。[①]

在主管机构上,《海南省司法厅律师事务所年度检查考核办法实施细则》第四条规定由省司法厅负责指导、组织、监督年度检查考核工作,而主管司法行政机关负责组织实施所辖律师事务所的年度检查考核工作。在评级内容上,《海南省律师事务所年度检查考核评分细则(2020年度)》第五条指出,主要检查律师事务所遵守宪法和法律、履行法定职责、实行自律管理的情况,相较于其他地区比较稳定的评分标准,海南省律所评级每年考核前都根据上一年度重点工作任务下发考核评分细则。通过召开座谈会、听取汇报、查阅资料、个别谈话、网上评查等方式,以量化打分和律师事务所提供承诺清单的形式对全省律师事务所进行全面检查考核。

在评级标准上,思想政治建设方面司法行政机关主要考核律师参与学习情况和学习记录;在律师文化建设方面,考评办法为实地查看和向司法行政机关了解情况,如规范化程度不高或没有积极打造律师事务所特色文化会酌情扣分;在党的建设方面,党支部党费交纳情况、党员组织生活记录情况都是考评重点;在内部管理制度建设方面,行政机关对收结案和收费制度、财务管理与分配制度、人员流动管理制度分别赋分,对年度审核查看花名册年度审计报告等进行评估。律师事务所的机构规模、人员学历也是律师事务所综合实力的评价内容。除此之外,海南省对于律师事务所回馈社会情况较为重视,在考评时会抽查不少于档案总数百分之十的业务档案,并向主管司法行政机关和省律师协会了解情况,对律师事务所承办的敏感案件和群体性案件给予指导和加分,查看受案登记表及收费凭证后,律师事务所若按规定参加政府信访和办理法律援助案件,也会分别加分。除此之外,海南省司法厅对

---

① 参见陈宜:《我国律师行业评价体系的现状与反思》,载《中国司法》2017年第2期,第44—49页。

是否建立质量跟踪考核制度、是否每年进行质量检查进行考核。

在评级结果上，根据量化打分结果将律所评定为五星、四星、三星律师事务所，量化打分 90 分以上的，评定为"五星"，但并非所有律师事务所最终都会评为星级律师，若量化打分在 79 分以下，则不对律师事务所评定星级。在评级结果的运用上，星级高的律师事务所在评优评先上有更大的优势，评定为"三星"及未评定星级的律师事务所不得推荐参与年度"先进单位""先进基层党组织"等评比活动。

（二）律师事务所执业信用等级评定

律师执业诚信是律师为人民群众提供法律服务的基础和保证，是律师和律师事业发展的根基。[①] 在此大趋势下，各地区都尝试对律师行业进行执业信用评价。部分地区单独对律师执业信用进行等级评定，如温州市司法局出台了《温州市律师执业信用管理办法》，将律师由低到高分为五个等级，把全市律师分为诚信律师、失信律师、严重失信律师，也有地区同时对律师和律师事务所进行执业信用等级评定，如天津市和青岛市西海岸新区分别出台《天津市律师行业信用分级评价管理办法（试行）》《青岛市西海岸新区律师行业信用分级分类管理办法》。

2021 年天津市出台《天津市律师行业信用分级评价管理办法（试行）》，对天津市内的律师和律师事务所进行信用信息收集和信用等级评价。在主管机构上，天津市司法行政机关负责监督指导律师行业信用分级评价管理工作，而各区司法行政机关负责律师行业信用分级评价管理的具体实施工作。信用评价前必须收集行业的信用信息一般通过律师事务所主动报送，也有一部分信用信息来源于司法行政机关监管过程或者律师协会自律管理过程中获得的信息，根据律师事务所信用承诺履约践诺情况、党的建设情况、规范化建设情况、年度检查考核结果、"双随机、一公开"等日常监管情况及其他联合惩戒信息对律师事务所其他诚信情况进行考察扣分。

---

① 参见李国梁、陈束：《如何建立律师诚信制度》，载《中国律师》2002 年第 12 期，第 51—54 页。

在评价标准上,天津市实行基准分为 1000 分的扣分制,最终根据得分按照从高到低分为 AAA、AA、A、B、C 五个等级对律师事务所进行信用分级评价管理。因存在加分项,得分在 1001 分以上被评为 AAA 级,依次往下为 AA 级、A 级、B 级和 C 级,其中得分 900—1000 分为 AA 级,而信用得分在 199 分以下将被评定为 C 级。

在结果运用上,天津市律师行业信用分级管理在严格区分等级之后,也设置了多种分级结果的应用,对不同等级的律师事务所区别管理,《天津市律师行业信用分级评价管理办法(试行)》第十条指出,应当加大对信用等级为 AAA、AA 级的律师事务所激励、扶持力度,适度管理 A 级律师事务所,强化对 B 级律师和律师事务所的监管力度,依法严厉惩处 C 级律师事务所。

天津市律师行业信用分级管理对不同等级的律师事务所进行不同程度的奖励和惩戒,除了激励与惩戒措施以外,天津市律师行业执业信用等级的评级结果并不只停留在行业的内部应用,司法行政机关会同时将律师事务所信用等级情况定期推送至相关诚信建设主管部门信用信息共享平台,以便社会公众和相关部门查询,并推送守信联合激励和失信联合惩戒对象名单,真正实现信息共享共用。

青岛西海岸新区也于 2021 年对律师事务所和执业律师进行信用等级评定。为加快推进律师行业社会信用体系建设,构建以信用为基础的新型监管机制,促进律师行业规范诚信、健康发展,其区司法局成立律师行业信用等级评定委员会,负责律师事务所进行信用等级评定工作。与天津市 1000 分制不同,青岛西海岸新区律师行业信用管理实行 10 分制,区分为守信、基本守信、失信和严重失信,分 A、B、C、D 四个等级进行评定管理。在评价标准上,《青岛市西海岸新区律师行业信用分级分类管理办法》第四条指出,得分 9 分以上为守信,评定为 A 级;得分 6—9 分为基本守信,评定为 B 级;得分 2—6 分为失信,评定为 C 级;得分 2 分以下的为严重失信,评定为 D 级。而律师行业信用等级评定标准分的取得则略显草率,信用等评定量化基本分为 10 分,受到行政处罚、行业处分对应扣除值,而受到表彰相对应奖励分值。在申报程序上有创新的是,为避免部分材料的重复申报,青岛西海岸新区律师行业信用等级评定工作与年度律师事务所执业考核工作同时进行,区司法局公布的《青岛市西海岸新区律师行业信用分级分类管理办法》并未公布评审材料和切实细致的评价标准,不仅评价程序也较为模糊,而评级结果的应用更是缺乏制度保障。律师行业信用等级的评定是起点但并非终点,只有让行业信用等级结果得以应用,并实现与社会公众的共享,才能让律师事务所信用评价落到实处。

(三) 规范管理律师事务所评选

为规范律师事务所管理,树立律师行业良好的社会形象,2006 年广州市律师协会以量化评分的方式对辖区内的律师事务所进行规范评分,达标的律师事务所可获得"广州市创建规范管理律师事务所达标单位"称号。在主管机构上,由广州市司法局负责创建规范管理律师事务所评选工作的审核、公告、颁证、复核工作,同时市司法局与市律师协会成立"广州市创建规范管理律师事务所活动领导小组",负责活动的组织实施。在申报程序上采取的是自主申报和部门推荐两种方式,律师事务所需要严格根据《广州市创建规范管理律师事务所标准》《规范管理律师事务所党团组织建设标准》进行自评,自评得分均在九十分以上,可以向创建办公室提交申报材料。同时,律师工作管理部门和律师行业组织可以向创建办公室推荐符合申报条件的律师事务所。经过初审环节和现场审核后,最终由广州市创建规范管理律师事务所领导小组评审通过广州市规范管理律师事务所达标单位。

在评价标准上,主要有管理架构、人员管理、办公室管理、业务监督、财务管理、风险管理六个方面,领导小组通过抽查年度档案、询问、律所自查、主管部门核查等多种方法对律师事务所进行全面评价,比如在评价"建立良好的律师业务培训及研讨制度"时,先检查律所制定业务培训及研讨制度的情况,再抽查律所是否制定本年度的培训计划并得到有效实施,检查相关培训或研讨记录,若制定业务培训制度或没有培训研讨记录的,分别扣一分和两分。广州市在规范管理律师事务所管理时制定了十分详细的标准,每一项都有规范标准和评估方法的详细公示。

在评价结果的运用上,获得"广州市规范律师事务所"荣誉的律师事务所还必须进行年度复核,每年对照评选标准进行一次自查,并向创建办公室提交自查报告。对于经复核未达标的律师事务所,应当在三个月内进行整改,整改后符合标准的,可保留其荣誉称号。广州市还建立了荣誉称号撤销制度,若整改后仍达不到标准,或是受到行政处罚和行业处分的,会撤销其荣誉称号,并且不得参加下一年的创建活动。这说明在一定程度上,广州市仍然会对评价结果进行管理。

(四) 律师事务所服务质量社会评价和星级创建评定

从 2013 年 7 月开始,宁夏司法厅和律师协会在银川市 14 家、石嘴山市 5 家律师事务所开展了律师事务所服务质量社会评价和星级创建评定试点工作。[①] 经过一年试点和深入论证,宁夏司法厅制定了详细的评定办法和评定标准,《宁夏律师事务所服务质量社会评价和星级创建评定办法(试行)》规定,成立三年以上、连续两年年度考核合格、社会评价连续两年在良好以上等次的律师事务所可以自愿申报星级评定。在主管机构上,在结合律师行业两结合管理实际的基础上,按照行政主导、协会牵头的组织原则,律师事务所星级创建评定由市级以上司法行政部门和同级律师协会共同负责。

在评价程序上,市司法局律师应对申请参评星级的律师事务所提交的申报材料进行审查,并采取实地查看、查阅记录、调查走访等多种方式对申报材料逐项检查核实,确定拟评星级并形成书面意见,报市司法局"双评"领导小组评定后,向评审委员会提交书面推荐意见和星级建议。律师事务所星级创建评定工作每两年组织一次,向社会公告并颁发证书和牌匾。评定实际上是对律师事务所服务质量评定实行动态管理的同时,以律师事务所年度考核为基础进行,根据律师事务所服务质量评价结果分级授予五星、四星、三星律师事务所称号,以此促进律所全面建设、整体提升。

---

① 参见李春劳:《律师事务所服务质量社会评价和星级评定的探索与实践》,载《中国司法》2015 年第 2 期,第 40—42 页。

在评价标准上，《宁夏市律师事务所服务质量评定办法（试行）》第八条提出，律师事务所星级评定以律师事务所服务质量社会评价结果为依据，以律师所内部管理等内容设置为服务质量社评化、服务队伍专业化、服务管理规范化、服务设施现代化、服务保障社会化、服务社会常态化六项标准实施评定，力求评价内容的全面与细致。评定考核标准包括六大方面三十二项的单项工作，实行计分考核制，总分为 100分。[1] 宁夏星级创建评定试点坚持党建和队建一起抓，确立了队伍专业化六项标准，即通过人才培养有计划有落实、人才结构合理并素质优良、专业化分工明确并研发成果显著等体现律所专业化水平，突出律所规范化管理，严格律师业务质量过程控制；对法律服务质量的评价还纳入了多方主体，律师事务所需要接受服务对象、法律职业共同体的监督和评价，为此将服务社评化设置为委托人评价、法律顾问单位评价、公安部门评价、检察院评价、法院评价五项标准；针对律师行业保障社会化程度不足的现象，设立律师执业保障社会化三项标准，全面考察律师事务所按规定提留事业发展、执业风险、社会保障和教育培训等基金情况，依法与律师及辅助人员签订劳动合同情况，依法建立律师和辅助人员养老、医疗、失业、工伤、生育以及执业保障等社会保障机制情况，在评价的同时也致力于促进律师事务所持续健康发展。

在结果运用上，一方面不同星级的律师事务所存在不同的管理制度，另一方面对星级高的律师事务所存在评优评先的政策倾斜。一是星级律师事务所可以在办公场所显著位置公开悬挂星级牌匾，在律师事务所宣传材料上推介使用星级称号。二是评定为三星级及以上的律师事务所是参加下一年度相关评优的必备条件；被评定为四星级及以上的律师事务所是申报全国先进或优秀的必备条件。三是司法行政机关、各级律师协会应优先推荐星级高的律师事务所参加政府、事业单位、大型企业集团法律服务采购招标或法律顾问活动。[2]

---

[1] 参见李春劳：《律师事务所服务质量社会评价和星级评定的探索与实践》，载《中国司法》2015 年第 2 期，第 40—42 页。

[2] 参见李春劳：《律师事务所服务质量社会评价和星级评定的探索与实践》，载《中国司法》2015 年第 2 期，第 40—42 页。

三、律所评价体系的改进构想

目前,针对律师事务所的评价各式多样,普遍性评价与探索性评价并存,考核方式与评选方式并存,在律师事务所年度检查考核、司法部部级文明律师事务所评选、全国优秀律师事务所评选、律师行业先进基层党组织评选等普遍性评价的基础上,也探索开展律所评级、律师事务所执业信用等级评定、规范管理律师事务所评选、律师事务所服务质量社会评价和星级创建评定等评价方式。但目前仍然存在评价体系覆盖范围不全面、评价结果应用不广泛的问题,目前律所评价结果大多都只服务于律所宣传,评选以后很难发挥其结果的积极作用,导致评选实际流于形式。所以急需在明晰现有问题的基础上革新改进律所评价体系。

(一) 推广律所评级

从海南省目前律所评级的实施情况来看,在律师事务所年度检查考核的基础上,仍需对律所进行评级强化制度落实,使得内部管理进一步规范化。① 现有考评结果大部分律师事务所均为"合格",使得公众无法区分律所管理水平。建议各地区吸收海南省律所评级的创新经验,对律师事务所规范化建设管理进行量化考评标准,针对律师事务所的人员管理、政治业务学习、业务管理、制度建设、财税管理、基础建设、党建工作等方面进行全面的检查和考核,并公示评价标准、赋分情况及打分情况,精细管理,使得结果更有说服力。让公众知晓律师事务所的等级评价才能降低当事人选择成本,在当事人选择律师事务所时提供更多有价值有区分度的参考。另一方面,更加细致的评级制度对律师与律所的发展来说都是一种方向指引。

---

① 参见《海南省司法厅关于 2020 年度全省律师事务所检查考核情况的通报》,载海南省司法厅官网 2021 年 7 月 29 日,http://justice. hainan. gov. cn/xxgk/0400/202107/t20210729_3023765. html.

（二）拓宽律所评价结果的应用场景

除了将评价结果用于律所品牌宣传以外，律师事务所评价的应用场景较少，很少能发挥评价结果的积极作用，再加上众多评价混杂在一起，导致大多律所不够重视现有评价，所以应当拓展律所评价结果的应用场景。

一方面，应当将律所评价结果作为众多法律服务项目招标评选的重要依据。法律服务是一种市场属性比较强的服务，最终还是要面对客户进行自由竞争，所以行政评价更多地需要与市场应用场景对接，将律所评价也应用于市场法律服务竞争中。目前政府购买法律服务和企业外聘律师库的招投标活动越来越多，外聘律师库也成为构建法律合规管控体系和纠纷应对机制的一项重要工作。① 但目前招投标公告中对投资人资格的要求过于宽泛，部分招标公告只要求律师事务所具备有效的律师事务所执业许可证和未被列入失信名单等，② 少部分招标公告中要求投标律所应有的专职执业律师人数以及通过年度律师事务所考核。现行入围和评选的标准过于模糊导致考察和区分投标律所难度加大，故除评价律师事务所在相关业务领域的法律专业能力、实践相关业绩以外，均可将律师事务所的行政评价纳为考核依据，以此扩大律师事务所评价结果的应用场景。

另一方面，应当细化对优秀律所的激励措施和对表现较差律所的惩戒措施，细化律所评价结果的应用场景。对管理制度完善、社会服务表现良好的律所实行一定的激励措施，比如在年度检查考核过程中适用信用承诺制，只进行形式审查，免于实地检查；减少司法行政机关日常检查的频次，可以通过网上巡查方式替代实地检查；同等条件下优先考虑评先评优等。同时对于仍需加强管理的律师事务所，需要在年度检查考核时列为重点核查对象，对相关考核材料严格审核，依法暂缓考核或给予"不称职"、"不合格"的考核等次；对检查发现的问题依法责令

① 参见《从商务部律师事务所库采购项目看"法律采购"代理现状》，载中国政府采购网 2018 年 1 月 2 日，http://www.ccgp.gov.cn/jdjc/fxyj/201801/t20180102_9424783.htm。

② 参见《恒丰银行上海分行合作律师事务所库补充选聘入围项目招标公告》，载律讯网 2022 年 7 月 1 日，https://weibo.com/ttarticle/p/show?id=2309404786394936770750。

整改,整改后仍不符合规定的给予行政处罚或者行业处分,并依法对律师事务所负责人给予惩处;限制律所参与评先评优等。

(三) 参考会计师行业进行律所综合排名

律师行业可以参考相似行业设立一定标准对律所进行综合排名。会计师行业与律师行业类似,都是为客户提供专业、高度个人化智力服务的行业。从 2003 年开始,中国注册会计师协会每年发布一次 top100 会计师事务所综合排名,这成为了现今衡量会计师事务所优劣的风向标。对于是否需要行政评价来进行律师事务所排名,业内一直都存在着不同的意见,近年来不同种类的律所排名层出不穷,但社会评级机构本身是盈利性机构,需要律师与律所积极参与、适当投入一定资金,才能得到比较好的结果,这导致同一律师事务所在不同的榜单上排名大相径庭,最终导致公众对律师事务所社会评价的信赖力下降。但毋庸置疑的是,行政评价因其中立性和客观性目前仍然保有最大的信赖力。现有对律所的评价体系中行政评价和社会评价完全是分开的,但无论哪种评价,律师事务所评选的内容甚至评选的标准都是高度统一的,未来可以考虑将司法行政部门的评级与社会机构的评级协调起来,司法行政机关也可参考会计师行业对律所进行综合排名。

四、结语

建立健全律师事务所评价体系十分必要,美好蓝图绘就后,如何落地是关键。每一种律所评价有其独特的特点,也都存在其自身局限性,但每一次评价的创新探索都是求真求实和加强律师事务所管理的过程。只有不断总结现有制度,不断推陈出新,在思维碰撞中不断迭代升级,才能接近更加完善的律师事务所评价体系。

第九章　律师行业党建

《中共中央关于全面推进依法治国若干重大问题的决定》指出，"加强律师队伍思想政治建设，把拥护中国共产党领导、拥护社会主义法治作为律师从业的基本要求，增强广大律师走中国特色社会主义法治道路的自觉性和坚定性。"2021年1月，中共中央印发《法治中国建设规划(2020—2025年)》，统筹推进法治中国建设各项工作，明确提出，"坚持和加强党对律师工作的领导，推动律师行业党的建设。"随着律师行业的快速发展，律师队伍不断扩大，律师作为新兴社会阶层在建设社会主义法治国家的历史征程中发挥着越来越重要的作用，目前律师行业党建仍然存在许多问题及困难，通过对问题的分析和探索，寻求律师行业党建工作发展的新路径，切实加强律师行业党建工作，保证律师队伍沿着正确的政治方向发展，切实发挥律师队伍在法治中国建设中的积极作用。

一、律师行业党建的价值设定与功能定位

(一)律师行业党建的价值设定

1. 巩固党的执政地位

"律师行业党建，是新时代党的建设新的伟大工程的重要组成部分，是推动全面从严治党向基层延伸的重要领域。"①中国共产党的执

---

① 金成波、张航、董国林：《律师行业党建的时代方位与优化进路》，载《中国司法》2019年第12期，第103页。

政基础是人民群众,其执政地位的实现和巩固都需要依靠组织体系来开展活动,①律师作为新社会阶层、法律职业共同体的重要组成部分,在建设社会主义法治国家的历史征程中发挥着越来越重要的作用。党的二十大报告首次单独把法治建设作为专章论述、专门部署,提出坚持全面依法治国、推进法治中国建设,充分体现了以习近平同志为核心的党中央对全面依法治国的高度重视,律师队伍是中国特色社会主义法治建设的重要力量,因此需要通过加强律师行业党建,加大党员律师发展力度,把律师队伍团结、凝聚在党组织周围,增强党和律师队伍的密切联系,形成推动党组织发展和进步的强大推力,以巩固党的执政基础。律师行业党组织作为党与律师队伍之间的桥梁,一方面,在律师队伍内部发挥政治核心作用,保证党的路线、方针和政策的准确传达和贯彻执行,引导和监督律师遵守国家的法律法规,促进律师行业健康发展,引导律师队伍始终坚持正确的政治方向,坚定不移地走中国特色社会主义道路;另一方面,律师行业党组织能将律师队伍的利益诉求及时反馈给党的决策机构,为党制定正确的路线、方针和政策提供重要参考依据。正是通过加强律师行业党建工作,将律师队伍整合纳入党的组织体系中,党才能牢牢掌握这一领域工作的主动权,增强党执政的针对性和有效性,不断提升党的执政能力,巩固党的执政地位。

2. 提升党的治理水平

2019 年 10 月 31 日,中共十九届四中全会通过了《中共中央关于坚持和完善中国特色社会主义制度推进国家治理体系和治理能力现代化若干重大问题的决定》。该《决定》提出,要"完善律师制度",同时提出"尊重知识、尊重人才,加快人才制度和政策创新,支持各类人才为推进国家治理体系和治理能力现代化贡献智慧和力量"。习近平总书记指出,"律师队伍是依法治国的一支重要力量,要大力加强律师队伍思想政治建设,把拥护中国共产党领导、拥护社会主义法治作为律师从业

---

① 参见曹飞廉、任慧琴:《党建引领城市社区治理:必要性、问题与路径》,载《中共云南省委党校学报》2021 年第 5 期,第 51 页。

的基本要求。"①

在国家治理体系和治理能力现代化建设进程中，一方面，律师作为法律服务提供者、社会主义法治建设者，为自然人、社会组织和团体、企业、事业单位、国家机关等主体提供各种有偿、无偿服务，通过接触不同的社会主体，能够体悟到不同主体的所思、所想、所忧、所感，可以了解法治实施的具体实情和存在的问题，在法治建设进程中发挥着不可替代的重要作用。在立法活动中，律师基于其长期积累的法律知识和法律实践经验，所提出来的立法建议既符合我国社会实际情况，又能及时关注到需要法律调整的新的社会关系，同时还有利于缓和社会矛盾，促进社会稳定和谐发展，增强我国立法的合理性和科学性。在司法活动中，律师积极地参与诉讼工作，在司法审判中为当事人合法权益的保障进行有利辩护，同时以自己精湛的法律专业技能以及专业的法律知识捍卫司法的公正，以及通过司法活动全过程的参与，维护司法公正，捍卫司法尊严。在执法活动中，律师可利用自己的专业技能和专业知识，在行政执法的规范性、合法性以及合理性方面提供专业的意见和指导，发挥其行政执法辅助者和监督者角色的功用。律师队伍全面参与依法治国的各个方面，为国家治理能力体系和治理能力现代化作贡献。另一方面，律师队伍也是国家治理体系的直接参与者、当事人，因为律师制度的完善也属于国家治理体系和治理能力现代化的一部分。故律师队伍扮演着"法律服务提供者""社会主义法治建设者""律师队伍自我建设者"等多重角色。然而，不管律师队伍扮演哪一个角色，其都是在中国共产党领导下、拥护社会主义法治建设的法治队伍。

律师队伍作为中国共产党领导下的能为国家治理体系和治理能力现代化建设提供法律服务、贡献法治力量的一支法治队伍，承担着维护当事人合法权益、保障法律正确实施、促进社会公平正义的历史使命。我国法治的建设和发展需要律师队伍的参与，通过加强律师行业党建将律师队伍的力量凝聚起来，充分发挥律师队伍在全面依法治国中的重要作用，共同提升国家治理体系和治理能力的现代化建设水平。

---

① 习近平：《加快建设社会主义法治国家》，载《求是》2015 年第 1 期，第 8 页。

(二) 律师行业党建的功能定位

1. 确保律师行业坚持正确的政治方向

习近平总书记在党的十九大报告中指出："律师队伍是全面依法治国的重要力量。加强党对律师工作的领导，是坚持律师工作正确方向的根本保证，是推动律师事业全面发展进步的坚实基础"。① 政治方向决定前途命运，对于律师行业来说，能否牢牢把握正确的政治方向，不仅关系到律师行业的发展，而且事关党的政权稳固和国家长治久安。思想是行动的先导，把握好正确的政治方向，才能在建设法治国家的道路上不迷失航向。当前，利益格局的调整和西方思潮的涌入带来了社会思想观念的深刻改变，多元化的价值观念、差异化的思维模式、个性化的言语表达、西方化的行为引导以及网络化的舆论传播，正潜移默化地影响社会成员对重大政治原则问题的判断和认知。② 为杜绝党员律师政治信念动摇、政治理想模糊甚至政治冷漠，在这一思想多元化的情境下保持政治定力，坚持正确的政治方向，更需要通过党建工作强化党组织的政治引领作用。

随着新时代我国经济社会的不断发展，广大人民群众对于法律服务的需求越来越多。律师作为为当事人提供专业法律服务的工作者，在承办各类案件的过程中，其一言一行都与自己的法理价值、政治立场密不可分。律师职业的政治性、专业性和社会性都要求律师要有更强的政治意识和大局观念，更强的组织性和纪律性。加强对律师行业的党建工作，对于提高律师整体政治素养和坚定理想信念具有非常重要的意义。因此，通过党建加强对律师队伍的政治引领，牢牢把握好律师队伍正确的政治方向，充分发挥党组织的政治优势，以政治建设统领律师行业党的建设，毫不动摇坚持党对律师工作的全面领导，坚定不移走中国特色社会主义法治道路，确保律师行业朝着正确的政治方向向前

---

① 参见《坚持政治引领开创律师行业党建工作新局面》，载中国共产党新闻网 2018 年 07 月 20 日，http://dangjian.people.com.cn/n1/2018/0720/c117092-30160564.html。
② 参见韩晓楠、关娜：《新媒体时代我国主流意识形态认同的影响因素及其实现路径》，载《陇东学院学报》2022 年第 1 期，第 14 页。

发展。

2. 完善律师行业自治自律机制

党的领导是律师制度之魂，加强律师行业党建工作是坚持和完善中国特色社会主义律师制度、推动我国律师行业健康发展的铸魂工程。中国律师制度建立四十多年来，律师事务所历经国办所到合伙所、个人所、公司制管理律师事务所等发展与演变，特别是近十年来，无论是律师事务所还是律师个人都有了快速发展，在新时代之下，我国律师行业不仅面临国外律师事务所的市场竞争，也迎来了"互联网＋"、AI 技术的发展机遇，律师的职业发展、律师事务所的经营管理方式都会迎来较大的变革，如何做好律师队伍的集中领导，加强律师行业的管理就成了当务之急。一方面，当前我国法治环境还不完善、体制机制也不健全，"两结合"律师管理体制改革正在逐步推进中，单纯靠律师协会的行业管理不能推动律师行业的规范有序发展，[①]实现律师行业职能作用的发挥和自律的目标离不开党建的坚强保障和强力推进。另一方面，当前律师行业治理面临诸多矛盾、问题、困难。律师作为自负盈亏的职业群体，一定程度的商业化、市场化运作也是维持自身生存发展所必须采用的模式，而市场本身就存在自发性、趋利性。律师在市场经济大潮中从事执业活动，其思想和行为容易受利益诱惑和驱使而偏离正确的价值轨道。[②]部分律师由于受利益驱动的影响而单纯重视业务发展和经济效益，忽视和放松了思想建设，甚至出现违反职业道德和执业纪律等现象，如律师与司法人员不正当的接触、交往，违法违规执业等。因此需要通过党建工作加强律师职业道德建设，引导律师摒弃不良思想观念的诱惑和误导，树立崇高的执业理想和价值追求，完善律师行业自治自律机制，提升职业认同感和自豪感，为律师行业的发展打造精神内核。

---

① 参见毕晓倩：《"两结合"体制下司法行政机关律师管理职能的实现》，华中师范大学 2020 年硕士学位论文，第 1—4 页。

② 参见陈建军、孙莉、赵雪霞：《律师行业统战工作的现状、问题与对策——以山西省律师行业为例》，载《山西高等学校社会科学学报》2021 年第 12 期，第 34 页。

二、律师行业党建的发展历程

(一) 起步探索阶段

从新中国成立到 2008 年,这一阶段主要是起步探索阶段,律师行业党建工作处于一个边总结、边探索、边推进的发展模式。1996 年《律师法》颁布,系统性地规定了律师从事法律服务工作的各项权利义务和管理制度,和《律师暂行条例》一起构成了我国律师行业制度规范。此时对律师队伍的管理依然停留在法律法规的管理层面,还没有达到加强党的建设这一政治高度。2000 年 9 月 28 日,中共中央组织部关于印发《关于加强社会团体党的建设工作的意见》的通知,第一次将社会团体党的建设提上工作日程,律师队伍作为我国法制建设的重要力量,也正式纳入了党的建设领域。到 2007 年末,全国 1.3 万家律师事务所中,有 5154 家建立了党支部,占总数的 39.6%,其中单独建立党支部的 2974 家,联合组建党支部的 2207 家,各省(区、市)和副省级城市律师协会都设立了党委或党总支。有律师 14.3 万人,律师党员 4.4 万人,占律师总数的 30.7%。[①] 律师行业党建工作模式初步形成。

(二) 过渡发展阶段

从 2009 年到 2012 年,这一阶段是过渡发展阶段,律师行业党建工作的组织性进一步增强。2009 年 9 月 18 日中共十七届四中全会通过《中共中央关于加强和改进新形势下党的建设若干重大问题的决定》,提出全面加强党的建设的新要求,中组部、司法部联合下发《关于进一步加强和改进律师行业党的建设工作的通知》,以改革创新精神推进党的建设新的伟大工程重大决策部署为起点,将律师行业党建推向新的发展高度。由此律师行业党建实现了由自主探索发展向中央层面积极推动的重大转变。到 2011 年末,全国 18235 家律师事务所中,5000 多

[①] 吉林省司法厅课题组:《坚持党建引领　打造具有中国特色的律师执业队伍》,载《中国律师》2018 年第 6 期,第 16 页。

家单独建立党支部,约占 27%;8600 多家联合建立党支部 2886 个,约占 48%;同时,律师行业党委对 4500 多家无党员的律师事务所指派了党建工作指导员、联络员,约占 25%。全国律师党员从 2008 年 4.4 万人,发展到了 6.3 万人,律师党员队伍不断壮大,律师队伍结构进一步优化。①

(三) 重大突破阶段

从 2012 年至今,这一阶段是律师行业党建的重大突破阶段,党员律师规模逐步扩大,律师行业党的建设工作得到高度重视。党的十八大以来,习近平总书记高度重视律师在全面依法治国中的作用,多次对律师工作作出重要指示,提出明确要求,强调律师队伍是依法治国的一支重要力量,要把拥护中国共产党领导、拥护我国社会主义法治作为从业基本要求,坚持正确政治方向,依法规范诚信执业,认真履行社会责任,满腔热忱投入社会主义法治国家建设。② 2013 年 11 月,党的十八届三中全会把改革完善律师制度作为全面深化改革的重要内容作出部署。2017 年 10 月,经中央组织部批准,司法部党组决定成立全国律师行业党委,加强对全国律师行业党建工作的统一指导和推动,律师行业党建工作全面提速。截至 2020 年 6 月,全国律师事务所党组织超过13000 个。其中独立党支部 9825 个,党总支 126 个,基层党委 87 个;联合党支部数量达到 3004 个,覆盖律师事务所 12500 多家;选派党建指导员 6200 多人,覆盖无党员律师事务所 9000 多家,基本实现党的组织和党的工作全覆盖。③

---

① 吉林省司法厅课题组:《坚持党建引领　打造具有中国特色的律师执业队伍》,载《中国律师》2018 年第 6 期,第 17 页。
② 参见习近平:《加快建设社会主义法治国家》,载共产党员网 2015 年 1 月 1 日,https://news.12371.cn/2015/01/01/ARTI1420072080411696.shtml。
③ 蔡长春:《党建引领新时代律师工作开创新局面》,载中国政府法制信息网 2021 年 1 月 8 日,http://www.moj.gov.cn/pub/sfbgw/fzgz/fzgzggflfwx/fzgzlsgz/202101/t20210108_162148.html。

三、律师行业党建工作现状和实践探索

(一) 全国律师行业党建工作现状

1. 律师行业党建基本实现"全覆盖"

律师行业党建基本实现"全覆盖"有两层含义:一是党的组织基本实现"全覆盖",即每个符合条件的律师事务所都建立了党组织,形成党的组织网络布点,党的组织实现规范化、制度化建设;二是党的工作基本实现"全覆盖",即在不符合建立党组织条件的律师事务所中,对党员律师开展相关的教育、管理和服务工作。中共中央组织部、中共司法部党组下发的《关于进一步加强和改进律师行业党的建设工作的通知》指出,"努力扩大党的组织和工作覆盖面"是一项长期任务。我国的律师制度经过四十余年的建设和发展,律师队伍规模逐渐扩大,党的建设在律师行业中也取得了较为显著的成果。

以上海地区为例,在实现党的组织和工作"全覆盖"方面大体有四种做法:一是党委层面的"覆盖"。通常情况下,对于党员人数超过 100 人的大型律师事务所,由于党员律师或者可以发展为党员律师的人数足够多,根据党章规定的程序建立律师事务所党委或党总支,接受司法局党委的领导,并在上级律师协会党委的指导下开展工作。二是党支部层面的"覆盖"。无论是合伙制律师事务所还是个人制律师事务所,只要党员人数超过 3 人,须在登记时即设定成立独立党支部的规划。三是联合支部层面的"覆盖"。对于党员人数不足 3 人的律师事务所,根据"就近原则"建立联合党支部,以方便管理和开展党内民主生活。一般情况下,联合支部的律师事务所数量不超过 6 家、党员人数控制在 10 人以内。联合支部的这些原则同样适用于因律师流动而导致党员人数不足 3 人的律师事务所党支部,须就近并入联合支部。四是联络员层面的"党的工作覆盖",其对象是无党员律师事务所或者只拥有离退休党员律师的律师事务所。为了实现党建全覆盖的目标,上级司法局党委统一指派党建联络员,负责指导政治理论学习、思想政治工作和

律师队伍建设工作。①

律师行业党建"全覆盖"工作的大力推进,律师行业党组织建设取得了突破性进展,基本实现了基层党组织的无死角式覆盖,如今每一家律师事务所都有对应的党支部,每个有律师的角落都能感受到党的工作氛围,律师行业党建工作总体格局已经基本形成,党建组织架构已经基本建立。

2. 党组织设置基本完善

律师行业党组织建立健全工作,采取的是自下而上的方式。以上海市为例,律师行业党的组织构架一般可以划分为:党员律师——律师事务所党支部(联合支部)——上海市某区律师行业党委——上海市律师行业党委——上海市司法局党委。上海市律师行业党委受市司法局党委领导,负责指导各区律师行业党组织的工作。上海市各区律师行业党组织受区司法行政部门党委(党组、党工委)领导,接受上海市律师行业党委、区委组织部门的工作指导,负责各区律师行业党建具体工作。其中,律师事务所党支部书记一般由具备党员资格的律师事务所主任担任,律师行业党委书记一般由司法局主管领导担任。

各律师事务所党支部(联合支部)作为基层党组织,是贯彻落实党的方针和政策的重要载体,积极配合上级党政机关以及律师行业党委的工作;律师行业党委是贯彻上级党政机关政策举措,联系和统筹各级党支部、联合党支部的枢纽,在工作部署、党性教育、组织建设等方面发挥重要作用;司法局党委是领导辖区内律师事务所党组织的关键领袖,对辖区内律师事务所党建工作予以全面部署。整个行业搭建起"上下贯通、执行有力"的党组织体系,工作层层推动、责任层层落实的党建工作局面基本形成。②

3. 党组织规范化建设取得突破性进展

党的十八大以来,各级司法行政机关、各律师协会根据党中央决策

---

① 参见吴新叶:《治理导向:律师行业党建的时代定位与空间拓展——以上海为例》,载《理论与改革》2018年第4期,第123页。

② 参见张晨、宋皓:《带领广大律师做与党同心同德的人民律师——党的十八大以来律师行业党建工作综述》,载《中国律师》2021年第8期,第11页。

部署要求全面开展和加强律师行业党的建设工作。2017 年 10 月,中国共产党全国律师行业委员会成立,负责指导全国律师行业党的建设工作,律师行业党建进入全面加强建设的新阶段,行业党建的重要性进一步凸显。[①] 司法部党组将 2019 年确定为律师行业党建规范化建设年,印发活动方案,部署提升律师行业党建工作制度化、规范化水平;制定《律师事务所党组织工作规范(试行)》,编辑《律师行业党建工作制度汇编》《律师行业党建工作手册》,对律师行业党建规范化建设提供指引。不仅如此,《律师事务所党支部工作示范指引(试行)》《律师行业联合党支部工作示范指引(试行)》《律师行业党建工作指导员工作示范指引(试行)》和《律师行业党支部书记示范工作法(试行)》等文件相继印发,指导各地律师事务所提升支部建设水平;《律师行业党建工作考核评价指标体系》《律师事务所党组织规范化建设考评标准》印发出台,分级分类量化评定律师事务所党组织规范化建设水平,层层落实律师行业各级党组织责任,推动律师行业党组织全面进步。

近年来,各地按照全国律师行业党委要求,积极选优配强行业党建工作力量,17 个省级行业党委配备了专职副书记,各级律师行业党委配备党务工作人员 600 多名,各律师事务所党组织配备专职党务工作者 2500 多名,1.4 万家律师事务所明确将党建经费列入管理费用支出,确保党建工作各项任务落实落地。在党建规范化建设方面,3 万余家律师事务所完成章程修订工作,占律师事务所总数的 97%。1.6 万多家律师事务所建立了党组织与决策管理层重大问题会商通报等制度,1 万余个律所党组织实现负责人与事务所决策管理层双向进入、交叉任职,党组织在律师事务所决策管理和律师依法诚信执业中发挥作用的机制逐步建立健全。[②]

---

① 参见李煦燕、杨贺飞:《改革开放 40 年律师行业与党建发展》,载搜狐网 2018 年 12 月 4 日,https://www.sohu.com/a/279639392_782745。

② 参见新华社:《我国律师行业基本实现党的组织和党的工作全覆盖》,载新华网 2020 年 6 月 30 日,http://www.xinhuanet.com/politics/2020-06/30/c_1126177639.htm。

（二）律师行业党建工作的实践探索

1. 律师行业党建的数字化转型之路

互联网、大数据等新兴技术的快速发展，为律师行业党建工作信息化提供了支撑载体，搭建起了网络工作平台，是律师行业党建工作在工作领域和工作方式上的现代化创新，有效提升了律师行业党建工作的效率。如北京市律师行业党委推出北京律师"智慧党建系统"，初步实现了信息资讯、业务管理、学习教育、线上活动、交流服务、考核监督等功能一网统筹。① 大连市律师行业党委充分利用"学习强国"APP、大连律师党建公众号、大连市律师协会官网等平台，加大行业党建信息交流和宣传力度。② 贵州省律师行业党委依托互联网、大数据等新兴技术载体，将党建工作置于互联网平台进行考核，实时动态跟踪。通过打造"党支部联通云""云端"等"智慧党建＋业务"互联网智能平台，将党建工作与律师事务所管理工作统筹部署、统筹推进。③ 在网络背景下推进律师行业党建工作，对推进党的工作全覆盖、提高党建工作的有效性、增强党组织的凝聚力、以信息化的手段促进律师行业党组织健康发展等具有十分重要的现实意义。

2. 律师行业党建的沉浸式实践

各地律师行业党组织积极探索党建活动新形式、新方法，努力提高党员律师参与党建活动的积极性。福州市律师行业党委将党建活动融入自身培训体系建设，有效强化了党员律师的群众导向思维和服务意识。一方面，在全省率先成立福州市律师行业党校，邀请全国人大代表、法学专家、学者、业界资深律师等，组建成立宣讲团，通过开展普及法律活动，使法律进机关、进乡村、进社区、进学校、进企业、进单位，律师参与化解社会矛盾纠纷和代理涉法涉诉信访案件等法律服务活动，

① 《党建引领新时代律师工作开创新局面》，载法治网 2021 年 1 月 29 日，http://www.legaldaily.com.cn/judicial/content/2021-01/29/content_8421725.html。
② 参见大连市司法局、大连市律师协会：《党建引领发展谱新篇　大连律师行业积极推动党建工作迈上新台阶》，载《中国律师》，2021 年第 12 期，第 42 页。
③ 参见黄河：《凝聚红色力量　砥砺使命担当——贵州律师行业打造"党建＋"模式提升党建工作成效》，载《中国律师》2021 年第 12 期，第 39—40 页。

宣传习近平新时代中国特色社会主义思想和党的十九大精神，传递全国"两会"精神。另一方面，行业党委全面落实福州市委提出的"红色领航工程"，通过亮出"红色身份"，在党员律师的门牌、胸牌、监督栏上张贴党员标识，让党员律师亮出"红色身份"、接受群众监督，自觉发挥先锋模范作用。① 贵州省律师行业充分利用当地红色资源，积极开展"寻访红色足迹"、情景党课等"沉浸式"党史学习教育活动，还组织开展百名党员律师大课堂、百名律师党史学习大比武等 21 个"百"，庆祝建党100 周年系列法律服务活动。② "红色基因永传承·青年筑梦新时代"主题读书会，是四川省成都市律师协会开展律师行业党史学习教育的一项特色活动。青年律师分别围绕党史、新中国史、改革开放史、社会主义发展史四个主题，分享阅读相关书籍的学习心得。③ 通过开展内容丰富、形式多样的活动，营造浓厚党建文化氛围，不断增强律师队伍政治认同、理论认同和情感认同，提升全行业的政治站位，为实现律师行业高质量发展提供坚强政治保证。

四、律师行业党建面临的问题

(一) 重业务轻党建的现象普遍存在

1. 行业内部对党建工作认识不足

随着律师行业的发展，律师的法律地位、律师事务所的性质和内部管理模式都发生了很大变化。目前，律师行业为自收自支、自负盈亏、自我管理、自我发展的社会法律服务机构。对于律师行业而言，党组织属于外部嵌入式组织，推动党组织建设的动力源自外部力量，即靠执政党的外部推动，而非行业内部为了自身发展的现实需要。党组织作为

---

① 参见福建省福州市律师行业党委：《打造"五有"模式　推进律师行业党建工作》，载人民网2019 年 10 月 15 日，http://dangjian.people.com.cn/n1/2019/1015/c429005-3140109l.html。

② 参见黄河：《凝聚红色力量　砥砺使命担当——贵州律师行业打造"党建+"模式提升党建工作成效》，载《中国律师》2021 年第 12 期，第 40 页。

③ 参见张晨、王紫薇：《党建引领风帆劲　砥砺奋进开新篇——律师行业全面加强党的建设》，载《中国律师》2021 年第 11 期，第 18 页。

外部嵌入式组织，虽有利于在短期内扩大党组织和党的工作"两覆盖"，提高党建渗透力，但也会造成组织内部排斥和敷衍了事的消极后果。① 当前律师行业内部对党建工作的认同和重视程度不足。随着党的工作"两覆盖"的大力推进，一些律师行业党委和律师事务所为了缓解当地有关部门的党建压力，又不想投入过多的精力和资源到党组织建设中，出现了为应付上级党组织检查而存在的"虚化"组织体系结构。这种组织架构没有结合律师事务所的特点和需求开展党的建设工作，并不能真正发挥思想统领作用。

2. 律师事务所对党建工作积极性不高

在如今激烈的市场竞争背景下，律师事务所的经营理念更趋于追求利润最大化，对于党建工作，以及发挥党的思想引领作用不够重视，对如何充分发挥党组织在律师事务所运营的积极作用缺乏深入思考，相关措施可行性较差。根据《关于加强律师行业党建工作力量的指导意见》(律党通[2019]12号)规定，律师事务所党组织负责人与律师事务所决策层、管理层实现"双向进入、交叉任职"，符合条件的律师事务所负责人，要担任党支部书记。即律师事务所党组织负责人同时是律师事务所管理者，在身兼两职的情况下，繁重的业务使得他们参与党务工作的时间和精力相对有限，难以保障党组织的规范化和标准化建设与发展。同时，作为市场经济条件下的理性经济人，更多的是以市场作为基本行动规则，追求律师事务所经济利益最大化，因此易消极对待党建工作，对党建工作的积极性、主动性不强。

3. 律师注重提高业务能力而无暇顾及党建工作

由于律师面临较大的生存和发展压力，对于党员律师而言，职业习惯会使他们更倾向于律师事务所的法律业务，相应的党建工作则居于次要地位。大多数律师对党建的关注度不高，也没有意识到党建的重要性。自律师制度改革以来，律师的市场价值观渐成主流，其营利观念与成本意识，决定了市场化价值不可避免地成为指导律师行为的指针。

---

① 参见刘金林、蒙思敏：《党建引领社会组织发展的必要性及政策措施研究：来自广西的证据》，载《云南民族大学学报(哲学社会科学版)》2022年第1期，第78页。

律师行业对从业人员的综合素质要求很高,新的法律法规以及司法解释的不断出台,要求律师掌握新知识的速度要快、获取新技能的时间要短,给律师造成巨大的学习压力,容易形成较强的职业危机感,认为搞党务不如抓业务实在。面临激烈的市场竞争和生存压力,获取利润、谋求生存发展是律师的首要任务,使律师将注意力集中在如何尽快提高自己的业务技能、发展资源,而无暇顾及党建工作,参与党组织活动的积极性明显不高。党组织的作用无法得到发挥,被边缘化和弱化,"业务优于党务"几乎成为律师行业的常态。

(二)党建工作未结合律师行业特点

1.组织生活形式单一,缺乏吸引力

在党建活动中,党务工作者没有立足于律师行业的特殊性和实际情况思考党组织生活的开展形式,简单地把传统基层党建领域开展的活动移植到律师行业党建中,没有采取合适的方式和路径转化,无法满足党员律师的期待和利益诉求,工作方法上的"传统依附性"明显,这造成了党组织活动形式单调,内容枯燥、缺乏吸引力的困境。[①] 长期以来,律师行业党组织囿于传统党建思维,仍然把上传下达作为党建工作的全部,完全听从上级指令按部就班地开展工作,党建工作缺乏变通性和吸引力。在律师事务所内部主要通过党员自主学习、集体学习等形式开展党组织生活,活动形式单调内容枯燥,活动方式缺乏创新和吸引力。大部分律师事务所党组织习惯于以"围着桌子开个会"的模式开展组织生活,"以文件落实文件,以会议落实会议"的方式开展工作,还有律师事务所通过订购发放党的理论书籍,让党员干部进行自学、写心得体会等单一形式开展党建活动,照读照念、照搬照抄地敷衍组织生活,没有根据律师事务所自身客观情况和党员律师的实际需求细化、量化安排党组织生活。由于党建活动形式缺乏新意,党组织活动与党员互动不足,大大降低了党员律师参与组织生活的积极性,难以引起党员律

---

① 参见方雷、亓子龙:《新时代"两新"组织党建创新形态研究》,山东大学出版社 2021 年版,第 145—153 页。

师特别是年轻律师的兴趣,党组织的凝聚力、向心力、影响力和渗透力较弱。

2. 党建工作与业务工作未较好融合

目前律师行业党组织缺乏既懂党建、又精业务的综合型干部人才,普遍存在懂党建的不懂业务,懂业务的不懂党建的现象,缺乏融合业务和党建的思路办法;部分律师事务所党支部负责人工作能力欠缺,进取意识不强,不想抓、不会抓支部建设,使得党建工作与业务工作未能较好融合,党建工作成效大打折扣。在理论学习上,没有与律师的具体业务工作相结合,从书本到书本,不是为了指导和解决实际工作中出现的问题,而是为了完成政治学习任务而进行学习,使干部和党员律师产生了政治学习就是"做做样子"的不良印象。在研究具体业务工作时,不知道如何借力党组织的政治功能和组织力量促进实现业务工作的目标,也无意将党建工作融入,使得"党建工作变成脱离业务的自我循环"。

(三) 党建工作机制不健全

1. 缺乏针对性的规范制度

目前律师行业党建的主要动力源于执政党的外力推动,党建工作被简单理解为上级党组织向律师行业领域的延伸,其运行路径采用和其他基层党建领域相似的党建路径,没有根本性突破。律师事务所作为一种新兴的社会组织,其具有自身的特殊性,党组织的体系架构和运行逻辑不同于传统行业党组织,律师行业党组织负责人没有深入认识律师行业党建工作的特殊性,完全照搬照抄传统党建领域的工作模式,用传统经济社会领域的行政指令展开党的各项工作,使得党建工作难以在组织内部开展和运行。

在其他基层党建领域,党的基层组织建设都有较为成熟的组织基础和制度体制,目前律师行业党建的总体领导体制虽基本理顺,但行业基层党组织建设仍缺乏有针对性、系统性的规范制度,体制模式仍不健全,还需进一步探索。如党组织的领导体系、职权设定以及党组织工作没有实现规范化;党组织的原则、内容、职责、奖惩等均未实现细化,以抽象的原则性规定居多,定性多而定量少。导致党组织被边缘化,从而处于软弱涣散状态,制约了应有作用的发挥,一定程度上阻碍了律师行业党组织的凝聚力和号召力。

2. 缺乏科学性的考核机制

考核是对基层党建工作成绩的一种检验,通过有效的监督考核,不仅可以对律师行业党建有一个整体的认知了解,还能找到党建工作的不足及改进之处,所以科学性的监督考核机制对于提升党建工作效果是不可或缺的。更为重要的是,通过监督考核落实党建主体责任,会形成一种无形的压力,推着党组织和党员不断地前进,努力完成自己的工作任务。

目前在党组织一把手的述职工作中,仍然存在"依汇报定性、视材料定量"的情况,缺乏针对性的考核标准和常态化的考核机制,难以全面真实地反映落实情况。在实际考核当中,也存在集中考核多、结果运用少,定性内容多、定量内容少的问题。并且,很多的考核之后并未作出相应的奖励和惩处,即使发现问题,部分党组织也不敢对存在的问题动真格,以"团结"为由盲目营造"一团和气"氛围,而且很多责任追究也仅限于诚勉谈话等一般形式,隔靴搔痒,并未触及责任的问题本质,这就造成监督考核未能充分发挥其应有的权威作用。因为缺乏监督考核,缺乏对党员律师参与活动的次数、请假次数等进行量化考核,就会造成党员律师责任意识不强,主动性不够。党员律师没有压力,不利于激发其参与活动的积极性。没有压力,自然没有动力,这样既不利于干部认真履职,也难以激发普通党员律师参与相关活动的热情。

3. 保障机制未完善

只有不断完善保障机制,才能使组织的运行规范化、系统化,进而提高组织的工作效率和服务效果。然而,目前部分律师事务所党组织却缺少完善的机制保障,主要是欠缺合理的资源保障机制和人员激励机制。党的十八大以来,党建经费向基层倾斜的比重已经加大,但仍有部分基层党组织缺少经费支持。很多律师事务所党支部没有专门的活动经费,缺少一定的物质保障,难以有效开展活动。目前,除一部分较大的律师事务所党支部能自筹经费自主开展活动外,还有相当一部分的律师事务所党支部的活动经费处于"无米下锅"或"等米下锅"的状态。除了资金方面的不足以外，时间和空间的保障也是难题之一。党组织活动常常要为律师事务所其他业务学习活动让路，活动场地也要受限于律师事务所的一些活动安排。

在党务工作人员配置方面，很多人跨出大学门就进入律师事务所，没有从事党务工作的经历，缺乏经验，抓党建工作力不从心。由于党务工作有其自身规律性和特点，由没有经过专门系统党务培训和锻炼的同志负责党务工作，制约了律师事务所党建水平的提高。此外，激励机制的缺失也使得部分党员干部的工作热情得不到有效激发和巩固，部分律师事务所党支部对党员律师的精神激励较少，且物质激励又不足，工作成绩不能在实践中得到充分肯定，内生动力不足，这样就很难激发党员律师的参与热情。

（四）青年律师入党积极性不高

1. 党组织、党员律师未充分发挥号召力和影响力

充分发挥基层党组织和党员先锋模范作用是稳固党的执政根基、提升党的战斗力的重要基石。习近平强调，"只要每个基层党组织和每个共产党员都有强烈的宗旨意识和责任意识，都能发挥战斗堡垒作用、先锋模范作用，我们党就会很有力量"[1]目前律师行业党组织和党员律师未能较好发挥战斗堡垒作用、先锋模范作用，号召力和影响力较弱。一方面，党组织的凝聚力不强。某些律师事务所只知道追求经济利益，敷衍应付上级党组织所布置的任务，不关心律师在工作和生活中遇到的困难和利益诉求，没有同律师队伍想在一起、干在一起，破坏了律师与党组织的凝聚力。另一方面，党员律师带头作用和奉献精神不足。党员律师是律师行业基层党建和基层工作的主要宣传者和实施者，也是党组织深入群众、联系群众不可或缺的纽带。有的党员律师在参与党的组织生活和活动时不积极、不热情，认为党组织生活对业务工作影

---

[1] 人民日报评论部：《把战斗堡垒作用和先锋模范作用发挥好》，载《人民日报》2021 年 10 月 15 日，第 5 版。

响效果不大,淡忘了党员意识。有的党员律师在参与党组织生活时懒散,无视党组织纪律,心中所想与实际行为存在偏差,影响了党员律师在群众中的良好形象,损害了党群凝聚力。

2. 可支配资源有限,未能满足律师的政治预期

律师行业作为一个朝阳行业,吸引了大量高素质的青年律师,让律师队伍充满了生机与活力,但是党组织在青年律师队伍中发展党员的力度不够,对年轻人的吸引力不够强,因此青年律师的入党积极性不高。一方面,律师队伍党建工作与律师行业自身发展联系不够紧密,党组织建设没有受到应有的重视,组织生活缺乏吸引力和影响力。律师事务所党组织作为政治性组织,可支配的资源有限,既不能为律师提供工作岗位,也不能给律师发工资和福利,为律师事务所发展和律师成长提供平台和资源的作用并不突出。由于制度化的党建不能干预律师事务所的市场经济行为,律师事务所党组织无法提供律师所需的相关业务信息资源,如案源、业务学习、进修、横向交流与教育培训等,无法对律师产生吸引力,加之党员身份并不能给律师个人带来实质性的经济利益或社会地位,无法满足青年律师的政治预期。[1] 另一方面,由于发展党员工作机制不健全,工作程序复杂,时间跨度较长,从而使得许多律师普遍感到入党门槛高,[2]党组织对青年律师的号召力与影响力不强,彼此之间的互动联结也不足,因此在当前激烈的市场竞争环境下,青年律师的入党积极性普遍不高。

五、加强律师行业党建的对策

(一) 加强思想建设,强化党建政治引领

1. 树立正确的思想观念,强化对党建工作的认识

从实际情况看,发展好的律师事务所往往党建工作也非常好,党建

---

① 参见吴新叶:《治理导向:律师行业党建的时代定位与空间拓展——以上海为例》,载《理论与改革》2018 年第 4 期,第 125 页。
② 参见沈展昌:《浅析律师行业党建工作机制创新》,载《南方论刊》2013 年第 5 期,第 25—26 页。

工作好的律师事务所往往业务也非常强。如大成律师事务所、金杜律师事务所，都在建所初期就成立了党组织，其建立党组织时间都已超过二十年，都在律师事务所合伙性质的框架下，在党组织参与律师事务所重大发展战略、重要制度建设、分支机构管理、风控与品牌文化建设等方面积极探索创新，实现了党组织与律师事务所同步发展，为行业党建工作创造了许多好经验、好做法。[①] 这些律师事务所都十分注重发挥党组织的政治核心作用和引领作用，都走出了一条合伙制律师事务所党的基层组织建设的新路子。因此，加强律师行业党建工作，首先要树立正确的思想观念，强化律师行业党组织对党建工作重要性的认识，发挥党建的思想引领作用。要牢固树立"抓好党建是促进律师事务所发展的第一关键"的理念，强化对律师党建工作的领导，牢牢把握律师党建工作的正确政治方向。要深刻理解和把握律师行业党建工作的直接目的和最终目标，直接目的就是要增强律师队伍政治认同，激活律师党组织的活力，激发党员律师的动力，永葆先进性；最终目标就是要发挥党建引领作用，最大限度地促进律师行业健康发展，引导律师队伍始终作"跟党走"的表率。[②] 要加强律师行业意识形态建设，落实意识形态工作责任制。通过思想政治引领，把讲政治贯穿律师执业全过程，在执业活动和为民服务中充分体现律师工作的政治性、人民性、法治性、纪律性，体现党员律师的先进性和纯洁性。只有树立正确的思想观念，强化律师行业党建工作重要性的认识，发挥党建的政治引领作用，才能始终确保律师行业发展的正确政治方向。

新形势下，要认真贯彻落实中央组织部、司法部党组联合发布的《关于全面加强新时代律师行业党的建设工作的意见》，围绕律师行业党建工作全覆盖、全规范、全统领的目标，做实做深做细律师行业党建工作，坚持把拥护党的领导、拥护社会主义法治作为律师从业的基本要求，努力建设一支政治坚定、业务精湛、维护正义、恪守诚信的高素质律

---

① 北京市律师行业党建工作调研组：《北京市律师行业党建工作调研报告》，载《中国律师》2018 年第 6 期，第 22—23 页。
② 甄朋、王晨、郑小磊：《新时代律师行业党建工作的实践与思考——以北京城市副中心为例》，载《中国司法》2021 年第 12 期，第 73—74 页。

师队伍。要强化律师行业党建工作,让党的组织和工作在律师行业管理、发展和改革各方面充分发挥政治引领作用。具体来说,律师协会、律师事务所可定期举办讲座、召开座谈会、制作宣传栏等,宣讲国家方针政策、领导人重要讲话、国内外形势等时政内容,形成正确价值导向,激发党员律师的使命感、责任感。同时,律师协会和律师事务所可以通过理论知识竞赛、律师业绩评比等方式将政治素养考察纳入律师考核范畴,激发广大党员律师学习政治理论的积极性,夯实理论功底,通过潜移默化、润物无声的方式加强律师队伍政治思想建设。

2. 加强沟通交流,关注律师思想变化

在推动党建工作的过程中,党组织应当关注党员律师自我完善、自我发展的需求,把党员律师个体的社会性发展作为推动党组织发展的着力点。律师事务所党组织要时刻关注党员律师思想观念的变化,通过开展谈心谈话工作,对遇到工作或生活上的问题和困难的党员律师及时沟通寻求最佳解决途径。通过对党员律师的身心发展予以组织关怀,帮助党员律师自身综合素质的完善,确保律师队伍在思想观念上与新时代党建工作相统一。[①] 例如很多党员律师特别是刚从事律师工作的年轻党员律师,业务量较少,无法拓展案源,律师事务所党支部应当发挥组织作用,积极帮助党员律师解决问题,可以建立支部党员沟通渠道,通过建立老中青相结合的帮扶机制,在业务、案源等方面对年轻党员律师进行帮扶,拓宽党员律师的发展平台。[②] 同时,注重加强支部党员律师与律师事务所非党员律师的沟通交流。可以以现有律师业务小组为基础,由党员律师带头建立党员律师与非党员律师互助交流机制,每位党员律师按人数比例分工联系非党员律师,及时向党支部反映组内党员律师与非党员律师的思想动态,建立支部对党员组织生活负责,党员对支部健康发展负责的双向机制。各小组应当通过学习党章、接受党政培训教育等方式,提升非党员律师的政治素养和政治认同,努力

---

① 参见陶光辉:《律师事务所党建工作模式构造论》,载《中国司法》2008 年第 12 期,第 86—87 页。
② 参见杨松长、陈恒:《广州市律师行业党建工作的现状与思考》,载《中国司法》2011 年第 10 期,第 61 页。

培养出一批新党员律师,提高律师事务所党员覆盖率。律师事务所的内部沟通能够加强律师队伍的政治思想水平,更好地扩大律师事务所党组织的凝聚力,提高律师对党政建设的认识,确保律师队伍政治方向、政治立场、政治站位的正确性,促进律师行业健康发展。

(二)加强制度建设,健全党建工作保障体系

1.完善考评机制,增强责任意识

进一步规范律师行业党建工作考核评价体系,坚持定量与定性相结合的原则建立完善律师事务所党组织考评标准,将党建工作开展质量作为律师协会年度工作考评的重要内容,将律师事务所党组织建设情况作为评价律师事务所的重要考核指标,充分调动开展党建工作的积极性,逐步推进考评管理的规范化。例如,深圳市创立了党的基层组织建设工作考核评价机制,即通过成立考核评价组,听取基层组织汇报、查看工作台账、观摩党员活动基地、访谈有关同志,有助于及时发现真问题、真情况。[1]

考核的目的在于改进和提高党建工作成效。根据考核结果,可以将律师事务所党组织分为 A、B、C 三类进行动态分类管理。其中,将 A 类党组织划分为示范类进行重点培育,从党组织书记津贴,党员活动经费等方面给予资金激励;将 B 类党组织划为扶持提升类党组织,加强对 B 类党组织的监督和指导,整体提升党组织质量;将 C 类党组织划为重点转化类党组织,派驻工作组一对一帮助整改。党组织负责人应当根据情况及时制定整改方案,作出整改承诺。[2] 对于连续两年被评为 C 类的党组织进行约谈并追究相关负责人责任,切实增强党组织负责人的履职意识和责任意识。

建立健全党员律师工作考评机制,通过采用年终评议等方式,以政治素质、道德素质、业务素质、文化素质等方面为基本内容,对每一名党

---

① 金成波、郭晓丽、董国林:《强化律师行业的政治引领》,载《中国律师》2020 年第 2 期,第 13 页。

② 参见《构建三级体系 打造红色会家 破解"小个专"党建难题》,载七一网 2019 年 12 月 11 日,https://www.12371.gov.cn/Item/548566.aspx。

员律师进行考核,将考核结果、存在的问题及下一步努力方向等反馈给党员律师,对于表现优秀的党员律师,通过物质奖励、荣誉鼓励等方式予以表彰,对于表现不合格的律师进行批评并提出整改措施。如淮北市律师行业党委推行"党员积分制"管理考核,强化党员律师日常管理。对党员律师遵守党纪法规、严肃党内政治生活、参加学习教育、履行岗位职责、发挥先锋模范作用等情况进行量化考核,让政治意识、纪律意识、服务意识、奉献意识和担当意识贯穿党员律师工作和生活日常。党支部根据党员年度总积分情况从高到低排序,并将其作为各类评先评优的重要依据。[①]

2. 完善激励机制,增强党员律师荣誉感

完善激励机制,加强对律师行业基层党组织、党员律师的正向激励,调动行业基层党组织和党员律师的积极性,不断增强其自身的归属感和荣誉感。一方面,加大推介力度,为优秀的党员律师走上政治舞台创造条件。积极向相关部门推荐优秀党员律师参选党代表、人大代表、政协委员、各级党委法律顾问、社会监督员和司法监督员等,或者推荐到律师协会和其他机构任职,进一步拓宽律师参政议政的渠道。[②] 组织以优秀党员律师为骨干的政府法律顾问团办理党和政府交办的法律事务,努力把党员律师培养成品牌律师,提高党员律师在律师队伍中的影响力和感召力。[③] 另一方面,加大表彰宣传力度。通过为基层党组织统一配备服务标识、建立党员示范岗等多种形式,增强广大党员律师对党组织的归属感和广大群众对律师工作的认同感。结合"七一"等节点加大对律师行业党组织和党员律师的表彰力度,定期评选表彰律师行业先进党组织、优秀党员律师、优秀党务工作者,广泛宣传律师事务所党组织、党员律师的先进事迹,积极弘扬正能量,扩大律师行业社会

---

① 参见安徽省律师协会:《淮北市律师行业推行"党员积分制"强化党员律师日常管理》,载安徽律师网 2021 年 7 月 13 日,http://www.ahlawyer.com/DocHtml/1/21/07/00015903.html.

② 北京市律师行业党建工作调研组:《北京市律师行业党建工作调研报告》,载《中国律师》2018 年第 6 期,第 23 页。

③ 许同禄、卢丽华:《关于加强律师行业党建工作的实践与思考》,载《中国司法》2015 年第 6 期,第 35 页。

知晓度，增强行业基层党组织特别是党员律师的荣誉感和自豪感。通过政策激励和平台搭建，逐步提高党员律师的政治地位和社会地位，增强党员律师的自豪感，充分发挥党组织在律师队伍发展中的作用。

（三）完善组织体系建设，加强人财物保障

1. 明确党建主体责任

明确律师行业党建责任主体，是新形势下加强律师队伍党建的一个重要着力点，为实现上述目标，离不开对基层党组织责任体系的优化。《中华全国律师协会章程》中规定"本会接受中国共产党全国律师行业委员会的领导，组织开展律师行业党的建设工作。"该条款不仅明确了律师行业抓党建工作的组织主体，而且还强调律师行业党委对律师协会的领导关系。[①] 律师行业党委要扛起责任、抓好主业、当好主角，注重将党建工作领导体制和工作机制融入律师工作体系中，注重发挥党委在行业范围中总揽全局、协调各方的作用，注重在事关律师行业管理、改革和发展的根本性、全局性和方向性问题上起到举旗定向、谋篇布局的作用，组织动员全行业党的组织成为宣传党的主张、贯彻党的决定、领导行业治理、团结动员律师群众、推动律师行业改革发展的坚强战斗堡垒。各地律师协会和律师事务所应当根据该条款规定处理好相关各级党组织之间的关系。由行业党委牵头，按照党章的原则和相关党内法规的规定组建党委、党总支、党支部、党小组等组织体系，完善整个律师行业党建工作的组织体系。

明确律师行业党建工作责任归属，是确保党建工作取得实效的有力保障，是从制度机制层面推动律师行业党建工作任务落实的有效措施。党建工作既是政治职责、政治要求，也是法律义务、党规义务。律师行业党建工作必须契合律师的工作特点和职业属性，为此，全国律师协会提出了"以党建促所建、带队建、促业务发展"的总体思路。[②] 各级

---

① 王勇：《用法治思维加强新时代律师行业党建工作》，载《中国律师》2020 年第 2 期，第 15 页。
② 王勇：《用法治思维加强新时代律师行业党建工作》，载《中国律师》2020 年第 2 期，第 15 页。

司法行政机关和律师协会要正确认识抓好律师行业党建工作的重要性和紧迫性,将律师行业党建作为律师队伍建设的重点工作。律师行业党委要尽快规范与完善相关章程规定,重点推进党建工作进入律师协会章程和律师事务所章程的修订工作,明确党组织在律师事务所的运行机制、职责权限等基本要求,进一步健全党建工作制度,完善组织制度、工作制度、学习制度、培训制度、考评制度等,用制度确立和规范党建各项工作要求,[①]发挥党组织在律师事务所内部治理中的作用,提升党组织的决策力与监督力,将"党建促所建"的理念融入律师事务所治理发展中,促进党建工作与律师事务所内部治理工作的有效衔接。与此同时,将律师事务所党建列为重点工作内容,作为重点督导检查项目纳入年度考核目标。

2. 发挥律师事务所党组织作用

正如习近平总书记所说,打铁必需自身硬。加强律师队伍党的建设工作,要落实在组织建设的质量上。律师事务所党组织作为党的基层组织,是开展基层党建工作的重要组织依托,是关系到党的工作能否有效覆盖和渗透到律师行业的基本载体,加强律师行业党组织建设离不开加强律师事务所党组织的建设工作。律师事务所党组织要坚持律师行业党委的领导,坚定理想信念,将党的领导贯穿律师事务所工作的始终。针对实践中出现的业务与党建"两张皮"的现象,应当持续推进党支部书记和律师事务所主任"一肩挑"、决策与执行"两条线"的管理模式。[②]进一步加强制度落实建立"所务会支部会"联席会议机制,确保律师事务所党组织与管理层对重大问题及时会商、重要情报及时通报。积极贯彻落实上级党政机关的任务部署,提高律师事务所党组织工作效率,强化党员干部的责任意识,形成常抓不懈的党组织工作机制。同时,律师事务所党组织应当根据自身优势,不断整合其现有资源,积极建立各部门沟通联系的渠道,搭建党建交流平台,共建共享党

---

① 参见揭阳:《新时代律师事务所党的监督保障工作研究》,长江大学 2019 年硕士学位论文,第 33 页。

② 金成波、郭晓丽、董国林:《强化律师行业的政治引领》,载《中国律师》2020 年第 2 期,第 13 页。

建资源。如组织律师事务所党支部与社区党委、会计师事务所等基层党组织开展结对共建的研究小组，促进资源共享、工作互助，为党员律师创造更多的业务合作与交流机会，增强党员律师对组织活动的积极性和热情。此外，加强律师事务所党支部标准化建设，完善人员选拔、奖惩、决策等制度，详细制定本支部发展规划和实施方案，保证每一项措施都落到实处，充分发挥基层党组织的战斗堡垒作用。确保律师事务所基层党组织坚持正确的政治方向，发挥正确的政治价值引导作用，有效推动律师行业进一步蓬勃发展。

3. 加大资金扶持力度

建立多渠道的律师行业党建工作专项经费保障机制，切实强化党建经费保障力度。督促各地实行党费拨返制度，确保党员律师交纳的党费全额返还律师事务所党组织，用于开展党建活动。各地司法局和律师协会要加大沟通协调力度，积极争取同级财政预算对律师党建活动予以支持。探索将律师事务所党组织工作经费纳入管理费用，建立税前列支制度，用于事务所党建工作。同时，司法行政机关在律师培训工作经费中，优先安排和保障律师事务所党组织书记、党务工作者、党员律师的教育培训；律师协会在专项补贴中，优先安排律师行业党建工作专项经费，切实从多方面为加强律师行业党建工作提供有力支持。[1]

如四川省成都市将律师行业党建经费纳入财政年度预算，[2]山东省推动各级律师协会将党建工作经费列入会费开支，律师事务所将党建工作经费纳入管理费用列支，2021年省律师协会党建经费预算160万元。[3] 陕西省每年为律师行业党委安排教育培训经费20万元。[4] 北

---

[1] 许同禄、卢丽华：《关于加强律师行业党建工作的实践与思考》，载《中国司法》2015年第6期，第36页。

[2]《成都律师行业党建经费纳入财政预算》，载中工网2021年3月25日，https://baijiahao. baidu. com/s? id=16951510771001600020&wfr=spider&for=pc。

[3]《政治引领 党建先行 山东以高质量党建推动律师事业高质量发展》，载山东司法2021年12月22日，https://baijiahao. baidu. com/s? id = 1719775460712550020&wfr = spider&for=pc。

[4]《"四大工程"推动陕西律师党建高质量发展》，载中国政府法治信息网2021年7月5日，http://www. moj. gov. cn/pub/sfbgw/fzgz/fzgzggflfwx/fzgzlsgz/202107/t20210705_ 429940. html。

京市委社工委通过购买社会管理专项经费方式对北京律师行业党建工作给予了经费支持。[①]　安徽省池州市出台《律师行业党建工作经费保障管理办法》，明确党建工作经费保障来源渠道，规定律师协会和律师事务所应将党建工作经费纳入预算，律师协会会费每年按不低于20%、律师事务所业务收费的1‰且不低于2万元的比例用于党建工作经费，对经费投入定硬性指标；参照国家机关党建工作经费管理办法，进一步细化党建经费支出各项标准。[②]

（四）创新党建活动形式，提高组织凝聚力

党建活动没有固定模式，关键要与实际结合，与职业特点结合。律师行业是以专业技能为基础，以独立执业、行业自律等理念为框架的服务型行业。开展党建活动要贴近党员律师的生活，创新党建活动形式，丰富党建工作内容，吸引更多的党员律师和非党员律师积极参与党组织生活、充分调动律师队伍参与党建活动的积极性、确保党建活动的高参与度与高互动率。

1. 结合职业特点，增强活动趣味性

采取贴近律师行业特点、律师思维方式的办法，立足行业属性和需求，探索开展党性教育学习与专业提升相结合的专题活动，提高活动的趣味性和实效性。如对于《党章》的学习，律师事务所党支部可以把《党章》作为一部规范性文件，让律师们用其一贯熟悉的权利义务式的思维进行文本解读，并可以让他们用其熟悉的法庭对抗辩论式的方式进行模拟论述，在解读与论述这样的学习方式中，律师们深入了解了党的历史、党的主要路线、党员的权利义务等。[③]　在学习和实践党建知识之后，以党员律师的名义或党支部的名义，把一些有价值的、值得推广的做法书面化，以信息通讯、调研报告、专业论文等方式对外公布发表。

[①] 北京市律师行业党建工作调研组：《北京市律师行业党建工作调研报告》，载《中国律师》2018年第6期，第22页。

[②] 安徽省律师协会：《池州市出台律师行业党建工作经费保障管理办法》，载安徽律师网2019年1月11日，http://www.ahlawyer.com.cn/DocHtml/1/19/01/00012346.html。

[③] 参见陶光辉：《律师事务所党建工作模式构造论》，载《中国司法》2008年第12期，第86页。

同时，充分依托和开发本地丰富的红色文化与革命文化的资源优势，积极组织党员到红色革命基地参观学习、组织党员观看红色电影、举办党建知识竞赛等活动。利用革命历史纪念馆、党性教育基地、爱国主义教育基地等，建设党建政治实践教育基地，以基地为教育载体，聆听革命英雄事迹，追寻革命先烈足迹，弘扬革命文化精神。既提高律师队伍的政治素养，补齐知识短板，又能开阔眼界，增强活动的趣味性，切实增强党员律师队伍对党的创新理论的内在认同。

2. 联系工作实际，提升活动实践性

律师是社会职业者，与群众接触多，因此开展党建活动要注重活动的实践性，充分发挥律师行业的社会功能。通过搭建律师服务群众的平台，开展"律师进社区""律师进农村""律师咨询与援助"等贴近基层群众、律师乐于参与的党建活动，把律师行业党建活动与律师职业有机结合。

一方面，注重发挥律师行业的专业优势，积极推动律师组织承接政府部分公共职能，参与社会公共治理，为国家法治建设贡献专业力量。一是积极推荐思想政治觉悟高、业务能力强的优秀党员律师担任政府法律顾问，为重大事件决策提供法律理论支撑，提供高效的法律服务，促进政府系统更好地运用法治思维和法治方式深化改革、推动发展；二是鼓励党员律师定期定点提供免费法律咨询、免费法律讲座。通过在写字楼、社区街道等场所设立党员律师值班点，通过党员律师轮流值班的方式，解答群众的法律问题，让法律服务惠及更多有需要的人；三是积极推行律师参与信访化解工作。党员律师应当积极参与涉法涉诉信访案件的处理，建立接访日律师值班制度，由值班律师陪同法院领导接访当事人，为信访人提供法律咨询、代理申诉等服务，引导当事人正确寻求法律救济途径解决问题。[1]

另一方面，注重发挥律师行业的社会功能，引导律师队伍积极参加公益活动和志愿活动，提升公益效能，不断增强律师行业党建工作的社

---

[1] 参见金成波、郭晓丽、董国林：《强化律师行业的政治引领》，载《中国律师》2020 年第 2 期，第 13 页。

会效果。一是要认真落实"1＋1"法律援助工作,使其真正发挥作用的同时不断扩大项目辐射范围,将优质律师力量输送到偏远地区,协助当地培养本地律师队伍,解决因律师的区域分配不均而导致的某些地区法治建设薄弱的问题,让困难群众在依法治国进程中享受到改革成果,增强获得感、幸福感、安全感。二是关注弱势群体,党员律师要在针对残疾人、妇女儿童等法律援助项目中发挥先锋模范作用,利用法律专业知识为弱势群体发声,维护他们的正当权益,为缓解社会矛盾、推动公平正义贡献力量。三是要积极进行社会普法活动。以村(居)或者社区为单位,通过法律讲座等形式广泛开展法治宣传教育,向群众宣传国家的各项政策及法律法规,提高公民遵法、学法、用法、守法意识,拉近律师与群众的距离。在践行社会责任活动中不仅能实现党员律师自我教育、自我管理、自我提升,实现社会价值,树立良好的社会形象,还有助于律师事务所品牌的宣传推广,扩大社会影响力,提升社会认同感。

3. 加强宣传工作,增强党建品牌影响力

各级司法行政部门、律师协会应加强对律师行业先进党组织和优秀党员律师的宣传,特别是要对服务大局、推进法治、保障民生过程中涌现出的优秀党员律师、典型案例进行宣传,树立行业基层党组织和党员律师的良好形象。积极运用大数据与云技术的信息化功效,在电视、广播、微信、微博等设置宣传推广平台,实现党建工作信息的多媒体展示与多媒介推送,切实提高党员律师的政治地位和社会认知度,增强党员律师在律师队伍中的影响力和感召力。通过展示党建的现实案例、生动故事、工作成效、品牌文化等内容,大力弘扬主旋律,广泛传播正能量,促进律师行业持续健康发展,增强党建品牌的影响力。

(五) 加强党员队伍建设,落实人才培养

1. 加强党员律师教育管理

一支结构合理、政治坚定、业务精通的党员律师队伍是律师行业党建工作的主力军,是提高党建工作效率的关键所在。2019 年 5 月,中共中央印发了《中国共产党党员教育管理工作条例》,其中第一章第二

条指出，"党员教育管理是党的建设基础性经常性工作"，[①]为党组织进行党员教育设置了目标任务，推动党员的教育管理工作制度化、规范化。加强党员律师队伍的教育管理工作，是贯彻党要管党、全面从严治党方针，保持党的先进性和纯洁性的必然要求。加强党员律师教育管理工作，必须根据律师队伍的特点和实际情况，创新方式方法，以多渠道推动党员教育培训资源的合理配置和有效利用，不断增强党员律师教育培训的针对性和实效性。

第一，针对律师工作时间不统一、活动性强的特点，运用互联网技术和信息化手段建立政治学习平台，打造在线学习模式。引导组织党员律师上网学习、在线培训，灵活开展政治学习活动，不断满足多样化、个性化的学习需求。通过积极探索"互联网＋党建"的学习模式，充分利用微信、微博、学习强国等新媒体技术手段为党员律师提供学习资料，制定工作方案与学习计划，组织党员律师在线自学。通过微信、邮件等方式传送学习材料，学习内容覆盖党的建设、时事政策、法治教育等各方面，加强党员律师对党和国家方针政策、法律法规和行为规范的学习，帮助党员律师合理利用"碎片化"时间，随时随地进行学习，提高自身思想政治素质。党员律师学习结束后在微信交流群分享学习感悟和心得体会，加强学习效果。实行政治学习学分管理制度，规定每月必须完成的最低学分和加分制度，并纳入律师的年度考核。定期开展远程党课学习，由支部书记牵头，采用腾讯会议、钉钉等方式开展线上党课学习活动。确保每位党员都能参加党的组织生活，接受党组织的监督管理。

第二，针对律师队伍分散性、流动性较强的特点，加强党员律师的动态管理。建立律师管理信息平台，做好党员律师的信息收集和登记，及时完成党组织关系迁移和转入手续，随时掌握党员律师流动情况，每季度对各支部党员律师进行统计分析，在党员流入地与流出地之间、党委与支部之间建立组织关系、组织生活、党费交纳等反馈机制，防止在

---

① "三会一课"实用手册编委会编：《"三会一课"实用手册》，人民出版社2019年版，第182页。

人员流动过程中造成党员组织关系转接不及时、人事关系与组织关系分离的问题,实现对党员律师的有效管理。

第三,做好党员发展工作。党组织要在积极引导党员的同时,通过日常工作交流、谈心谈话等方式,以主心骨、定盘星的角色,吸引越来越多的具有先进思想的优秀律师向党组织靠拢。重点在优秀青年律师中发展党员,有计划地吸收律师业务骨干入党。建议与组织部门联合出台律师入党具体办法,灵活把握考察、培养、发展等环节,探索不受发展指标限制的方式,有计划、有组织地把优秀青年律师、事务所合伙人、业务骨干列入重点培养对象,充实新鲜血液。

2. 加强党务工作者的培训力度

党务工作者素质的高低决定党建工作的成效,只有提高党务工作者的党建专业化水平,才能提高律师行业的整个党建工作水平。定期组织律师协会党务工作者开展专题培训,对律师事务所党支部书记进行系统培训,积极推进党支部书记素质工程建设,切实提升基层党支部书记的党务工作能力,增强党建工作大局意识、责任意识。在全国、全省市范围内发掘党建工作表现突出的党建人才,组建律师行业党务工作者讲师团,举办"优秀党支部书记报告会"等活动,采取实地观摩、异地培训、交流研讨等形式推广律师行业优秀党组织的党建经验,落实专业队伍培训,总结专业党务工作者队伍建设规律,为提高党务干部战斗力奠定坚实基础。

一方面,在一定范围的区域内举办党建工作经验交流会,以习近平新时代中国特色社会主义思想和习近平总书记在党建工作会议上的讲话精神为主题,开展"听党话、跟党走"的活动,让党务工作者相互学习先进的党建工作方法,开阔党务工作者的视野,由此提高其工作能力。另一方面,搭建党务工作者学习平台,开展集中式的党建知识学习培训、自我学习、党建知识竞赛等,密切结合党务工作者的工作性质,逐步增强党务工作者的归属感和责任意识,认真做好党建工作。另外,通过设立"党建工作标兵""党员示范岗"等,调动党务工作者学习、工作的积极性,对于优秀的党务工作者的先进事迹给予必要的奖励和宣传,发挥好其示范引领作用。最后,加大对党务工作者的教育投入。积极鼓励党务工作者到优秀的党建工作示范单位参观学习，也可以通过邀请专家学者开展党建专题讲座，开展党务工作设计竞赛等，在实践中不断提高党务工作者的工作能力。

六、结语

加强律师行业党建是一项对我们党执政兴国、建设社会主义法治国家意义深远的工程。随着市场经济的发展，律师行业的发展规模和律师队伍也越来越庞大，大量党员律师投入到社会主义法治建设中，律师行业党组织必须适应形势变化，突出基层党组织的政治功能和组织功能，把律师队伍有效组织起来，发挥党组织的引领作用。律师队伍有其自身独特的行业规律，新形势下加强律师行业党建工作，应当针对律师行业特性及存在的突出问题，运用科学的方式方法，创新基层党组织建设思路。第一，在思想上要树立正确的价值观念，强化律师行业党组织对党建工作重要性的认识，发挥党组织的关怀作用，关注党员律师自我完善、发展的需求，增强党员律师的归属感；第二，加强制度建设，建立健全律师行业党建工作保障体系，进一步规范考核评价机制和激励机制，增强党组织负责人的责任意识和党员律师的荣誉感、自豪感，为后续党建工作的开展打好坚实基础；第三，完善组织体系建设，加强对律师行业党建工作的领导，构建主体明确、责任清晰的组织体系，不断完善上级组织部门统筹部署、司法行政机关党组直接领导、律师行业党委具体落实的党建管理体制。把党的领导贯穿到律师行业的各个角落，有效提升组织覆盖范围和建设质量，实现党组织对党员律师的有效领导和管理；第四，创新党建活动形式，结合律师职业特点，联系律师工作实际，增强活动的趣味性和实践性，提高党员律师的活动参与度；第五，加强党员队伍建设，落实人才培养，把优秀律师培养成党员，把党员律师培养成骨干，将党员身份优势转化为律师事务所竞争优势，确保律师行业基层党组织建设全面过硬，实现律师行业发展动力提升。

参考文献

一、中文著作

1. 李军,薛少锋,韩红俊. 中国司法制度[M]. 北京:中国政法大学出版社 2009 年版。

2. 冀祥德. 律师法学的新发展[M]. 北京:中国社会科学出版社 2016 年版。

3. 王进喜,陈宜. 律师职业行为规则概论[M]. 北京:国家行政学院出版社 2002 年版。

4. 李必达. 律师的足迹——新时期律师制度沿革[M]. 北京:工商出版社 1997 年版。

5. 齐延安. 当代中国律师管理概论[M]. 济南:山东大学出版社 2014 年版。

6. 陈宜. 律师执业组织形式和律师管理体制研究[M]. 北京:中国政法大学出版社 2014 年版。

7. 申欣旺. 中伦的秘密:中国顶级律所 20 年风云录[M]. 北京:中信出版社 2013 年版。

8. 梅向荣主编. 步步为盈:盈科律师事务所的管理实践与思考[M] 北京:法律出版社 2016 年版。

9. 方雷,亓子龙. 新时代"两新"组织党建创新形态研究[M]. 济南:山东大学出版社 2021 年版。

10. 陈卫东. 中国律师学[M]. 北京:中国人民大学出版社 2014 年版。

11. [英]劳拉·恩普森. 现代律师事务所管理[M]. 北京:中国人民大学出版社 2017 年版。

12. 王隽,周塞军. 北京律师发展报告(2011)[M]. 北京:社会科学文献出版社 2011 年版。

13. "三会一课"实用手册编委会. "三会一课"实用手册[M]. 北京:人民出版社 2019 年版。

二、中文论文

1. 王进喜. 论《中华人民共和国律师法》修改的背景、原则和进路[J]. 中国司法, 2017(11):48-53.

2. 蒋华林,刘志强. 论律师业从自治走向善治——兼谈律师如何评价[J]. 法治研究,2016(6):63-72.

3. 陈宜."两结合"律师管理体制的经验总结与深化[J].中国司法,2019(2):80-89.

4. 王进喜.中国律师职业道德:历史回顾与展望[J].中国司法,2005(2):40-42.

5. 沈白路.勇于探索 砥砺前行——我国律师制度改革与发展的历史回顾[J].中国律师,2019(11):62-65.

6. 熊选国.在学习贯彻司法部《关于进一步加强律师协会建设的意见》座谈会上的讲话[J].中国律师,2017(2):18-26.

7. 周云涛.论"两结合"律师管理体制的完善以美、德两国为中心的考察(上)[J].中国律师,2016(6):59-62.

8. 袁钢.撤销律师执业许可问题研究[J].行政法学研究,2018(6):78-90.

9. 曹扬文,宫照军,张玮.中国特色律师行业惩戒模式研究——"两结合"管理体制下完善律师行业惩戒制度的思考[J].中国司法,2019(11):77-83.

10. 朱德堂.新时代律师惩戒体系与行业惩戒的完善[J].中国司法,2018(7):61-66.

11. 陈宜.我国律师行业评价体系的现状与反思[J].中国司法,2017(2):44-49.

12. 吴华.论行政指导的性质及其法律控制[J].行政法学研究,2001(2):45-52.

13. 程滔.从自律走向自治——兼谈律师法对律师协会职责的修改[J].政法论坛,2010,28(4):179-184.

14. 崔拴林.论我国私法人分类理念的缺陷与修正——以公法人理论为主要视角[J].法律科学,2011(4):83-94.

15. 贾午光.解决律师职业道德问题的几点思考——贾午光秘书长在全国司法厅(局)长座谈会上的发言(摘要)[J].中国律师,2003(9):11-12.

16. 王进喜.论律师事业改革发展与行业党建[J].中国司法,2021(9):96-100.

17. 王焱.律师行业自律的制度保障——浅析《律师执业年度考核规则》[J].中国律师,2010(11):80-82.

18. 关洁玫.律师的执业风险与保护[J].河北法学,2001(1):91-94.

19. 程幽燕,刘耀堂,王建军.2017年律师协会为律师成功维权279件——全国律协发布2017年度十大典型维权案例[J].中国律师,2018(4):44-48.

20. 杜春.关于律师和和律师事务所两管理规章的解读[J].中国司法,2008(10):30-39.

21. 张建,朱泽然.论实习律师实习考核的法律性质及评价方式[J].常州大学学报(社会科学版),2021(1):1-9.

22. 张先明,黄海涛.合伙人律师不属于所在律所的劳动者[J].人民司法,2017(11):72-75.

23. 司莉.律师事务所管理的六大关系[J].中国律师,2002(9):69-71.

24. 刘思达.客户影响与职业主义的相对性:中国精英商务律师的工作[J].北大法律评论,2008,9(1):29-55.

25. 刘思达.分化的律师业与职业主义的建构[J].中外法学,2005(4):400-414.

26. 廖泽方.以新时代的要求全面推进律师行业党的建设[J].中国律师,2017(12):36-38.

27. 金成波,张航,董国林.律师行业党建的时代方位与优化进路[J].中国司法,2019(12):103-107.

28. 徐家力.我国律师事务所管理基本问题探析[J].中国律师,2018(6):64-66.

29. 吴璨.论律师年检制度之完善[J].淮南师范学院学报,2015,17(89):7-8.

30. 刘和兴.关于《中华人民共和国律师法》修改的几点思考[J].中国司法,2019(9):91-94.

31. 袁钢.国外律师管理体制的类型研究(上)[J].中国律师,2017(9):50-53.

32. 司法部法制司.《律师事务所年度检查考核办法》解读[J].中国司法,2010(6):29-32.

33. 刘思达.中国法律的形状[J].中外法学,2014,26(04):1024-1044.

34. 刘思达.中国涉外法律服务市场的全球化[J].交大法学,2011,2(01):145-172.

35. 谢佑平.论法律秩序与律师功用[J].河北法学,2010,28(11):77-82.

36. 王保安,关晨霞.中国公职律师制度研究[J].中国司法,2008(7):57-62.

37. 高志强.广州公职律师机制的理论探索[J].中国司法,2005(6):43-46.

38. 宋智敏.从"法律咨询者"到"法治守护者"——改革语境下政府法律顾问角色的转换[J].政治与法律,2016(1):60-68.

39. 阚肖虹."政府雇员"——扬州公职律师模式的探索与思考[J].中国司法,2009(11):71-72.

40. 文心.处在理想与现实之间的公职律师——"公职律师理论与实践研讨会"[J].中国律师,2007(9):86-88.

41. 张良庆,李华培.关于山东公职律师试点工作的调查与思考[J].中国司法,2015(11):41-43.

42. 谭祥平,蒋泓.公职律师服务政府法治建设探析[J].中国司法,2015(2):43-47.

43. 王超莹,蔡俊敏,周军.公职律师制度广州模式的思考[J].中国司法,2007(10):56-59.

44. 吴羽.比较法视域中的公设辩护人制度研究——兼论我国公设辩护人制度的建构[J].东方法学,2014(1):137-146.

45. 吴羽.美国公设辩护人制度运作机制研究[J].北方法学,2014(5):105-112.

46. 谢佑平,吴羽.刑事法律援助与公设辩护人制度的建构[J].清华法学,2012(3):30-43.

47. 吴羽.台湾地区公设辩护人制度述评[J].河北法学,2013(5):107-114.

48. 刘和兴.浅谈公司律师的过去、现在与未来[J].中国律师,2021(3):72.

49. 朱雪忠,徐晨倩.大国竞争下的美国涉华337调查与中国应对之策[J].科学学研究,2021(5):807.

50. 黄芸.美国涉华337调查的现状及中国应对新策[J].对外经贸实务,2021

(5):57.

51. 夏轶.烟草企业公司律师制度建设路径[J].商业经济,2020(5):111.

52. 郭建军.公司律师身份再定位[J].法人,2014(11):41.

53. 崔梦雪,熊樟林.论公司律师的概念构成[J].东南法学,2021(1):192.

54. 高位.国有企业法律顾问、公司律师的工作原则及职能作用[J].人民法治,2017(10):85.

55. 陶澎.公司律师制度的"前世今生"[J].中国律师,2015(12):57.

56. 王茂松.公司律师制度设计猜想[J].法人,2015(2):54.

57. 张浩.论公司律师制度的困境与构建[J].行政与法,2016(4):80.

58. 徐明玉.公司律师制度和岗位设置的思考——以厦门市政集团有限公司系统为例[J].就业与保障,2017(Z1):30.

59. 刘思达.客户影响与职业主义的相对性:中国精英商务律师的工作[J].北大法律评论,2008,9(1):29-55.

60. 张挺.企业法务管理职能内容的中外研究评述[J].生产力研究,2016(9):5.

61. 吴苑毓,龙耀.广西国有企业法律顾问工作现状及对策研究——基于广西林业系统17个大中型国有企业的调查[J].广西社会科学,2021(11):76.

62. 杨海.公司律师参与公司重大经营决策的法律研究[J].经济师,2017(7):80.

63. 张志伟,刘京卫,刘艮路.电网企业公司律师作用的发挥与转化[J],中国电力企业管理,2020(16):70.

64. 健君.公司法务:一直被边缘,从未被超越[J].法人,2017(4):72.

65. 王中平.我国国有企业薪酬分配差异化改革策略研究[J].企业改革与管理,2021(22):87.

66. 郭建军.首席法务官制度与现代公司治理[J].上海法学研究,2020(1):31.

67. 江朝虎.国有企业技术人员晋升机制研究[J].现代商业,2021(18):82.

68. 王威权.浅析我国的公司律师制度[J].理论观察,2015(5):22.

69. 郭建军.现代企业法务管理体系的模块构成[J].现代企业,2014(5):18.

70. 许多.企业薪酬激励案例分析[J].现代商贸工业,2020(5):114.

71. 袁达松,刘华春,张志国."一带一路"中的中国律师业发展战略研究[J].中国司法,2017(1):42.

72. 陈超.建筑施工企业推行公司律师制度的五化理念实践探索[J].四川建筑,2020(4):354.

73. 黄文玥.数字化转型环境下企业的法务管理改革策略分析[J].中国商论,2021(18):162.

74. 姚惠琴,赵静."走出去"背景下国有企业国际化人才队伍建设举措[J].中国商论,2020(19):189.

75. 司法部举办中央单位公职律师中央企业公司律师培训班60余家中央单位、中央企业已设立公职律师、公司律师[J].中国司法,2018(6):106.

76. 李昌超.德国律师公司制度窥探——从律师职业特性出发[J].河北法学,2013,31(12):144-152.

77. 冀祥德.刑事辩护准入制度与有效辩护及普遍辩护[J].清华法学,2012,6(04):116-131.

78. 冀祥德.建立刑事辩护准入制度　实现刑事辩护专业化——兼与张青松律师商榷[J].中国司法,2009(02):6-9.

79. 贾清波.论律师职业独立[J].理论导刊,2006(06):32-34.

80. 蒋超.从公权评价到社会选择——我国现行律师职业评价制度的分析与重构[J].甘肃政法学院学报,2018(05):101-113.

81. 褚红丽,孙圣民,魏建.异地审理与腐败惩罚:基于判决书的实证分析[J].清华法学,2018,12(04):23-34.

82. 熊秋红.新中国律师制度的发展历程及展望[J].中国法学,1999(05):14-22.

83. 朱最新,曹延亮.行政备案的法理界说[J].法学杂志,2010,31(04):60-64.

84. 李浩.英国律师制度述要[J].现代法学,1991(01):77-80+73.

85. 王福强,付子堂.实践驱动:新中国律师制度研究70年[J].山东大学学报(哲学社会科学版),2019(6):10-25.

86. 徐昕,黄艳好.中国司法改革年度报告(2019)[J].上海大学学报(社会科学版),2020,37(3):49-67.

87. 刘译矾.辩护律师忠诚义务的三种模式[J].当代法学,2021,35(3):112-124.

88. 徐静村.关于律师学的几个基本问题[J].政法论坛(中国政法大学学报),1992(5):27-30.

89. 吕文江.对律师实行分类管理的思考[J].法学论坛,1990(4):40-43.

90. 司莉.中国律师行业管理体制研究[J].河北法学,2004(02):114-117.

91. 唐永春.法律职业伦理的几个基本问题[J].求是学刊,2003,30(5):79-84.

92. 袁钢.中美法律职业资格考试的比较分析——以法律职业伦理考核为视角[J].中国考试,2019(8):66-70.

93. 蒋超.从公权评价到社会选择——我国现行律师职业评价制度的分析与重构[J].甘肃政法学院学报,2018(5):101-113.

94. 黄永锋.律师分级出庭检视——以分工为视角[J].海南大学学报(人文社会科学版),2018,36(3):116-126.

95. 张福森.律师制度的改革与完善[J].中国法律评论,2014(03):25-31.

96. 龚跃辉.一级律师胡有望[J].中国律师,1994(03):20.

97. 闫博慧.律师职业伦理的价值取向[J].福建论坛(人文社会科学版),2011(07):168-172.

98. 黄梅.我国职称制度改革面临的突出问题与相关路径探析——基于2013年全国专业技术人才职称状况调查的分析[J].中国行政管理,2015(11):36-40.

99. 孙晓艳,赵俊杰,卢萍.职称制度改革与科学的人才评价机制研究[J].科技进步与对策,2007(11):121-123.

100. 卓朝君.浅论律师的地位与形象[J].律师世界,2002(12):39-41.

101. 司法部司法研究所课题组,郑先红,郭春涛,张鹏飞,王舸,高航,郑丽娟,王晓鑫,姜楠.律师职业水平评价体系研究(制度设计篇)[J].中国司法,2015(10):

54 - 59.

102. 陈兴良.七个不平衡：中国律师业的现状与困境[J].中国司法,2005(03):47 - 49.

103. 车雷,薛波.英国二元化律师制度的近期发展与融合之争[J].现代法学,2005 (04):175 - 180.

104. 郑先红,徐前,凌瑾.英国司法制度概述及启示[J].中国司法,2011(12):87 - 95.

105. 郭义贵.论英国早期的律师制度[J].法学评论,2008(01):147 - 155.

106. 李蒙."无讼"是个什么东东?[J].民主与法制,2016(27):16 - 21.

107. 杨金晶,覃慧,何海波.裁判文书上网公开的中国实践——进展、问题与完善 [J].中国法律评论,2019(6):125 - 147.

108. 王进喜.律师事务所管理评价体系研究报告[J].中国司法,2007(08):40 - 48.

109. 李自根,丘云卿.关于我国构建公司化律师事务所的几点思考[J].学术研究, 2009(04):58 - 65+159 - 160.

110. 徐清.中美律师制度比较研究[J].法制现代化研究,1997(00):439 - 487.

111. 周海挺.构建律师事务所管理评价体系的理论基础[J].理论界,2015(02): 69 - 73.

112. 张迎涛.律师协会惩戒权比较研究[J].公法研究,2009(00):439 - 466.

113. 张文静.律师事务所现代化管理体制的探索与实践——北京市律师事务所管 理论坛综述[J].中国司法,2007(01):106 - 108.

114. 曹飞廉,任慧琴.党建引领城市社区治理:必要性、问题与路径[J].中共云南省 委党校学报,2021,22(05):48 - 56.

115. 梁涛.关于加强福建律师行业统战工作的思考[J].福建省社会主义学院学报, 2018(06):85 - 92.

116. 陈建军,孙莉,赵雪霞.律师行业统战工作的现状、问题与对策——以山西省 律师行业为例[J].山西高等学校社会科学学报,2021,33(12):33 - 37.

117. 吉林省司法厅课题组.坚持党建引领　打造具有中国特色的律师执业队伍 2017年度全国律协研究课题成果[J].中国律师,2018(06):16 - 19.

118. 吴新叶.治理导向:律师行业党建的时代定位与空间拓展——以上海为例[J]. 理论与改革,2018(04):122 - 129.

119. 张晨,王紫薇.党建引领风帆劲　砥砺奋进开新篇——律师行业全面加强党 的建设[J].中国律师,2021(11):18 - 21.

120. 沈展昌.浅析律师行业党建工作机制创新[J].南方论刊,2013(05):25 - 26+ 11.

121. 刘金林,蒙思敏.党建引领社会组织发展的必要性及政策措施研究:来自广西 的证据[J].云南民族大学学报(哲学社会科学版),2022,39(01):74 - 80.

122. 许同禄,卢丽华.关于加强律师行业党建工作的实践与思考[J].中国司法, 2015(06):33 - 36.

123. 王勇.用法治思维加强新时代律师行业党建工作[J].中国律师,2020(02):

14 – 15.

124. 张晨,宋皓.带领广大律师做与党同心同德的人民律师——党的十八大以来律师行业党建工作综述[J].中国律师,2021(08):10 – 13.

125. 北京市律师行业党建工作调研报告[J].中国律师,2018(06):20 – 23.

126. 甄朋,王晨,郑小磊.新时代律师行业党建工作的实践与思考——以北京城市副中心为例[J].中国司法,2021(12):70 – 75.

127. 陶光辉.律师事务所党建工作模式构造论[J].中国司法,2008(12):69 – 72.

128. 杨松长,陈恒.广州市律师行业党建工作的现状与思考[J].中国司法,2011(10):58 – 61.

129. 金成波,郭晓丽,董国林.强化律师行业的政治引领[J].中国律师,2020(02):12 – 13.

130. 黄河.凝聚红色力量　砥砺使命担当——贵州律师行业打造"党建＋"模式提升党建工作成效[J].中国律师,2021(12):39 – 41.

131. 党建引领发展谱新篇　大连律师行业积极推动党建工作迈上新台阶[J].中国律师,2021(12):42 – 43.

132. 蒋超.从公权评价到社会选择——我国现行律师职业评价制度的分析与重构[J].甘肃政法学院学报,2018(5):101 – 113.

三、中文报纸

1. 陈球,刘洪群,傅璟.当年蛇口首宗律师费15元[N].南方日报,2008,12(19):A18.

2. 周斌.司法部出台两办法　加强对律师律所执业活动监督[N].法治日报,2010,4(9):2.

3. 侯建斌.探索校企联合培养新机制提升实战能力[N].法治日报,2021,10(15):6.

4. 关于建立法律职业人员统一职前培训制度的指导意见[N].法治日报,2022,3(15):3.

5. 李芳.锐意求新,再创辉煌——访第五届中华全国律师协会秘书长贾午光[N].法律服务时报,2002,5(24):6.

6. 李振杰,唐益亮.英美两国律师分级制度的特点[N].人民法院报,2017,8(11):8.

学术是独往，也是同行（代后记）

  本书是一种情谊的证明和延续。最初关注律师管理缘于四川师范大学法学院苏镜祥老师邀请我一起参加了公职律师管理制度改革的调研工作，除了调研团队的成果之外，[①]我们也都各自形成了部分理论成果，[②]自此我开始长期关注我国律师管理体制的变革，与苏老师的友情也延续至今，是为本书中蕴含的第一层情谊。

  本书是一件团队作品，是与我指导的硕士刘沛琦、杨植、刘迈新、曹振宇、朱柔瑾共同完成的，凝聚了我并不强大的小团队的集体努力。具体分工如下：第一、二章由李鑫、曹振宇共同完成；第三章由李鑫完成；第四章由李鑫、刘沛琦共同完成；第五、七章由李鑫、杨植共同完成；第六、八章由李鑫、刘迈新共同完成；第九章由李鑫、朱柔瑾共同完成；李鑫、刘沛琦共同完成了全书统稿工作。忆及本书初稿形成时的日子，依然是充溢着开心和幸福的。时至今日，本书的作者群体都已完成了硕士阶段的学习，曹振宇、刘迈新还基于本书的研究，撰写了硕士研究生学位论文。本书也是对这段教学相长的日子的纪念，是为本书中蕴含的第二层情谊。

  学术研究是一件痛并快乐的事。深刻的思考总是痛苦的。一方面热闹、喧嚣和快乐的氛围本身就不利于灵感的产生，另一方面部分能够

[①] 参见四川省司法厅课题组、陈明国：《中国特色公职律师运行机制的完善研究》，《中国司法》2017年第10期。

[②] 参见苏镜祥：《中国特色公职律师制度的法理分析》，《兰州大学学报（社会科学版）》2018年第1期；李鑫：《中国特色公职律师制度的试点经验及其完善路径研究》，《兰州大学学报（社会科学版）》2018年第1期。

促使科研工作的外部动力机制，例如"非升即走""聘期考核"，其本身就不是一件让人愉快的事。学术研究中的压力、无奈大多需要独自承担，而快乐、兴奋又大多产生于团队的讨论之中，二者相互支撑。学术路上，无论是朋友，还是学生，总是来了又走，走了又回，留我在那，做自己想做的、该做的和不得不做的。

我此刻坐在车上完成了以上文字，文字如学术和生活一般，都一直在路上。而朋友们、同学们，咱们终会江湖再见。

李 鑫

二〇二四年七月十九日

图书在版编目(CIP)数据

律师精细化管理:分类、分级与评价/李鑫等著.
上海:上海三联书店,2025.3.—ISBN 978 - 7 - 5426
- 8828 - 6

Ⅰ.D926.5

中国国家版本馆 CIP 数据核字第 20255GJ802 号

律师精细化管理:分类、分级与评价

著　者 / 李　鑫　刘沛琦　杨　植
　　　　刘迈新　曹振宇　朱柔瑾

责任编辑 / 郑秀艳
装帧设计 / 一本好书
监　制 / 姚　军
责任校对 / 王凌霄

出版发行 / 上海三联书店
　　　　　(200041)中国上海市静安区威海路 755 号 30 楼
邮　箱 / sdxsanlian@sina.com
联系电话 / 编辑部: 021 - 22895517
　　　　　发行部: 021 - 22895559
印　刷 / 上海展强印刷有限公司

版　次 / 2025 年 3 月第 1 版
印　次 / 2025 年 3 月第 1 次印刷
开　本 / 655 mm×960 mm　1/16
字　数 / 220 千字
印　张 / 14.25
书　号 / ISBN 978 - 7 - 5426 - 8828 - 6/D · 678
定　价 / 88.00 元

敬启读者,如发现本书有印装质量问题,请与印刷厂联系 021 - 66366565